Claus Arendt

Raumklima in großen historischen Räumen

Claus Arendt

RAUMKLIMA
IN GROSSEN HISTORISCHEN RÄUMEN

Heizungsart – Heizungsweise
Schadensentwicklung – Schadensverhinderung

mit 181 Abbildungen

Rudolf Müller

Die Deutsche Bibliothek - CIP-Einheitsaufnahme

Arendt, Claus:
Raumklima in großen historischen Räumen :
Heizungsart, Heizungsweise,
Schadensentwicklung, Schadensverhinderung /
Claus Arendt. -
Köln : R. Müller, 1993

ISBN 3-481-00564-4

ISBN 3-481-00564-4

Lektorat: Dr. Ekkehard Hundt, St. Augustin
Umschlaggestaltung: Michael Ditter, Köln
Satz: Satzstudio Widdig, Köln
Druck: Druckerei J. P. Bachem KG, Köln
Printed in Germany

Das vorliegende Buch wurde auf umweltfreundlichem
Papier aus chlorfrei gebleichtem Zellstoff gedruckt.

Inhaltsverzeichnis

1 Einleitung

Diesem Buch liegt ein Forschungsauftrag des Autors zugrunde, bei dem der Einfluß verschiedener Heizsysteme in großen Räumen alter Bauart auf das Raumklima, das Gebäude und - stark eingeschränkt - den Nutzer untersucht wurde.

Ausgehend von theoretischen Überlegungen und bereits vorliegenden Aussagen in der Literatur, die sich zum Teil widersprechen oder auch als nichtüberprüfte Abschreibübungen zu beurteilen sind, wurden geeignete Objekte ausgewählt, an denen praktische Messungen verschiedener, für die Zusammenhänge zwischen Heizung und Raumklima relevanter Parameter durchgeführt wurden.

Die der inhaltlichen Ordnung der Literatursichtung - Kapitel 2 - zugrunde gelegten Fragen zu Heizung und Heizweise umreißen gleichzeitig Forschungsweg und -ziel:

- Heizungssysteme;
- thermisches Verhalten des Raums;
- feuchtetechnisches Verhalten des Raums und seiner Begrenzungsflächen;
- Schäden am Gebäude und an dessen Ausstattung;
- Formulierung von Grundsätzen zur Nutzung von großen Räumen alter Bauart im Zusammenhang mit der Heizung.

Abb. 1.1

Gefunden werden sollten hierzu Beurteilungskriterien für die verschiedenen Heizsysteme, welche sowohl deren Bewertung erlauben als auch eine Grundlage bilden für die Empfehlung des richtigen Heizsystems für Gebäude der untersuchten Bauart. Zugleich muß sich hieraus gegebenenfalls eine Begründung für die Nichtbeheizung derartiger Gebäude ableiten lassen.

2 Literaturübersicht

Eine gründliche Durchsicht der einschlägigen Literatur macht deutlich, daß sich fast alle Äußerungen zu diesem Thema zwei Lagern zuordnen lassen, von denen jeweils das eine das andere möglichst nicht zur Kenntnis nimmt: die haustechnisch-bauphysikalische und die restauratorisch-denkmalpflegerische Seite, wobei verblüffend ist, worin sich die beiden Standpunkte unterscheiden.

Aus der technischen Sicht sind Kirche und Schloßsaal nichts anderes als ein Raum zwar auffallender Größe, der aber dennoch den normativen Festlegungen üblicher Wohn- und Büroräume zu genügen hat. Selbst wenn man bereit ist, die Forderung nach niedrigen Raumtemperaturen zu akzeptieren, wird die Besonderheit dieser Räume auf ihren Wärmebedarf reduziert, als ob Lagerhalle und Schloßsaal keine anderen Unterschiede zeigten als ihre K-Werte.

Weit über diesem allen steht die Denkmalpflege. Hier werden mit ebensoviel Unwissen wie Arroganz naturgesetzliche Abhängigkeiten geleugnet und einmal formulierte Vorurteile weitergeschrieben. So konnte beispielsweise der immer wieder prognostizierte extreme Wärmestau im Kuppelbereich nirgendwo gefunden werden. Zwar gibt es Temperaturerhöhungen unter der Decke, und diese sind höher bei fehlender Belüftung; doch darf der sogar in Vorträgen als Tatsache behauptete Temperaturanstieg um 1 bis 2 K je Höhenmeter getrost ins Fabelreich verwiesen werden.

Desgleichen zeigt sich, daß – vielleicht abgesehen von nicht entdeckten Ausnahmen – weder die Trokkenlegung der Wände noch erst recht die des Fußbodens zu krassen Luftfeuchtestürzen führt, wie immer wieder gemutmaßt. Auch die theoretische Abhängigkeit der Raumluftfeuchte bei Veränderung der Raumlufttemperatur (5 % r. F. bei 1 K) konnte nirgendwo auch nur annähernd gemessen werden. Auch die Frage nach stoßweiser oder durchgehender Beheizung ist neu zu stellen oder zumindest nicht so pauschal zu beantworten wie bisher.

Diese naturgesetzliche Abhängigkeit zwischen Raumlufttemperatur und -feuchte wird in der Literatur als scharfes Schwert geschwungen, wenn es gilt, die schädliche Heizung abzuwehren – prompt aber mit Nachdruck geleugnet, wenn gerade diese Abhängigkeit erlaubt, starke Kondensationsschäden relativ einfach zu verhindern. Die Messungen sowohl des Autors als auch des Fraunhofer-Instituts für Bauphysik belegen zweifelsfrei, daß dieser Schaden häufiger ist als angenommen.

Als eine der gefährlichsten, leider auch häufigsten, aber dennoch falschen Behauptungen ist deshalb die einseitige Schuldzuweisung an die Heizung zu finden. Hier werden teilweise geradezu gewissenlos sämtliche anderen das Raumklima beeinflussenden Faktoren unterschlagen – und ebenso häufig als ebenso falsche Empfehlung die das Raumklima scheinbar nicht beeinflussende Bankheizung als beste heiztechnische Lösung empfohlen.

Auffallend ist, daß eine ganze Reihe zwangsläufiger und entscheidender Abhängigkeiten nirgendwo beschrieben ist, wie beispielsweise die Tatsache, daß gerade der immer wieder verlangte Erhalt der Fensterundichtigkeiten, also das Verbot einer Abdichtung oder Zusatzverglasung, die durch eine Beheizung hervorgerufene Absenkung der Raumluftfeuchte unterstützt, oder die Probleme, die sich aus der Belegungsdichte ergeben können.

Trotz eines beharrlichen Schweigens in wichtigen Fragen, einer Fülle an unbelegten Behauptungen und manchem krassen Fehler bietet die hier bearbeitete Literatur Antworten auf viele Einzelfragen. In Kapitel 9 wird die Literatur – nach Schlagworten geordnet – vorgestellt und kritisch gewürdigt.

3 Heizungstechnische Grundlagen

3.1 Allgemeines

Der Begriff »große Räume alter Bauart« als schwerfälliger Terminus technicus verdient deshalb Beachtung, weil dies der deutliche Hinweis darauf ist, daß auch Baumaterial und Bauweise entscheidende Kriterien für schadensfreies oder schädigendes Beheizen sein können und daß das Raumklima auch hierdurch und nicht nur durch Außenklima und Nutzung bestimmt wird. Die neue Kirche oder der moderne Veranstaltungssaal können selbstverständlich im Detail so geplant und gebaut werden, daß weder Baunoch Ausstattungsschäden der in diesem Buch beschriebenen Art auftreten, obwohl »geheizt« wird.

»Alte Bauart« umfaßt also sowohl die dünne Fachwerkskonstruktion mit ihrer Neigung zu barackenhaftem Raumklima und ihren unausmerzbaren Schwächen im konstruktiven Detail wie auch die schwere massive Stein- oder Ziegelwand mit ihrem extremen Wärmespeichervermögen und ihrer Neigung zur Feuchte- und Salzaufnahme.

»Große Räume« ist deshalb von Wichtigkeit, weil zum einen grundsätzlich – das heißt selbstverständlich auch bei jedem Neubau – mit wachsendem Raumvolumen neue Kriterien das Raumklima mitbestimmen (Luftströmungen, Strahlungs- und Konvektionsanteil der Wärmequellen sowie deren Anordnung und anderes mehr), zum anderen gerade diese alten großen Räume häufig ein zu vergleichbaren Neubauten sehr extremes Verhältnis von Raumhöhe zu Raumgrundfläche zeigen oder auch von Raumvolumen zu Raumhüllfläche – man denke hier an die vielfach »gefältete« Raumschale einer Rokokokirche.

Der Begriff »Kirchenheizung« für die Heizung von »großen Räumen alter Bauart« ist zweifach irreführend: Zum einen gilt die Problematik grundsätzlich für die Beheizung aller dieser so schwerfällig bezeichneten großen historischen Räume, also nicht nur für Kirchen, sondern ebenfalls für Schloß- und Ratssäle, für Theater und Hallen, für Burgen, Klöster und so weiter; zum zweiten suggeriert er die Vorstellung eines Beheizens dieser Räume, wie wir dies normgerecht unter Berücksichtigung der vorgeschriebenen Temperaturen gewohnt sind. Tatsächlich aber werden diese »großen Räume alter Bauart« meist nicht beheizt im heute üblichen Sinn, sondern lediglich temperiert zur Verbesserung ihrer Nutzbarkeit, ebenso aber zur Schadensverringerung. Trotzdem soll auch im weiteren an diesem bereits festgeschriebenen Begriff »Kirchenheizung« festgehalten werden, da hierunter inzwischen allgemein jene Probleme verstanden werden, durch die sich die Beheizung solcher Räume von der üblichen unterscheidet, was selbstverständlich auch die heiztechnischen Grundlagen beeinflußt.

Sieht man von der jeweiligen Einbauzahl ab, sind in solchen großen Räumen alter Bauart alle konventionellen Heizungssysteme mit Einzelheizkörpern oder Einzelheizgeräten möglich, zusätzlich noch Fußbodenheizungen oder auch Kombinationen hiervon sowie die spezielle Bankheizung.

Bei der Beheizung mit Einzelheizgeräten, seien es Radiatoren, Konvektoren oder Heiztruhen, ist es erlaubt zu pauschalieren: Sie taugen üblicherweise nicht für diese Art der Beheizung, da die Wärmeabgabe pro Zeiteinheit und Heizfläche zu hoch sein muß, um einen entsprechenden Temperaturanstieg in derartig großen Räumen zu bewirken. Sie können deshalb und wegen ihrer formalen Problematik (Abb. 3.1) zu Recht in der weiteren Betrachtung außer acht gelassen werden.

Vergleichbares, wenn auch nicht gleiches, gilt für Strahler. Sinnvoll werden sie dort eingesetzt, wo tatsächlich nur kurzfristig Personen auf eng begrenztem Bereich erwärmt werden sollen wie beispielsweise die Musiker beim Schloßkonzert, der Pfarrer auf der Kanzel oder am Altar.

Abb. 3.1:
Ältere Lösungen einer Einzelbeheizung von Kirchen

3.2 Wärmebedarf

Der Wärmebedarf eines solchen »großen Raums alter Bauart« wird nach sehr unterschiedlichen Formeln berechnet, wobei Differenzen von annähernd 100 % auftreten können. In der Praxis wird der Wärmebedarf heute nach Krischer/Kast [2] sowie nach Gröber/Sieler [4] ermittelt, wobei diese Formeln ohnehin die niedrigsten Ergebnisse liefern. Diese sind in der Praxis häufig noch als unnötig hoch zu beurteilen, was vor allem daran liegt, daß in fast allen Fällen ein immer wieder völlig unterbrochener Heizbetrieb als extrem schädigend abzulehnen ist und deshalb auch die erhöhte Heizlast während der Anheizphase unberücksichtigt bleiben darf.

Als wichtiger Aspekt bleibt in der Diskussion vielfach unberücksichtigt, wie sehr bereits eine relativ geringfügige Verringerung der maximalen Raumtemperatur den Wärmebedarf mindert: So liegt dieser Wert nach Gossens [85] bei einer Kirche von 3000 m^3 und einer Reduzierung von 15 °C auf 12 °C immerhin bei etwa 33 %!

Des weiteren ist zu berücksichtigen, daß der maximale Wärmebedarf stets in der Anheizphase benötigt wird und diese rechnerisch der niedrigsten Außentemperatur zugeordnet wird. Da aber eine der einfachsten Lösungen zur Vermeidung zu geringer Raumluftfeuchten darin liegt, in der hierfür problematischsten Jahreszeit der tiefsten Außentemperaturen auch die Raumlufttemperaturen zu senken (s. Kapitel 7), was durch die Eigenart des psychologischen Wärmeempfindens unterstützt wird, bietet sich nochmals eine relativ problemlose Verringerung des Wärmebedarfs an.

Interessant ist allerdings der Vergleich des jeweils auf das Raumvolumen bezogenen spezifischen Wärmebedarfs, wobei angenommen wird, daß der installierten Heizleistung ein entsprechender Wärmebedarf zugrunde gelegt wurde: Er liegt im Mittel aller untersuchten Räume unter Ausschluß jeweils zweier Extremwerte bei 19 W/m^3; die Verteilung der einzelnen Werte zeigt Abb. 3.2.

3.3 Heizsysteme

Grundsätzlich werden unter dem Begriff »Kirchenheizung« drei Heizungssysteme unterschieden: Bankheizung, Fußbodenheizung, Warmluftheizung; Kombinationen sind möglich und auch üblich.

3.3.1 Bankheizung

Die Bankheizung wird in sehr unterschiedlichen Varianten angeboten – und zwar als Kniebank- oder Sitzheizung, jeweils mit Warmwasser gespeist oder strombetrieben. Diese elektrische Bankheizung gibt es auch mit einem Speicherkern; üblich ist jedoch die direkt erwärmende Strahlerheizung (Abb. 3.3).

Eine besondere und in ihrer Wirkung auf Raum und Ausstattung sehr »milde« Beheizung bietet die elektrische Sitzkissenheizung.

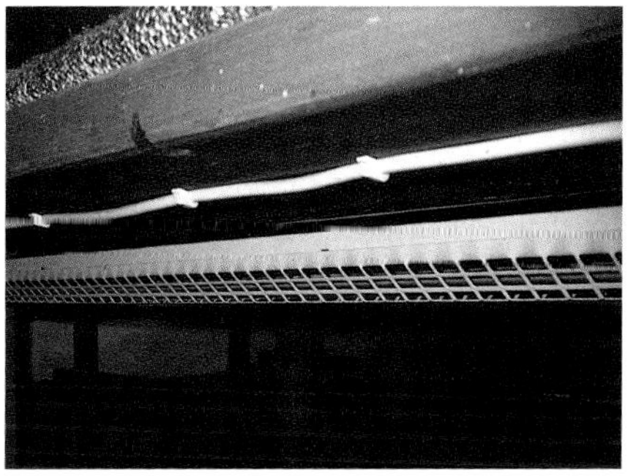

Abb. 3.3

Jede Bankheizung setzt eine feste Bestuhlung voraus. Elektrische Systeme bergen eine erhöhte Brandgefahr bei unsachgemäßer Installation; Warmwassersysteme sind frostgefährdet, zumal die Bankheizung in der Regel nicht auf Dauerbetrieb läuft.

Objekt Nr.	Objekt	Heizsystem BH	FB	LH	Wärmebedarf [W/m^3]*
2	Pfarrkirche Taufkirchen			x	37,6
4	Pfarrkirche Neumarkt St. Veit			x	40,7
11	Kirchenstift Eggolsheim	x			3,4
17	Dom Speyer		x		9,8
28	Abteikirche Otterberg			x	8,0
31	Basilika Trier		x		12,1
52	Pfarrkirche Eutingen Gäu	x			29,6
66	Alexanderkirche Wildeshausen			x	30,1
93	Dom Lübeck			x	8,8
104	Pfarrkirche Aschau			x	16,7
105	St.-Stefan Würzburg		x		21,3
106	Pfarrkirche Pfaffenhofen/Ilm	x			14,3
107	Pfarrkirche Luhe			x	28,4

* ermittelt aus der Heizungsauslegung und dem Raumvolumen

Abb. 3.2: Wärmebedarf verschiedener Kirchen mit unterschiedlichen Heizsystemen

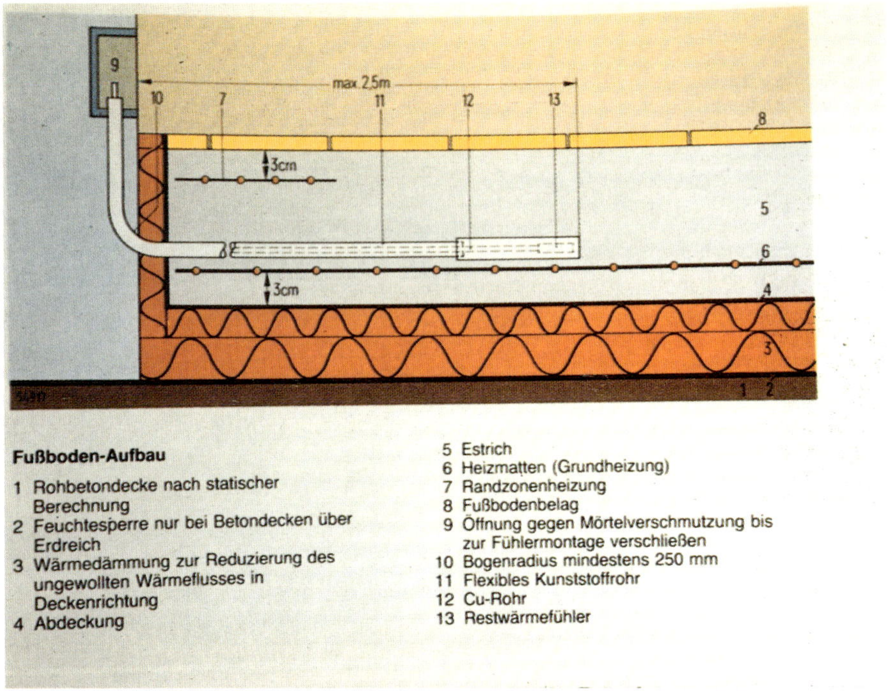

Abb. 3.4:
Ausschnitt aus dem Prospekt für eine Fußboden-Speicherheizung

3.3.2 Fußbodenheizung

Die Fußbodenheizung kann mit Warmwasser, Warmluft oder auch elektrischem Strom betrieben werden; nach einem kurzfristigen Boom der elektrischen Fußboden-Speicherheizung überwiegt heute die Warmwasser-Fußbodenheizung. Früher durchaus gültige Vorbehalte gegen Kunststoffrohre können heute – in Abhängigkeit vom Material – zurückgestellt werden. Infrarotsysteme zur raschen und gezielten Leckfindung helfen, im Notfall großflächiges Aufstemmen zu vermeiden.

Bei Fußbodenheizungen als Speicherheizsysteme sind elektrisch direkt beheizte Konstruktionen üblich, doch werden sie inzwischen wegen ihrer nochmals stärker eingeschränkten Regelbarkeit kaum noch projektiert; diese Problematik wird deutlich in Abb. 3.4. Der mit 5 in der Abb. 3.4 bezeichnete dicke Estrich bietet einschließlich des hier unverhältnismäßig dünn eingezeichneten Bodenbelags (8) eine solch schwerfällige Speichermasse, daß ein derartiges System unmöglich auf häufig wechselnde Einflußgrößen reagieren kann (Sonne und Wolken, Nutzung).

Auch Fußbodenheizungen können mit Luft betrieben werden; ein Sonderfall ist die Kombination mit einer Warmluftheizung: Die die Fußbodenunterkonstruktion durchströmende Luft dient im kurzgeschlossenen Kreislauf als Grundheizung über dem Fußboden. Für die stoßweise Spitzenbeheizung wird die Warmluft über übliche Auslässe direkt dem Raum zugeleitet. Eine interessante historische Lösung zeigt Abb. 3.5. Derartige Anlagen sind inzwischen selten geworden; sie wurden nicht in diese Untersuchungen einbezogen.

Ebenfalls unberücksichtigt blieben Deckenheizungssysteme, da sie für den hier untersuchten Anwendungsfall eine zu extreme Ausnahme darstellen.

Die in einem Prospektausschnitt (Abb. 3.6) gezeigte Kombination von warmluftgespeister Fußboden- und Wandheizung (System Ass-

Abb. 3.5: Hypokaustenheizung im Göttinger Rathaus; bei Bedarf erfolgt ein zusätzlicher direkter Luftaustritt über die sonst abgedeckten Öffnungen

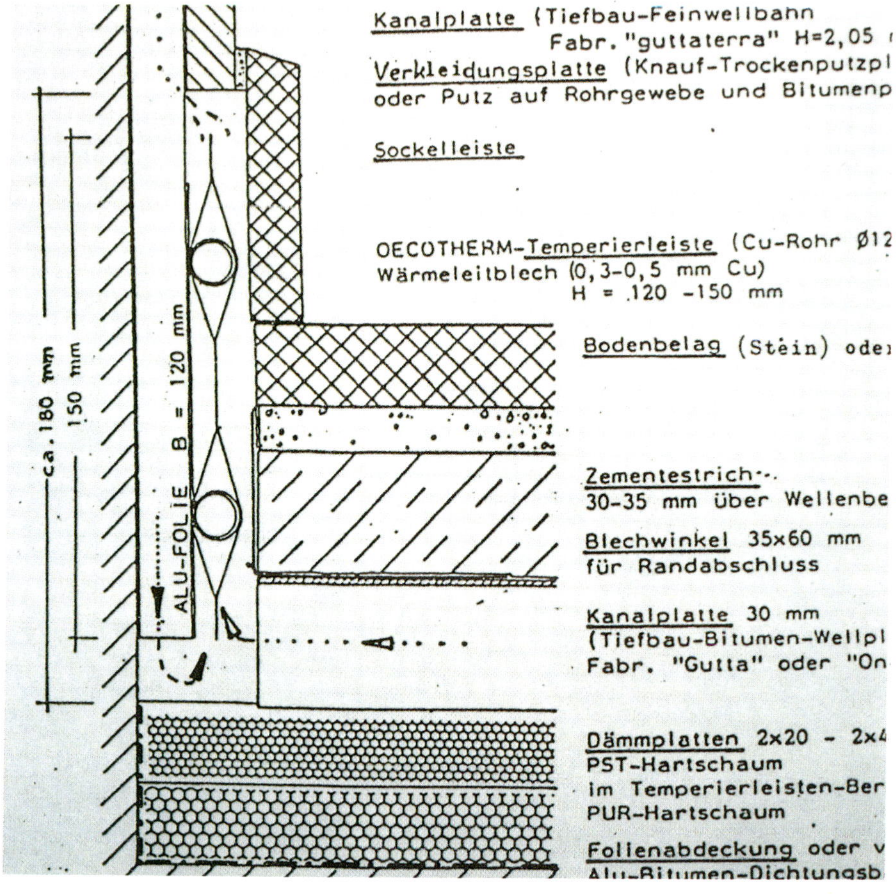

mann) bietet in Sonderfällen und bei kleineren Flächen eine durchaus akzeptable Lösung, erzwingt jedoch den optischen Verlust der originalen Wandschale, so daß auch diese Flächenheizung nicht weiter beurteilt wurde. Da von den Protagonisten dieses Systems inzwischen einige unsinnige Anwendungsbereiche vorgeschlagen werden, wird auf die Veröffentlichung »Thermische Bausanierung« [88] verwiesen.

Einen weiteren Sonderfall der Flächenheizung stellen Heizmatten dar, die beispielsweise am Altar unter dem Teppich eingesetzt werden. Auch hieran wurden keine Messungen ausgeführt.

Abb. 3.6: Skizze einer einfachen Warmluftflächenheizung

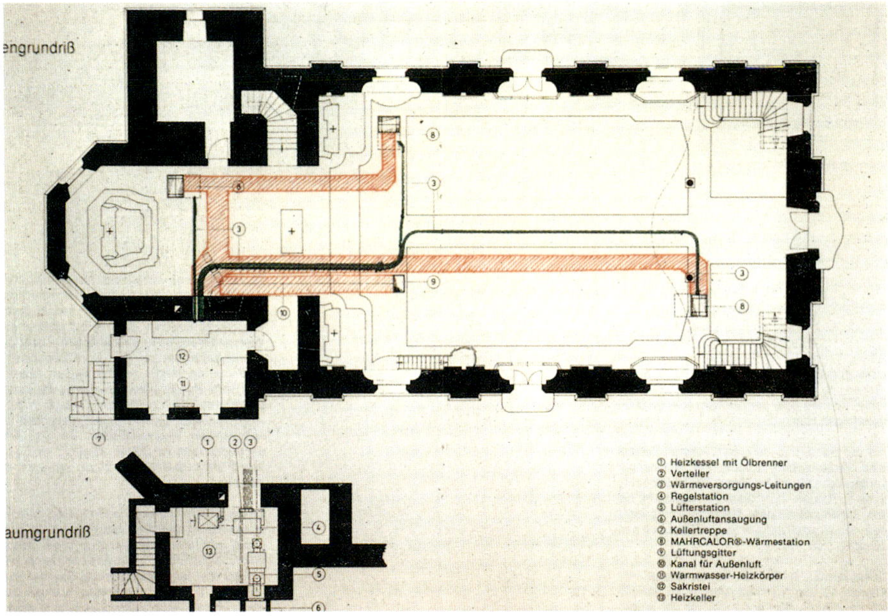

Abb. 3.7:
Vergleich des Installationsbedarfs einer Warmluftheizung bei Luftkanal- und Warmwasserleitungsführung

Abb. 3.8:
Wärmestation mit Anschluß an Warmwasservor- und -rücklauf. Der erhöhte Rahmen auf dem Blechmantel entspricht der späteren Gitterfläche; der Rest wird mit dem Bodenbelag überdeckt

3.3.3 Warmluftheizung

Die Warmluftheizung stellt den ältesten Typus der »Kirchenheizung« dar, wobei seit alters die Luft durch entsprechende Kanäle über Auslässe dem Raum zugeführt und ihm auch - meist! - wieder entnommen wird. Der Antrieb des Heizmediums geschieht durch einen Ventilator; Eingriffe in den Luftzustand sind möglich, werden jedoch selten vorgenommen.

Vor mehr als zehn Jahren wurde ein System entwickelt, in dem Warmwasser (Abb. 3.7) platzsparend den Wärmetransport übernimmt und erst am Ort des Ausblasens ein Wärmeaustausch in sogenannten Wärmestationen vorgenommen wird (Abb. 3.8).

Eine Nachbehandlung der Luft ist auch hier möglich, doch ebenso unüblich.

Da der Einbau derartiger Wärmestationen einen Raumbedarf um 2 m^3 benötigt, kann vor allem im Geschoßbau der Vorzug der so stark verkleinerten Leitungsführung nicht immer genutzt werden. Hier müssen unkonventionelle Installationstrassen gesucht werden, wie dies im Ahnensaal von Schloß Rastatt bei vergleichsweise geringen Eingriffen in die Substanz geschah (Abb. 3.9).

Warmluftheizungen sind im Regelfall mit einem Luftfilter einfachster Art ausgestattet.

Abb. 3.9: Einspeisung der Warmluft über Nebenräume und »versteckte« Ausblasöffnungen hinter einer Balustrade; die einseitige Einspeisung wird gemildert durch eine umlaufende Absaugung im Fußboden

Abb. 3.10:
Ältere Versuche eines nachträglichen Schornsteineinbaus

3.4 Heizraum, Brennstofflagerraum

Da kohlebefeuerte Heizungsanlagen seit langem nicht mehr gebaut werden, verlangt nur noch die Ölheizung eine besondere Lagerung. Die hier gültigen Vorschriften entsprechen in allen Punkten den auch sonst üblichen, so daß hierauf nicht weiter eingegangen wird. Da die Anlage eines Bodentanks oder auch eines Brennstofflagerraums aus räumlichen oder auch denkmalpflegerischen Gründen in Räumen der untersuchten Art vielfach Schwierigkeiten bereitet, werden Strom und Gas als Energieträger bevorzugt. Inzwischen kann auch bereits in kleineren Gemeinden vielfach Fernwärme angeboten werden. Eine weitere, häufig praktizierte Lösung liegt im Anschluß an einen nahegelegenen Heizraum (Pfarrhaus, Gemeindehaus, Rathaus u. ä.).

Wo auch der Einbau eines Heizraums und vor allem des damit verbundenen Schornsteins (Abb. 3.10) Schwierigkeiten bereitet, kann nur noch auf Strom und Fernwärme zurückgegriffen werden, wobei der hohe Stromanschlußwert eine Trafostation verlangen kann und auch bei Fernwärme eine Wärmeübergangsstation notwendig wird. Eine zentrale Beheizung über einen elektrischen Wärmeblock ist möglich, jedoch unüblich.

Klosterkirche Waldsassen

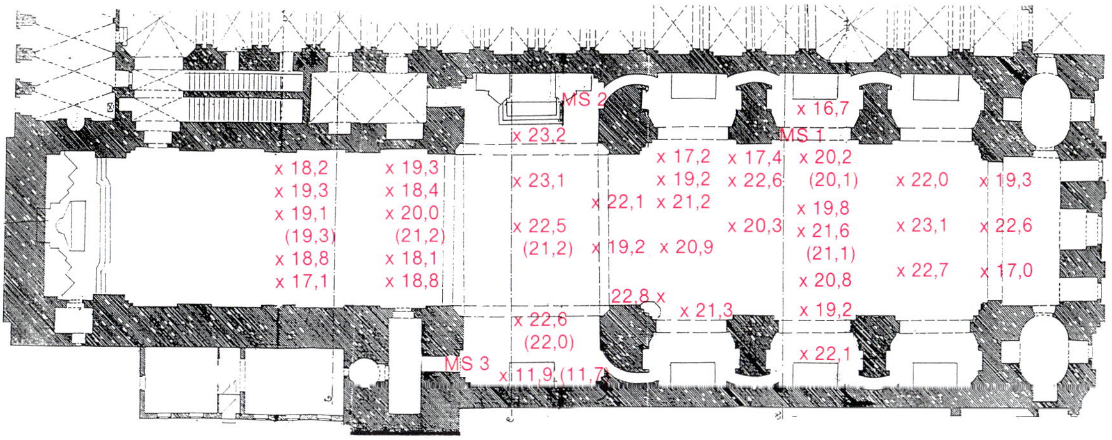

Abb. 3.11: Systembedingter langsamer Abbau der Bodenplattenwärme nach dem Regelbefehl »Abschalten«

Fußbodentemperaturmessung am 7. und 8. 1989 bei max. Heizungstemperatur (ca. 11 Uhr);
Messung in Klammern um 13 Uhr, zwei Stunden nach Abschalten der Heizung.
MS 1 = Meßstelle 1: Wandtemperaturen
MS 2 = Meßstelle 2: Wandtemperaturen
MS 3 = Meßstelle 3: Wandtemperaturen (unterhalb des Fensters)

3.5 Regelung

Da derartig große Räume einem hohen zum Teil jahreszeitlich bedingten Umwelteinfluß auf ihr Raumklima unterliegen, wurde schon seit langem versucht, dies durch eine entsprechende Regelung auszugleichen. Gleichzeitig sollte diese Regelung in der Lage sein, schädliche Einflüsse der Heizweise auf Ausstattung und Raumschale zu verringern.

Unter diesem Gesichtspunkt wird die Regelfähigkeit des Heizsystems zu einem zusätzlichen Kriterium:

Bankheizsysteme – vor allem elektrische – werden üblicherweise nicht über eine Raumregelung gefahren, sondern nach Bedarf ein- und ausgeschaltet.

Jedes Fußbodenheizsystem ist vergleichsweise träge, wenn auch systembedingt unterschiedlich, so daß dieser eingeschränkten Regelfähigkeit auch die Qualität der gewählten Regelungsanlage entsprechen sollte (Abb. 3.11).

Die Warmluftheizung erlaubt einen raschen und direkten Zugriff auf die Wärmeabgabe und damit auch ein Eingehen auf äußere Einflüsse. Hier ist die stärkste Regelungsfähigkeit zu finden; den technischen Möglichkeiten wird allerdings in fast allen derartigen Räumen relativ rasch eine Grenze durch die vielen nicht regelbaren Einflüsse gesetzt, die auf das Raumklima wirken.

Als sinnvolle Grenze gilt heute neben der Erfassung der Raumtemperatur oder der Raumtemperaturen eine gesteuerte Aufheiz- und Abkühlphase sowie eine Programmierung entsprechend der Nutzung, beispielsweise der Gottesdienstordnung oder dem Spielplan. In jedem Fall wird jedoch bei üblicher Regelung durch einen Raumthermostaten nur der Luftzustand an einem einzigen Ort erfaßt. Die Größe derartiger Säle, vor allem aber ihre vertikale und horizontale Gliederung können jedoch eine starke Spreizung der Raumlufttemperatur bedingen (s. Abschnitt 5.1). Soll dies von der Regelung erfaßt werden können, muß die Wärmeabgabe je Raum- oder Flächenteil regelbar sein.

Die technische Möglichkeit mehrerer und einzeln regelungstechnisch erfaßter Heizkreise bei der Flächenheizung wird wieder durch deren Speicherfähigkeit eingeschränkt, kann allerdings durchaus sinnvoll sein.

Bei der Luftheizung bedeutet dies bei gemeinsamem Luftkanalnetz, daß jeder Luftauslaß einen Nacherhitzer enthalten müßte. Eleganter und technisch sinnvoller geschieht ein geregeltes Eingehen auf unterschiedliche Raumtemperaturen durch Steuerung des Luftdurchsatzes, wie dies bei der warmwassergespeisten Luftheizung mit Einzelstationen möglich wird.

Eine besondere Regelungsvariante bietet der Einsatz eines Hygrostaten: Er wird regelungstechnisch dem oder den Thermostaten vorrangig geschaltet, so daß die vorgegebene Maximaltemperatur dann nicht erreicht wird, wenn, durch das Außenklima bedingt, die Werte der Raumluftfeuchte einen vorgegebenen Grenzwert unterschreiten. Dieser Hygrostat dient damit vorrangig dem Schutz der Ausstattung und kann auch gezielt einem besonders schützenswerten oder empfindlichen Objekt zugeordnet werden. So wurde beispielsweise die letzte Kontrollmessung in der Nürnberger Frauenkirche am 1. 2. 1991 durchgeführt. Die Außenluftwerte betrugen an diesem Tag zu Beginn der Messung um 8 Uhr morgens: t = – 6,8 °C; r. F. = 17,5 %. Die Warmluftheizung war deshalb schon über mehrere Tage nicht angesprungen, so daß in der Kirche trotz der genannten Außenluftwerte eine relative Luftfeuchte von 46,5 % herrschte (s. auch Kapitel 7).

3.6 Wärmeabgabe

Die drei genannten Gruppen der »Kirchenheizung« unterscheiden sich stark in der Art ihrer Wärmeabgabe: die Warmluftheizung gibt Wärme konvektiv, die Fußbodenheizung strahlend und konvektiv, die Bankheizung strahlend und in sehr unterschiedlichem Maß auch konvektiv ab.

Diese theoretische und auch vereinfachte Unterscheidung wird in der Praxis dann wichtig, wenn die Aufgabe eines »Kirchenheizungssystems« definiert wird.

Die Wärmeabgabe durch Strahlung dient vorrangig dem Nutzer; die hierfür geeigneten Heizsysteme sind deshalb auch örtlich dem Nutzer zugeordnet (Bank, Fußboden). Dic Wärmeabgabe durch Konvektion erfaßt zusätzlich den Raum und damit auch die Raumschale. Beide Arten der Wärmeabgabe können sinnvoll, aber auch schädigend sein, so daß es falsch ist, allein hieraus Vorzug oder Nachteil des Heizsystems abzuleiten, ohne weitere Faktoren dieses einen bestimmten Raums zu berücksichtigen.

3.7 Luftwechsel

Der Luftwechsel, eine der wichtigen Größen zur Ermittlung des Wärmebedarfs, wird fast ausschließlich nur angenommen und nicht festgestellt. Auch bei den Arbeiten, die diesem Buch zugrunde liegen, wurde der Luftwechsel aus Kostengründen nicht ermittelt, allerdings über Strömungen und Temperaturverteilung sein qualitativer Einfluß in einzelnen Objekten erfaßt.

Die Angaben über die Stärke dieser wichtigen Einflußgröße differieren in der Literatur um mehr als 600 %! In der Projektierungspraxis herrscht allerdings die Einschätzung eines ca. 1,0fachen Luftwechsels vor – das Raumluftvolumen erneuert sich einmal je Stunde –, was bei Einfachverglasung, vor allem mit Bleisprossen, allerdings vielfach als zu niedrig einzustufen ist.

Eine Möglichkeit, den Luftwechsel wenigstens halbquantitativ zu erfassen, liegt in der Aufstellung einer Feuchtebilanz. Dies setzt zum einen voraus, daß der Unterschied der Wasserdampfteildrücke innerhalb und außerhalb der Kirche über das Winterhalbjahr im Mittel konstant bleibt, also kein Ansteigen dieses Unterschieds mit abnehmender relativer Raumluftfeuchte zu beobachten ist. Es können dann nämlich Absorptions- und Desorptionsvorgänge von langfristig gespeicherten Feuchtigkeitsmengen im Mauerwerk vernachlässigt werden. Eine Kontrolle dieser Voraussetzung ist durch Feststellung der Materialfeuchte möglich. Zum anderen wird es notwendig, daß nicht nur die Personenzahl im zeitlichen Verlauf festgestellt wird, sondern auch alle anderen Feuchtespender von Pflanzen über Putzwasser bis hin zur Kerzenmenge berücksichtigt werden.

4 Planung und Durchführung der Untersuchungen

Zunächst wurde eine Vorauswahl getroffen, die 116 Objekte umfaßte, von denen etwa 95% Sakralbauten waren. Diese Auswahl berücksichtigte, daß die Objekte ausgewogen über das gesamte Bundesgebiet verteilt sein sollten.

Nach Sichtung der über diese Objekte erhältlichen Informationen und Besichtigung fast aller Objekte dieser Vorauswahl wurden 48 Gebäude zur Durchführung von Messungen ausgewählt. Die Messungen wurden an allen 48 Gebäuden begonnen. Im Verlauf dieser Untersuchungen wurden dann 32 Objekte festgelegt, an denen ein intensives Meßprogramm abgewickelt wurde; im Verlauf der Untersuchungszeit wurden nochmals einige wenige weitere Objekte aufgenommen.

Aufgrund der milden Winter 1987/88 und 1988/89 wurden zusätzlich ergänzende Messungen im Winter 1989/90 durchgeführt; auch dieser Winter zeigte kaum längere Frostperioden, so daß auch 1990/91 vereinzelt Messungen wiederholt wurden.

Außerdem wurden Daten von mehreren Objekten verwertet, die im Zuge der gutachterlichen Tätigkeit des Autors in der Zeit von 1985 bis 1991 anfielen.

Folgende, durch Beheizen beeinflußbare Meßgrößen wurden durch die Untersuchungen erfaßt:

- Raumtemperaturen (bei höheren Gebäuden auch die vertikale Schichtung),
- Raumluftfeuchte,
- Oberflächentemperaturen (insbesondere im unteren Wandbereich),
- Luftströmungen in horizontaler und vertikaler Richtung,
- Holzfeuchte.

Diese Messungen sollten – wenn möglich in nachweisbarer Abhängigkeit von Heizsystem und Heizweise – vor allem Aufschluß geben über folgende Vorgänge:

- Beeinflussung von Oberflächen- und Raumtemperaturen sowie Raumluftfeuchte,
- deren zeitlicher Verlauf,
- sich daraus ergebende negative Einwirkungen auf Raumhülle und Ausstattung,
- Temperaturschichtung und Luftbewegung/Zugerscheinungen,
- Schadensbildung und -verlauf.

Ferner wurden durch Befragung der Nutzer und Sichtung vorhandener Unterlagen vor Ort – wo möglich – die jeweiligen Daten der Heizungsanlage sowie Heizgewohnheiten und nutzerabhängige Besonderheiten erfaßt.

Für die Messungen wurden Handmeßgeräte für Luftfeuchte und -temperatur, Luftströmungen, Materialfeuchte, Oberflächentemperaturen direkt und indirekt sowie selbstschreibende Geräte unterschiedlicher Bauart für Luftfeuchte und -temperatur, Luftströmungen und Oberflächentemperaturen eingesetzt.

Da es vielfach nicht auf die absoluten Meßwerte ankommt, sondern auf den durch sie belegten Trend, wurden bekannte Differenzen in der Meßgenauigkeit hingenommen, wie beispielsweise die durchschnittlich um 1 K niedrigeren Oberflächentemperaturwerte bei Einsatz von Infrarot im Gegensatz zur direkten Messung mit PT-100-Fühlern.
Strömungsmessungen der Raumluft, vor allem Strömungsprofile, geben nur eine Momentaufnahme wieder, auch wenn sie mehrfach wiederholt wurden. Die angegebenen, meist graphisch dargestellten Werte sind also nicht vergleichbar mit Strömungsmessungen in gleichmäßig beschickten Kanälen oder an Luftauslaßstellen; alle angegebenen Werte sind gemittelt.

5
Ergebnisse der Untersuchungen und Erläuterungen der Auswirkungen des Beheizens

Den nun folgenden Ergebnissen ist eines vorauszuschicken: Zu vielen Aussagen wurden einzelne Beispiele gefunden, für die diese Aussage gerade nicht zutrifft - sowohl einzelne Baulichkeiten oder einzelne Zeiträume, gelegentlich auch eine einzelne Nutzung. Vermutlich dürften sich zu allen der folgenden Aussagen Gegenbeispiele finden. Als Ergebnis erfaßt wurden ausschließlich solche Fakten, die sich in einer größeren Zahl von Fällen zeigten und meßtechnisch belegbar waren.

5.1 Beeinflussung von Raum- und Oberflächentemperaturen

Jede Heizung beeinflußt direkt oder indirekt die Raumlufttemperatur und damit wieder indirekt die Oberflächentemperaturen von Wand, Decke beziehungsweise Gewölbe sowie Fußboden; eine direkte Beheizung dieser Flächen ist in Räumen dieser Bauart und Nutzung mit Ausnahme der Fußbodenheizung fast nie zu finden. Eine Ausnahme zeigt Abb. 5.1.
Für die Beurteilung einer Heizungsanlage, zum Teil sogar der Heizweise ist deshalb die Kenntnis dieser Temperaturwerte notwendig; Schäden lassen sich hiervon ableiten oder auch voraussagen.

5.1.1 Raumtemperaturen

Als erfreuliche Feststellung bei den Ortsterminen zu diesem Forschungsauftrag sind die üblicherweise gemessenen Raumtemperaturen zu werten. Mit wenigen Ausnahmen, bei denen dann auch wieder die befürchtete Abweichung der gewünschten Luftfeuchten festzustellen war, lagen stationäre Grundheizung beziehungsweise die Maxi-

Abb. 5.1: Archivaufnahme einer älteren Installation mit elektrischer Deckenstrahlungsheizung

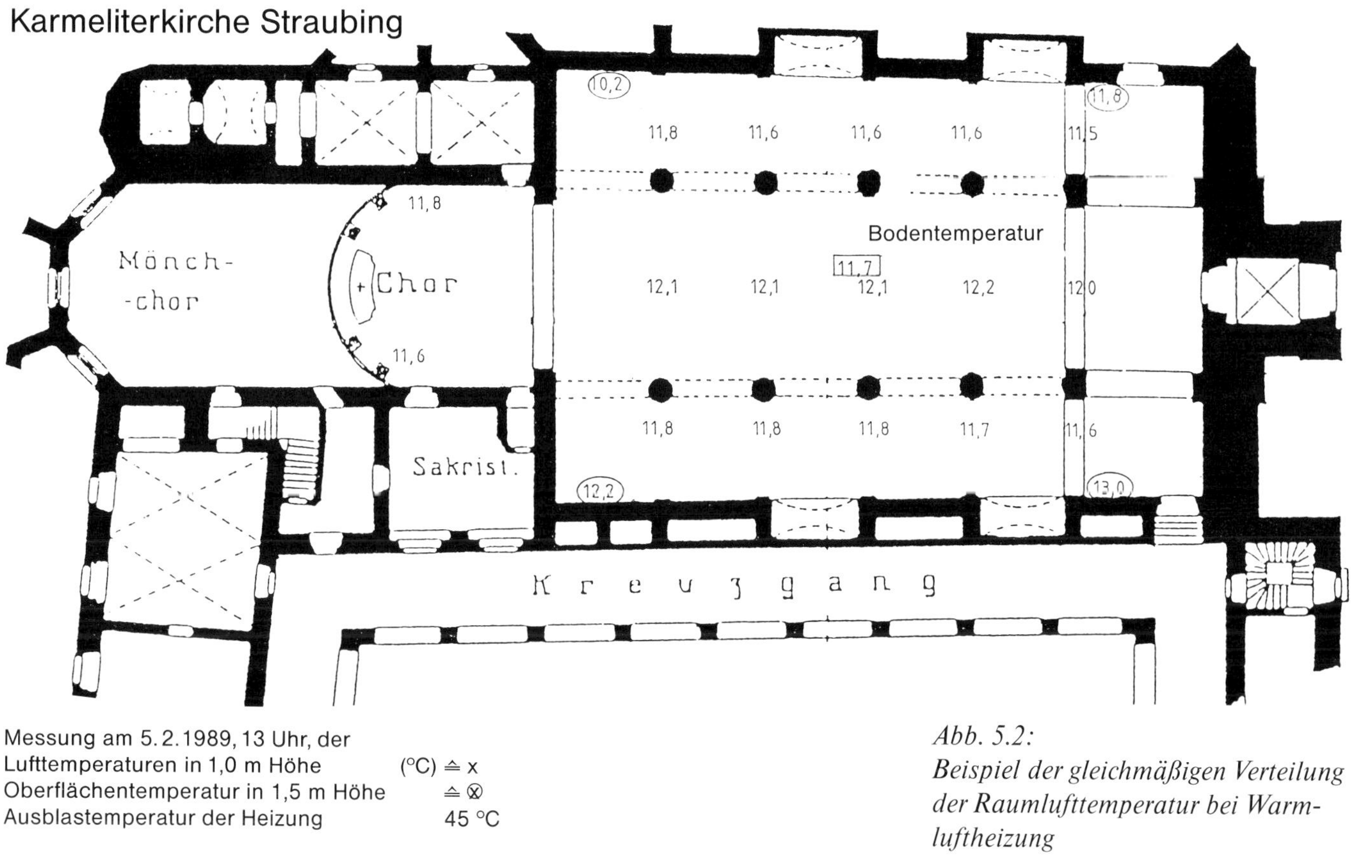

Abb. 5.2:
Beispiel der gleichmäßigen Verteilung der Raumlufttemperatur bei Warmluftheizung

maltemperatur während der Nutzung kaum noch über 15 °C, häufig auch deutlich darunter.

Sieht man von Einzelheizgeräten ab, die in diesem Buch lediglich unter »Heizungsbedingte Schäden« (Abschnitt 5.4) besprochen werden, können alle Heizsysteme die notwendigen Raumtemperaturen im Bereich der Nutzer bringen und auf Dauer auch geregelt halten. Dennoch gibt es hier deutliche Unterschiede, die auch den einzelnen Heizsystemen zuzuordnen sind.

Einen deutlichen Unterschied zeigen Bankheizung und Fußbodenheizung gegenüber der Warmluftheizung im Bereich der Nutzung. Messungen der Raumlufttemperatur in 1,0 m Höhe belegten bei Warmluftheizung wesentlich gleichmäßigere Raumlufttemperaturen (Abb. 5.2).

Der grundlegende Vorzug der Fußbodenheizung bei Wohnungs- und Büronutzung, ein relativ gleiches Temperaturfeld sowohl vertikal wie horizontal, entsteht in derartig großen Räumen nicht, da kein Strahlungsaustausch mit Decke oder Gewölbe erfolgt. Zusätzlich ist – zumindest in Kirchen – eine Teilinstallation üblich, da Gänge entweder durch Grabplatten »belegt« sind oder auf eine Installation unter dem Holzpodest wegen dessen Stärke, oder weil es als historisches Ausstattungsdetail nicht angetastet werden soll, verzichtet wird, auch wenn dies technisch möglich ist.

Die Bankheizung beschränkt ihre Wärmeabgabe zwangsläufig ebenfalls, so daß sie zumindest in diesem Punkt mit der Fußbodenheizung verglichen werden kann.

Unter diesen Voraussetzungen schafft lediglich die Warmluftheizung die Voraussetzung für eine gleichmäßige Raumlufttemperatur, dies allerdings auch nur bei vollständiger und gleichmäßiger Erfassung des Raumvolumens und einer möglichst differenzierten Aufteilung der Ausblasstellen. Wird gegen diese unabdingbaren Forderungen verstoßen, stellen sich Raumluftzustände wie in der Konstanzer Dreifaltigkeitskirche ein, in der eine einzige, chorseitig angebrachte Ausblasöffnung das gesamte Kirchenschiff versorgen sollte, obwohl auch die Abluftöffnung nahe dem Chor angebracht war (s. Abb. 5.16). Eine

Abb. 5.3: Direkt beströmte Altartafel mit starker Ablösung der Malschicht

»Lösung« wird hierbei durch erhöhte Ausblastemperaturen und erhöhte Luftgeschwindigkeit gesucht; das erste führt zu unterschiedlichen Schäden im direkt (Ausblaskegel) oder indirekt (Sekundärströmung) luftbestrichenen Bereich wie in der Veitsbronner evangelischen Kirche (Abb. 5.3); das zweite schafft unnötig große Zonen unterschiedlich starker Wärmebeaufschlagung und muß damit zu ebenfalls stark unterschiedlichen Raumklimata führen.

5.1.2 Temperaturschichtung

Nach allgemeiner Vorstellung erzeugt eine Warmluftheizung in derartig hohen Räumen einen wesentlichen vertikalen Temperaturanstieg, der zwangsläufig Schäden im Decken- beziehungsweise Gewölbebereich nach sich ziehen muß, während eine Fußbodenheizung nur das »untere« Raumvolumen erwärmt. Beide Beurteilungen haben sich erfahrungsgemäß in dieser krassen Form und einseitigen Zuweisung nicht bestätigt.

Die vertikale Zunahme der Raumlufttemperaturen betrug auch bei Beheizung mit Warmluft im Mittel nur weniger als 1,5 K über der gesamten Raumhöhe, wobei in Abhängigkeit von Gewölbeausbildung und -konstruktion im gewölbenahen Bereich häufig auch wieder ein leichter Temperaturrückgang zu beobachten war (Abb. 5.4); ein schlüssiger Zusammenhang zwischen diesem Effekt und einem erhöhten Wärmedurchgang im Gewölbe ist zwar zu vermuten, aber nicht nachweisbar, da die entsprechenden Differenzen sowohl bei gedämmten als auch ungedämmten Konstruktionen auftreten – in keinem Fall aber der jeweils andere Zustand bekannt ist. Lediglich im Hauptsaal des Schlosses von Rastatt wurde anläßlich einer gutachterlichen Prognose der negativen Auswirkungen eines Beheizens die Decke während des Meßzeitraums teilgedämmt. Als maximaler Temperaturunterschied wurden dort 2,5 K zwischen gedämmter und ungedämmter Ausführung ermittelt

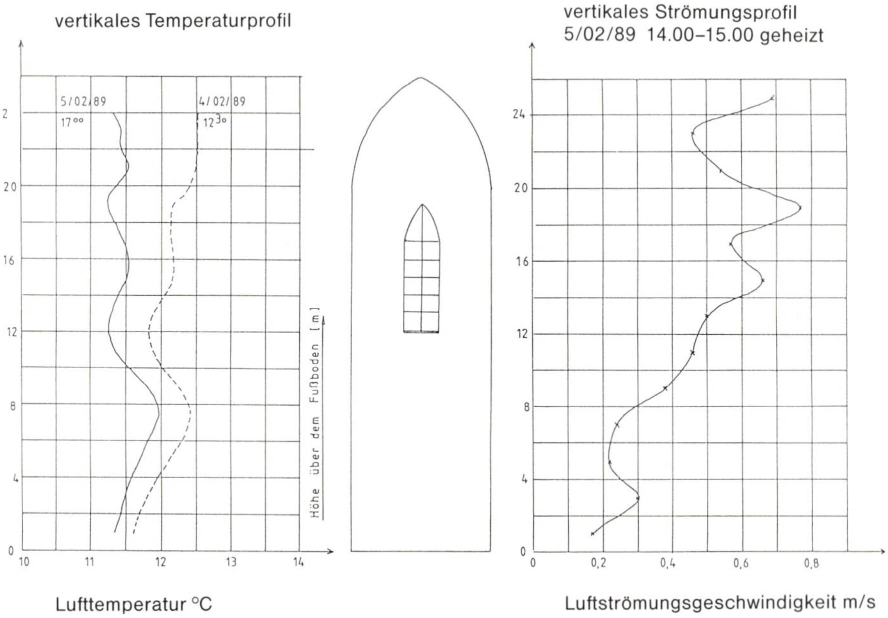

Abb. 5.4: Typisches Vertikalprofil der Raumlufttemperaturen bei einer Warmluftheizung

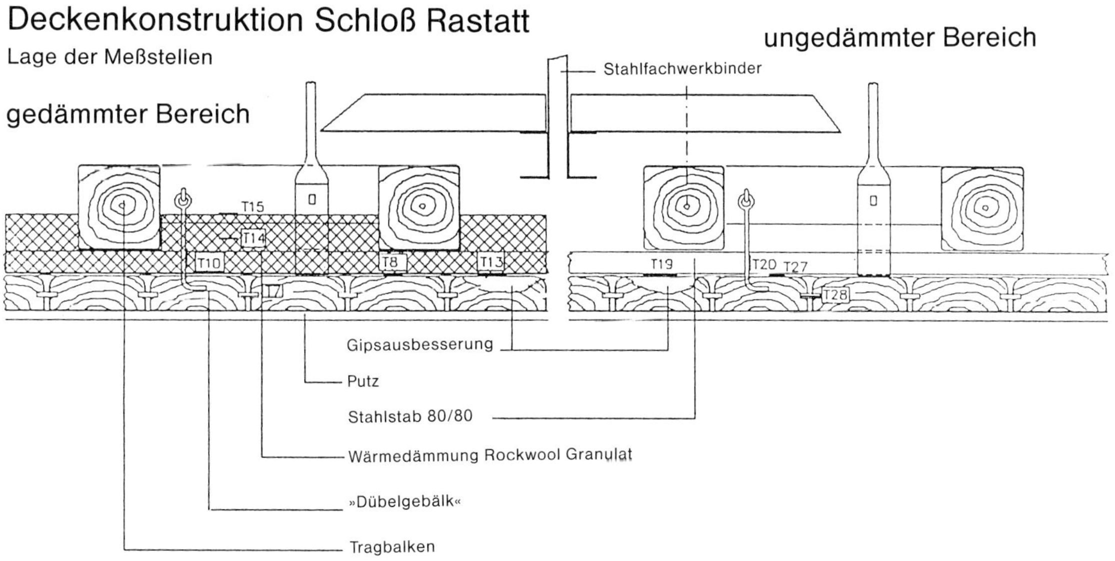

Schloß Rastatt Klimamessung

	Randbedingungen						Temperatur am Stahlträger				Temperatur in der Dämmung		Vergleich der Meßstellen im gedämmten Bereich (obere Zeile) und ungedämmten Bereich (untere Zeile)			
Datum	Temp. außen	Rel. F. außen	Temp. innen	Rel. F. innen	Temp. Dachr.	Rel. F. Dachr.	16	26	17	18	14	15	7 / 28	8 / 27	10 / 20	13 / 19
24.11.88	1,2	85	10,9	48	8,1	60	7,6	7,3	7,6	7,5	8,4	7,7	10,8 / 9,0	10,5 / 8,1	8,1 / 7,9	11,0 / 8,7
28.11.88	1,5	98	10,4	51	7,6	64	6,8	6,9	7,2	7,2	8,1	7,4	10,4 / 8,6	8,7 / 7,6	7,7 / 7,5	10,5 / 8,3
05.12.88	1,7	100	12,1	57	10,1	69	9,5	9,5	9,8	9,7	10,5	9,9	12,1 / 10,9	12,3 / 10,1	10,1 / 10,0	12,6 / 10,6
15.12.88	- 1,0	96	11,2	51	9,0	67	8,9	8,7	8,9	8,5	9,5	8,7	11,2 / 9,8	11,3 / 9,0	9,2 / 8,8	11,7 / 9,5
04.01.89	- 2,0	100	10,7	50	8,0	66	7,1	7,1	7,3	7,6	8,3	7,5	10,6 / 9,1	10,4 / 8,1	8,1 / 8,6	10,9 / 8,7
14.01.89	1,4	99	11,6	54	9,9	68	9,2	9,1	9,4	9,5	10,1	9,5	11,5 / 10,5	11,6 / 9,8	9,6 / 9,6	11,9 / 10,2
31.01.89	-	-	10,3	51	6,3	67	5,1	5,0	5,3	5,4	7,0	6,0	10,1 / 7,6	9,7 / 6,2	7,1 / 5,5	10,3 / 6,0
11.03.89	4,9	67	10,0	44	6,3	59	6,8	6,7	7,1	7,2	7,7	7,0	10,0 / 8,7	9,6 / 7,4	7,3 / 7,5	10,1 / 8,4
20.03.89	4,3	63	17,7	35	10,3	60	10,8	10,9	11,2	11,2	12,4	10,9	17,2 / 14,2	16,2 / 11,7	13,0 / 11,5	17,0 / 13,4
29.03.89	7,7	67	18,0	39	11,5	57	12,4	12,4	12,7	12,5	13,7	12,2	18,1 / 15,5	17,3 / 12,7	14,2 / 12,8	17,9 / 14,7
04.04.89	5,2	83	12,9	44	11,1	58	11,9	11,7	12,0	11,9	12,1	11,7	12,9 / 12,6	13,3 / 12,1	11,4 / 12,2	13,6 / 12,4

Lage der Meßstellen: 16, 26, 17, 18 am Stahlträger; Entfernung von der Wand: 16: 0,0 cm, 26: 25 cm; 17: 50 cm, 18: Mitte Stahlträger 7/28: Mitte Bohlen (Dübelgebälk), 8/27: Oberfläche Bohlen, 10/20: Eisenanker der Bohlen am Fuß, 13/19: auf Gipsausbesserung der Bohlen, 14: Mitte der Dämmung, 15: Oberfläche der Dämmung

Abb. 5.5: Temperaturschichtung in gedämmter und ungedämmter Deckenkonstruktion

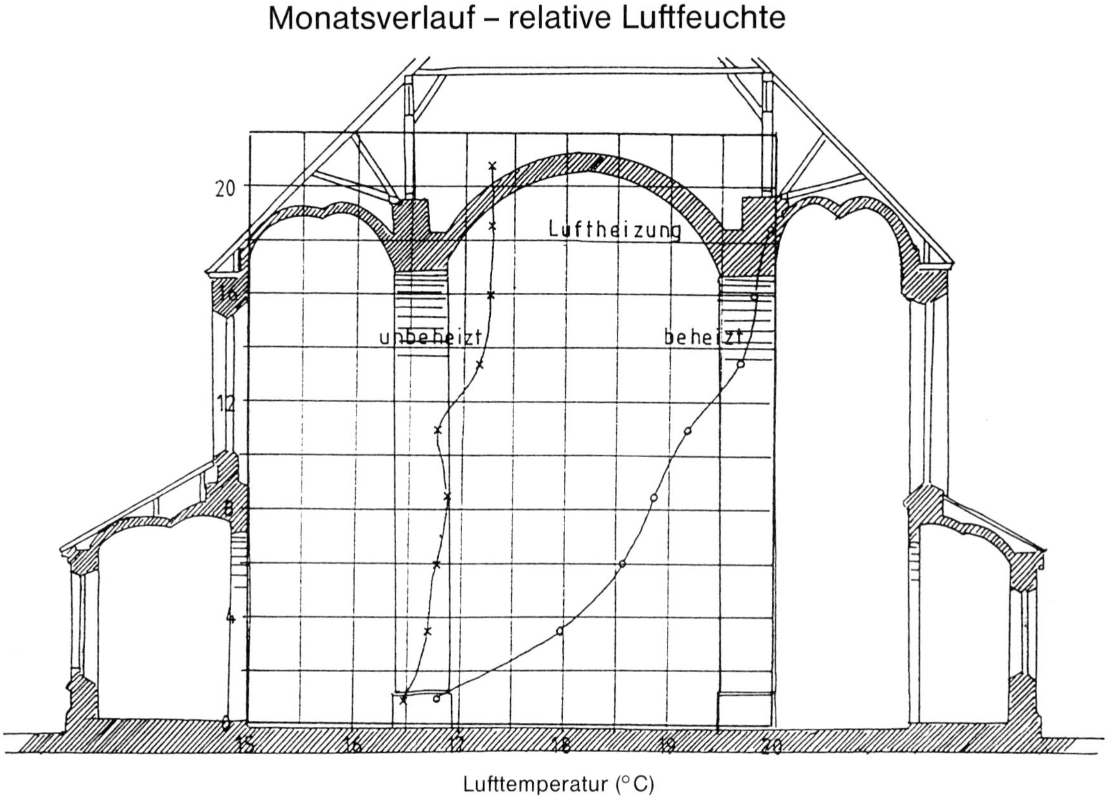

Abb. 5.6: Vertikales Temperaturprofil bei einer Warmluftheizung; stärkste gemessene Spreizung

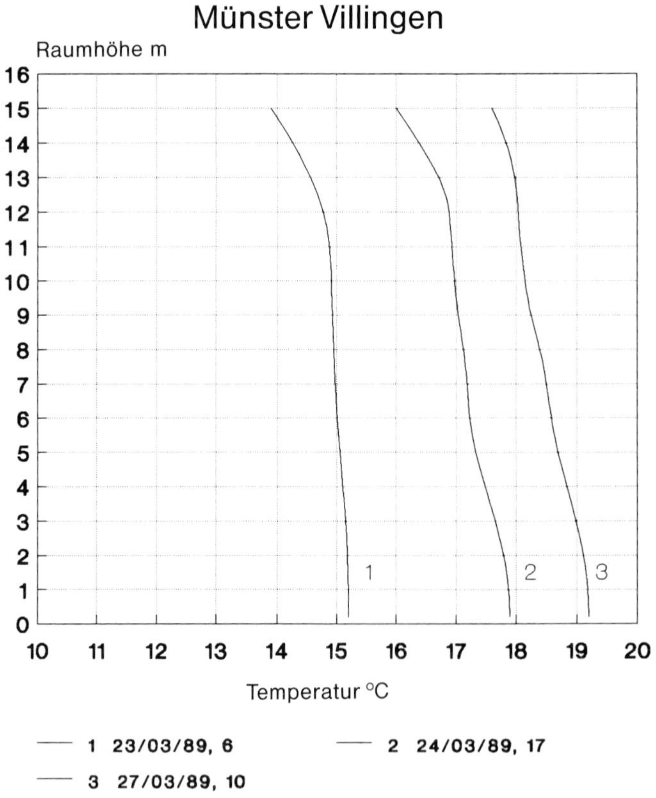

Abb. 5.7: Vertikaler Verlauf der Raumtemperaturen bei einer Fußbodenheizung

(Abb. 5.5). Da in Rastatt besondere konstruktive Bedingungen im Deckenbereich vorlagen und diese Untersuchungen auch in einem der hierfür zu milden Winter durchgeführt wurden, kann jedoch auf einen wesentlich höheren Einfluß der Dämmung geschlossen werden.

Nirgendwo wurde der so häufig gemutmaßte und bisher niemals belegte eklatante Temperaturanstieg bei Warmluftheizungen von 1 K/m und sogar höher gefunden. Lediglich im Lübecker Dom (Abb. 5.6) wurde eine Temperaturzunahme im beheizten Zustand von ca. 3 K in 20 m Höhe gemessen; diese Kirche wies aber bereits auch im unbeheizten Zustand während des Beobachtungszeitraums in gleicher Höhe einen Temperaturanstieg von 1,5 K auf.

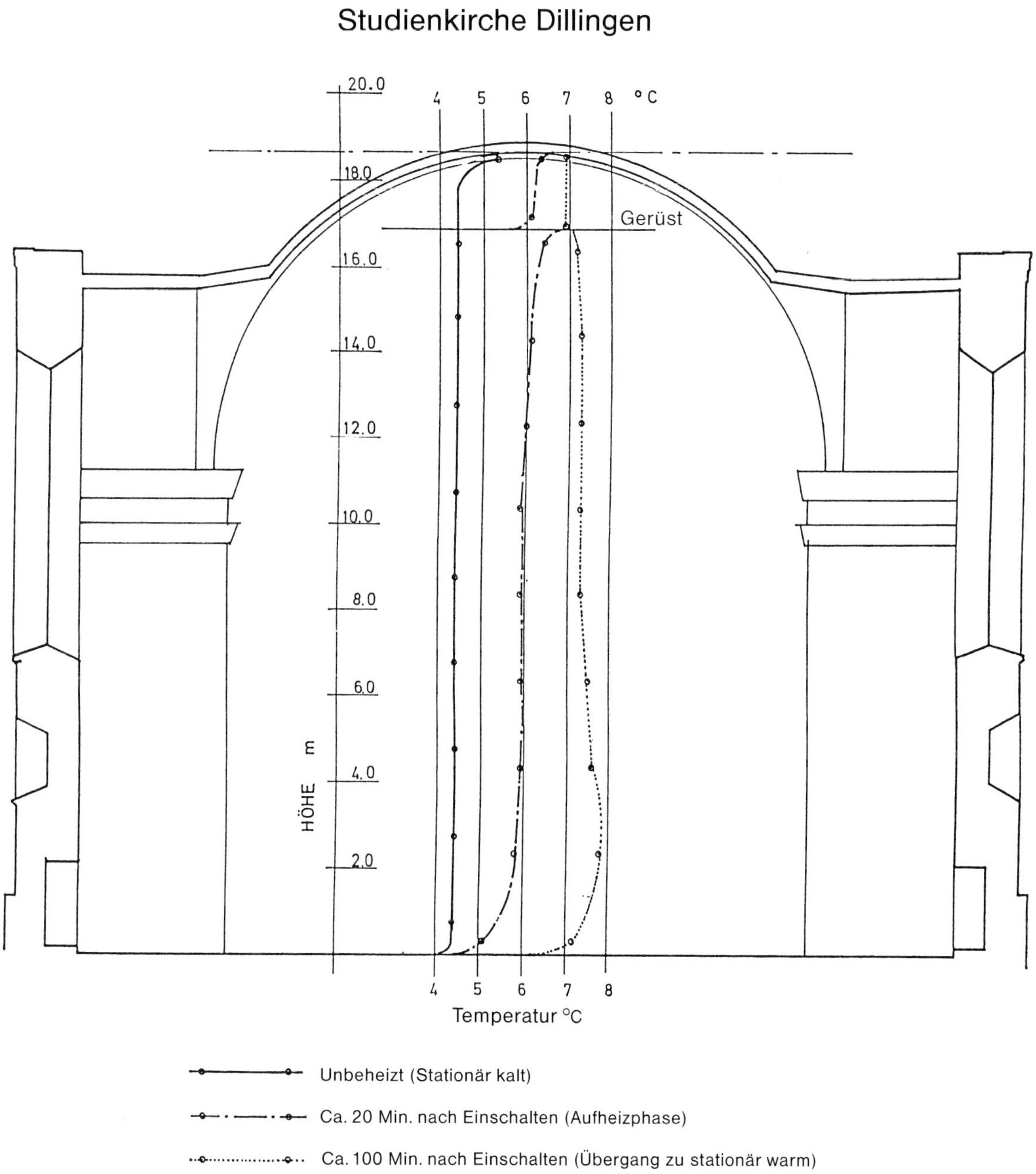

Abb. 5.8: Vertikaler Verlauf der Raumlufttemperaturen bei einer Bankheizung

Auch die Fußbodenheizung bedingte in den acht hierauf untersuchten Kirchen keinen nennenswerten vertikalen Abfall der Raumlufttemperaturen: Das Temperaturprofil blieb entweder weitgehend konstant (s. auch Abb. 5.22) oder nahm bis in die erfaßten Höhen lediglich geringfügig ab (Abb. 5.7), wobei auch häufig wieder im deckennahen Bereich ein stärkerer Rückgang feststellbar ist.

Keine typischen vertikalen Temperaturschichtungen waren bei Bankheizungen zu finden. Die Raumlufttemperaturen blieben entweder in der Höhe unbeeinflußt von der kurzen Heizzeit oder stellten sich während der Heizdauer ein, wie dies Abb. 5.8 zeigt.

Bestätigt durch die beobachteten Temperaturschichtungen hat sich auch die bekannte, aber kaum beachtete Tatsache, daß Luftströmungen (s. Abschnitt 5.3) vor allem

Vertikales Temperaturprofil °C

Höhe \ Nr.	①	②	③
24 [m]	19,3		
22	19,3		
20	19,2	18,9	18,9
18	19,2	18,9	18,9
16	19,1	19,0	18,9
14	19,0	19,0	18,9
12	19,0	19,1	19,0
10	19,0	19,0	19,0
8	18,9	19,0	18,9
6	18,7	19,0	18,8
4	18,6	18,9	18,7
2	18,6	18,8	18,6
0	18,6	18,7	18,5

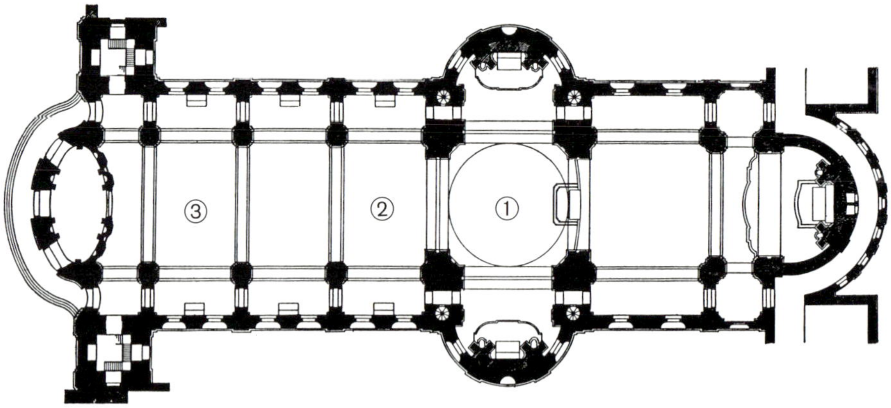

Abb. 5.9

durch Temperaturdifferenzen bedingt werden und somit in unbeheizten großen Räumen sich dann eine relativ gleichmäßige und ungestörte Schichtung einstellen muß, wenn nicht bei undichten Fenstern und ähnlichem oder durch starke Sonneneinstrahlung, die einer einseitigen Beheizung entspräche, dieser Gleichgewichtszustand aufgehoben wird. So zeigt die große und unbeheizte Basilika in Weingarten in ihrer gesamten Höhe kaum einen Temperaturgradienten (Abb. 5.9).

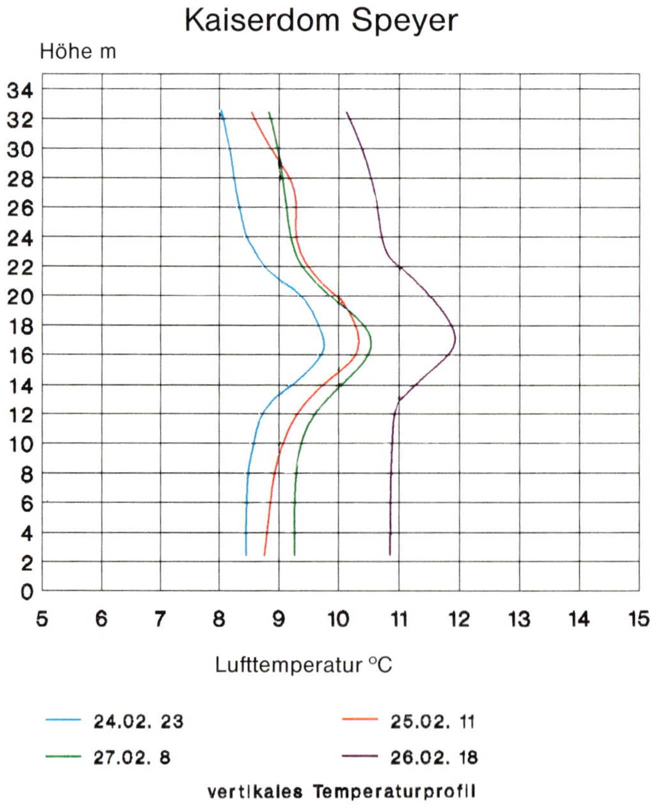

Abb. 5.10: Raumtypische und identische Temperaturprofile in beheiztem und unbeheiztem Zustand; Kirche mit Luftheizung

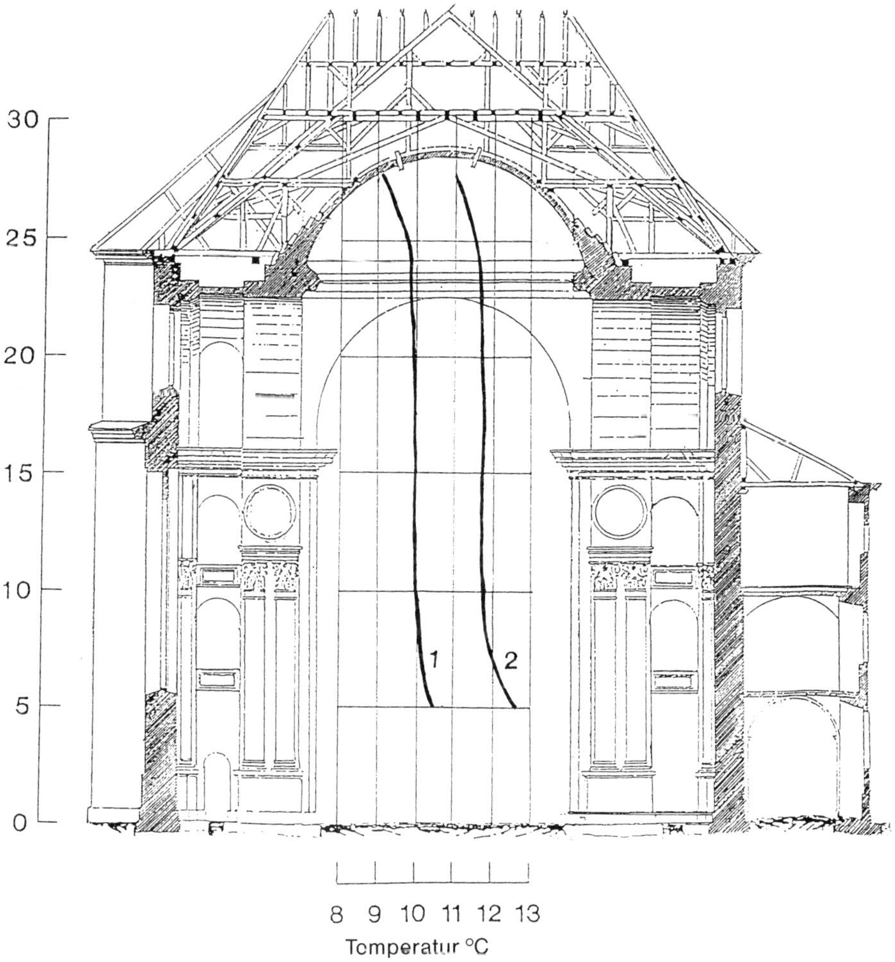

Vertikales Temperaturprofil: 1 bei Grundtemperatur; 2 bei Maximaltemperatur

Abb. 5.11:
Raumtypische und identische Temperaturprofile in beheiztem und unbeheiztem Zustand; Kirche mit Fußbodenheizung

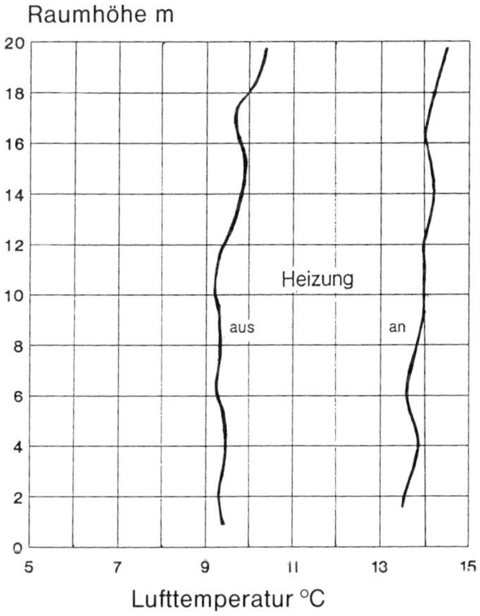

Abb. 5.12:
Raumtypische und identische Temperaturprofile in beheiztem und unbeheiztem Zustand; Kirche mit Luft- und Fußbodenheizung

Ein Bezug von Temperaturschichtung zu Volumen des Kirchenraums läßt sich nicht herstellen; selbst extrem große oder kleine Räume der untersuchten Art zeigten keine hierfür typischen und vor allem verallgemeinerbaren Abweichungen. Deutlich war dagegen der Bezug zwischen gebäudetypischem vertikalem Temperaturprofil und Beheizung: Vor allem die Bankheizung, teilweise auch die Fußbodenheizung, nicht aber die Luftheizung veränderten das Temperaturprofil zwar in unterschiedlichem Maß quantitativ, nicht aber qualitativ; die Feststellung der für diesen einen Raum typischen Temperaturschichtung vor Einbau und Betrieb einer Heizungsanlage erlaubt also durchaus bereits Prognosen über die künftige vertikale Temperaturverteilung und damit raumklimatische Be- oder auch Entlastung einzelner Raumbereiche (Abb. 5.10 bis 5.12, auch Abb. 5.4). Es ist deshalb so wichtig, auf diesen, bisher kaum bekannten Sachverhalt hinzuweisen, weil die Kenntnis des raumklimatischen Ist-Zustands problemlos, wenn auch zeitlich aufwendig und deshalb teuer, durch entsprechende Messungen möglich wird. Unter Abschnitt 7.8 werden Grenzen und Möglichkeiten solcher raumklimatischen Untersuchungen kurz besprochen.

Selbst dort, wo heizungsbedingt eine Temperaturdifferenz zwischen ungestörtem Raumprofil und Raumschale - meist Decke - oder strömungstechnisch gestörten Raumteilen - meist Bestuhlung, aber auch sakrale Einbauten oder

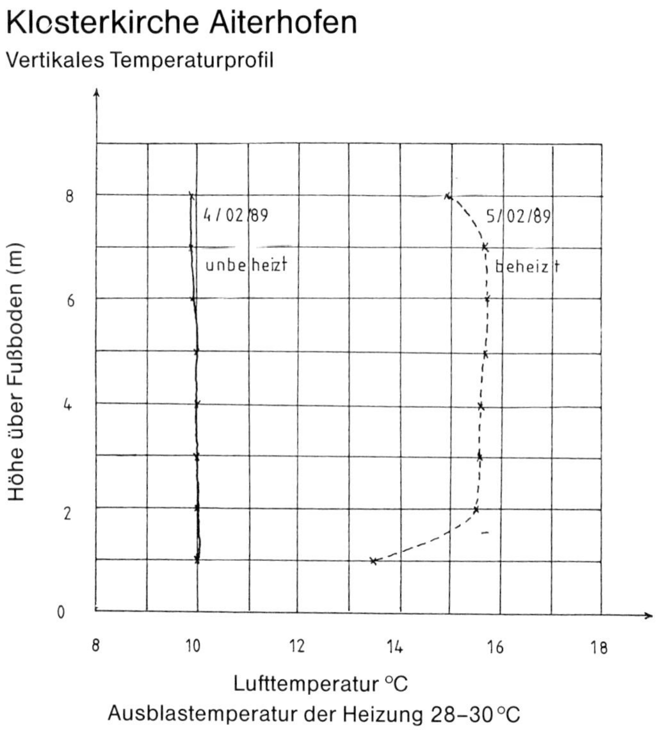

Klosterkirche Aiterhofen
Vertikales Temperaturprofil

Abb. 5.13

Ausblastemperatur der Heizung 28–30 °C

Pfarrkirchen Landsberg und Weilheim
Temperaturprofil der inneren Wände

— • — Nordseite WM   — + — Südseite WM
— * — Nordseite LL   — ▫ — Südseite LL

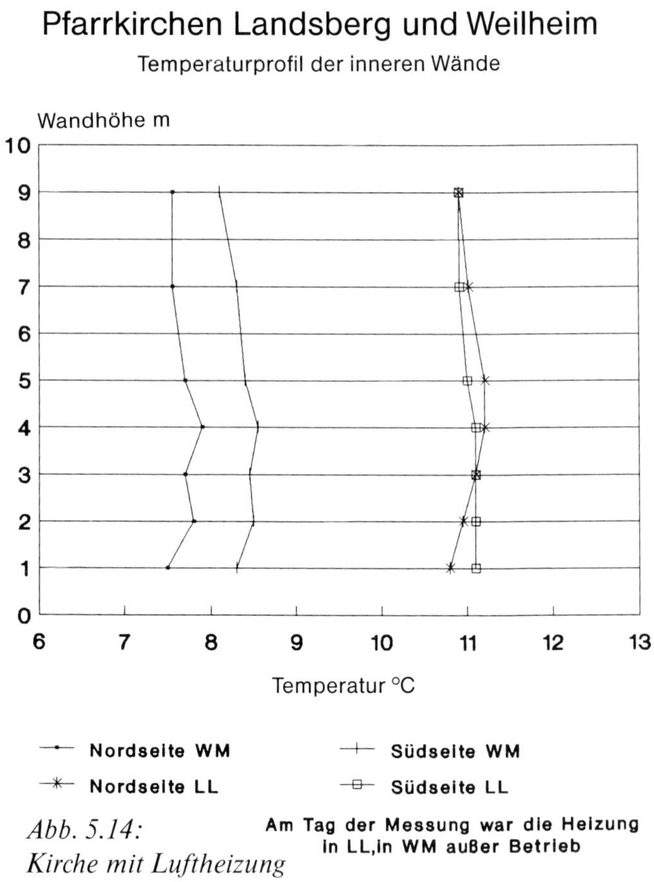

Abb. 5.14:
Kirche mit Luftheizung

Am Tag der Messung war die Heizung in LL, in WM außer Betrieb

stark differenzierter Grundriß oder Aufriß – auftritt, bleibt der Temperaturgradient weitgehend gleich (Abb. 5.13) und nähert sich im Verlauf des Beheizens nochmals in wachsenden Bereichen an.

Einzelne deutliche und zumindest über einen kürzeren Zeitraum beständige Schichten der Raumlufttemperatur waren lediglich bei Bankheizsystemen und – sehr vereinzelt – bei Fußbodenheizungen feststellbar, und zwar als Schichten jeweils leicht erhöhter Lufttemperatur in unterschiedlichen Raumhöhen. Dieser Effekt, der aus der Klimatechnik bei geringen Luftströmungen bekannt ist, zeigt sich hier jedoch so vereinzelt und wenig ausgeprägt, daß eine weitere Berücksichtigung unnötig ist.

5.1.3 Oberflächentemperaturen

In den Oberflächentemperaturen zeigten sich größere Unterschiede bei den Auswirkungen der einzelnen Heizsysteme, wobei zwischen Süd- und Nordwand grundsätzlich Temperaturdifferenzen im Mittel von etwas mehr als 1 K auftreten.

Hier wurden allerdings in Abhängigkeit von Witterung und Bauart auch Unterschiede bis zu 4,1 K erfaßt.

Wie schon bei der Schichtung der Raumlufttemperaturen sind vor allem hier sowohl dieser Temperaturunterschied als auch der Verlauf der Oberflächentemperaturen insgesamt durch die milden Winter sehr unscharf. Kontrollmessungen im Januar 1991 zeigten wesentlich deutlichere Temperaturgradienten bei allen Heizsystemen.

Bei Warmluftheizungen ist üblicherweise eine nach oben relativ konstant verlaufende Temperatur festzustellen (Abb. 5.14) oder ein leichter Temperaturanstieg (Abb. 5.15), wobei bei stoßweisem Heizbetrieb ein Temperatursprung im unteren Bereich zu beobachten ist. Bei extrem ungünstiger Anordnung der Heizungsöffnungen und ebenso ungünstigem Heizverhalten treten allerdings auch bei einer Warmluftheizung Temperaturunterschiede bis zu 4,5 K auf, die sich erst wieder im gewölbenahen Wandbereich verringern (Abb. 5.16).

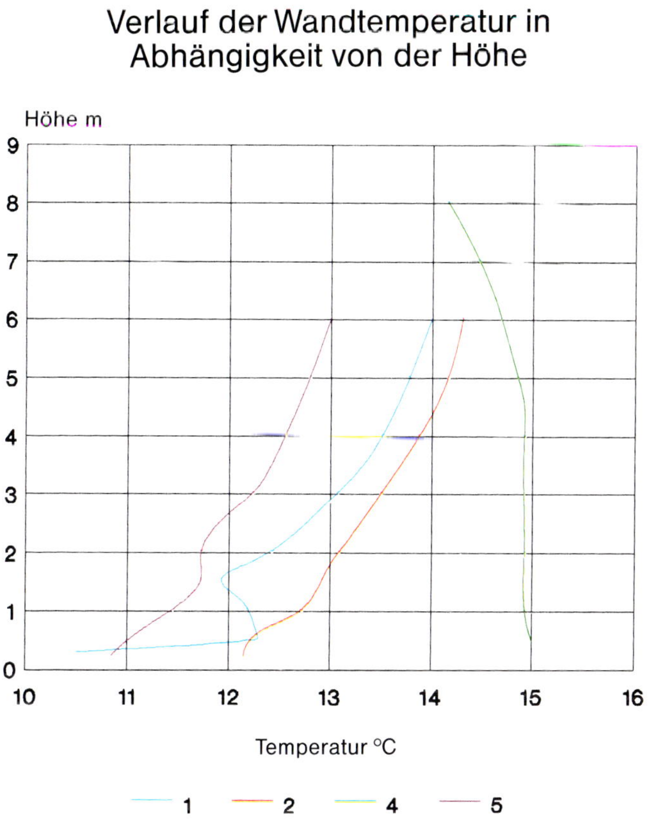

Abb. 5.15: Vertikalverläufe von Wandtemperaturen bei einer Warmluftheizung

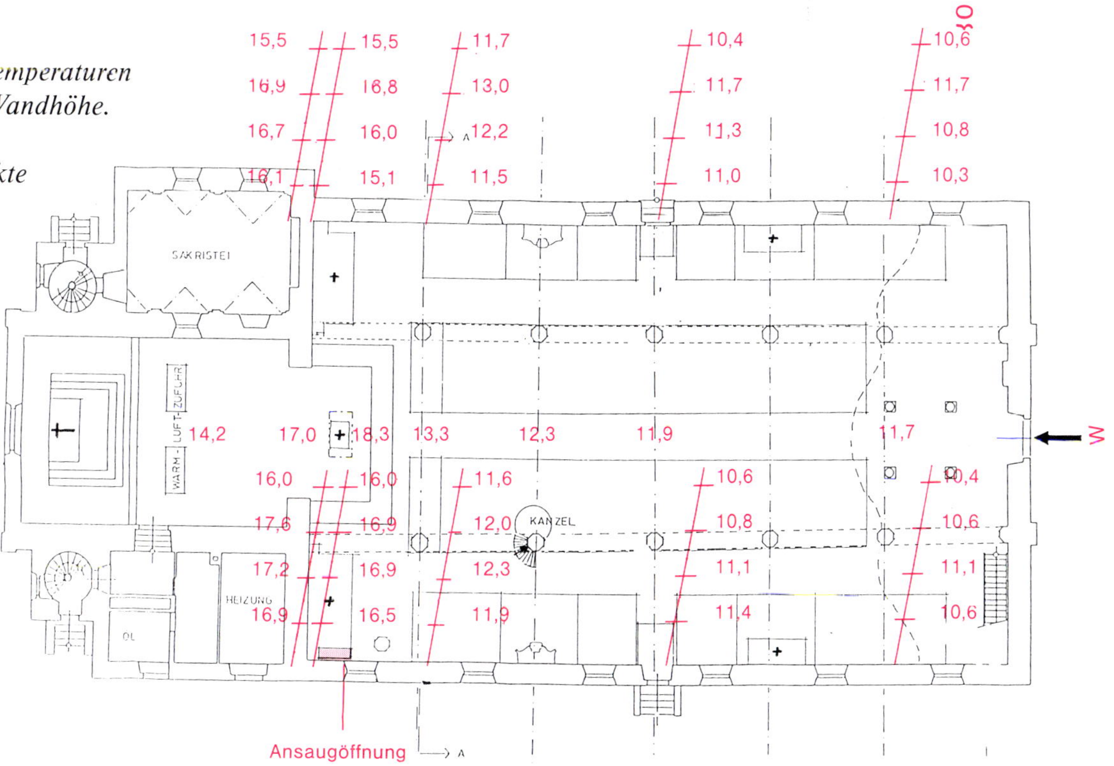

Abb. 5.16: Erfassung der Wandtemperaturen in Abhängigkeit der Wandhöhe. Messung am 30. 1. 91, Abstand der Meßpunkte jeweils 1 m

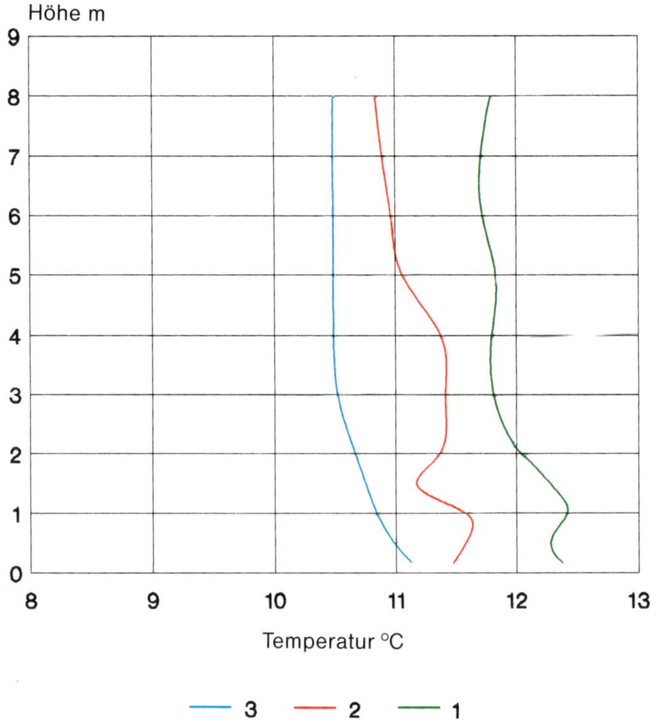

Abb. 5.17:
Atypischer Verlauf der Oberflächentemperaturen bei einer Fußbodenheizung

Bei Fußbodenheizungen liegt der Spielraum zwischen annähernd gleichbleibenden Wandtemperaturen (Abb. 5.17) und – in der Regel – einem Temperaturabfall von im Mittel 0,2 K/m. Erwartungsgemäß ist dann dessen Gradient in den unteren Wandmetern am größten (Abb. 5.18 bis 5.20).

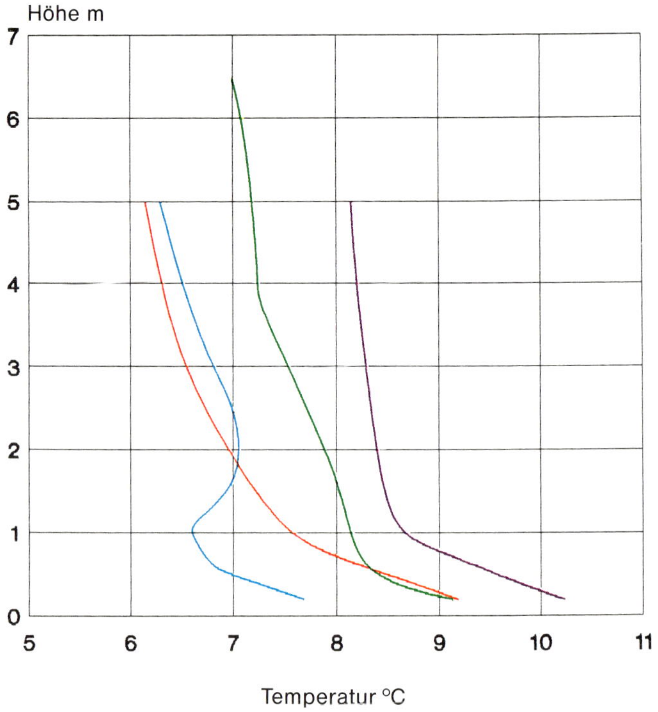

Abb. 5.18

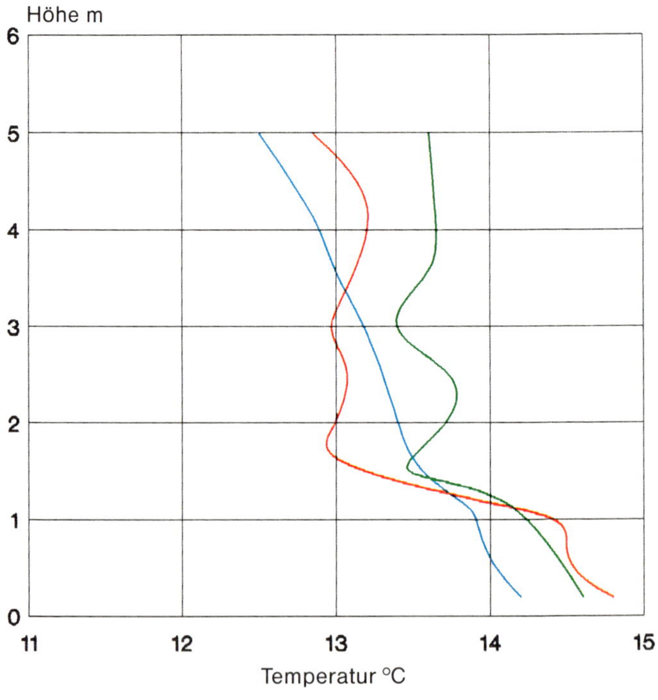

Abb. 5.19

Frauenkirche Nürnberg
(Wandtemperaturen)

6,7	7,5	0,0	7,2	
7,1	7,9	7,7	7,8	
7,2	7,9	8,0	7,6	9,0
7,5	7,8	8,0	7,4	9,1
8,0	8,0	7,9	7,1	9,2
8,5	8,2	8,3	–	9,4
8,6	8,4	8,5	–	9,4
8,6	8,8	8,8		10,0
				10,5
				10,7

9,4	7,8	7,8	
9,6	7,9	8,2	
9,6	8,0	9,6	7,0
10,0	8,2	7,8	7,8
10,0	9,8	8,7	7,6
11,0	10,7	9,6	7,9
11,1	10,8	10,1	8,1
11,2	11,1	10,3	8,4
8,8			
9,0			

8,0
8,0
8,2
8,2
8,5
8,7
9,6
10,5

6,4
6,5
6,7
–
7,1
7,8
8,3
8,4

9,6
10,1
10,2
10,4
10,6
10,9
11,3
11,7

6,5
7,3
7,6
7,5
–
7,8
8,2
8,4

9,2
9,5
9,4
9,7
9,9
10,1
10,4
11,0

6,6
6,6
6,7
6,6
6,7
8,0
8,2
8,3

7,3
7,7
7,8
7,8
7,7
8,1
8,2
8,5

7,3
7,5
7,7
7,9
8,1
9,6
9,2
9,5

Höhe	T [°C]			
8 m	8,1	8,0	9,7	9,3
6 m	7,8	8,0	9,8	9,5
5 m	8,4	8,1	10,0	10,5
4 m	8,6	8,1	10,6	9,8
3 m	8,4	8,3	10,6	9,7
2 m	8,9	9,4	11,1	10,5
1 m	9,2	10,2	10,9	10,9
0,5 m	9,0	10,2	11,4	11,3

Reihenfolge bei allen Profilen identisch

N ⇧

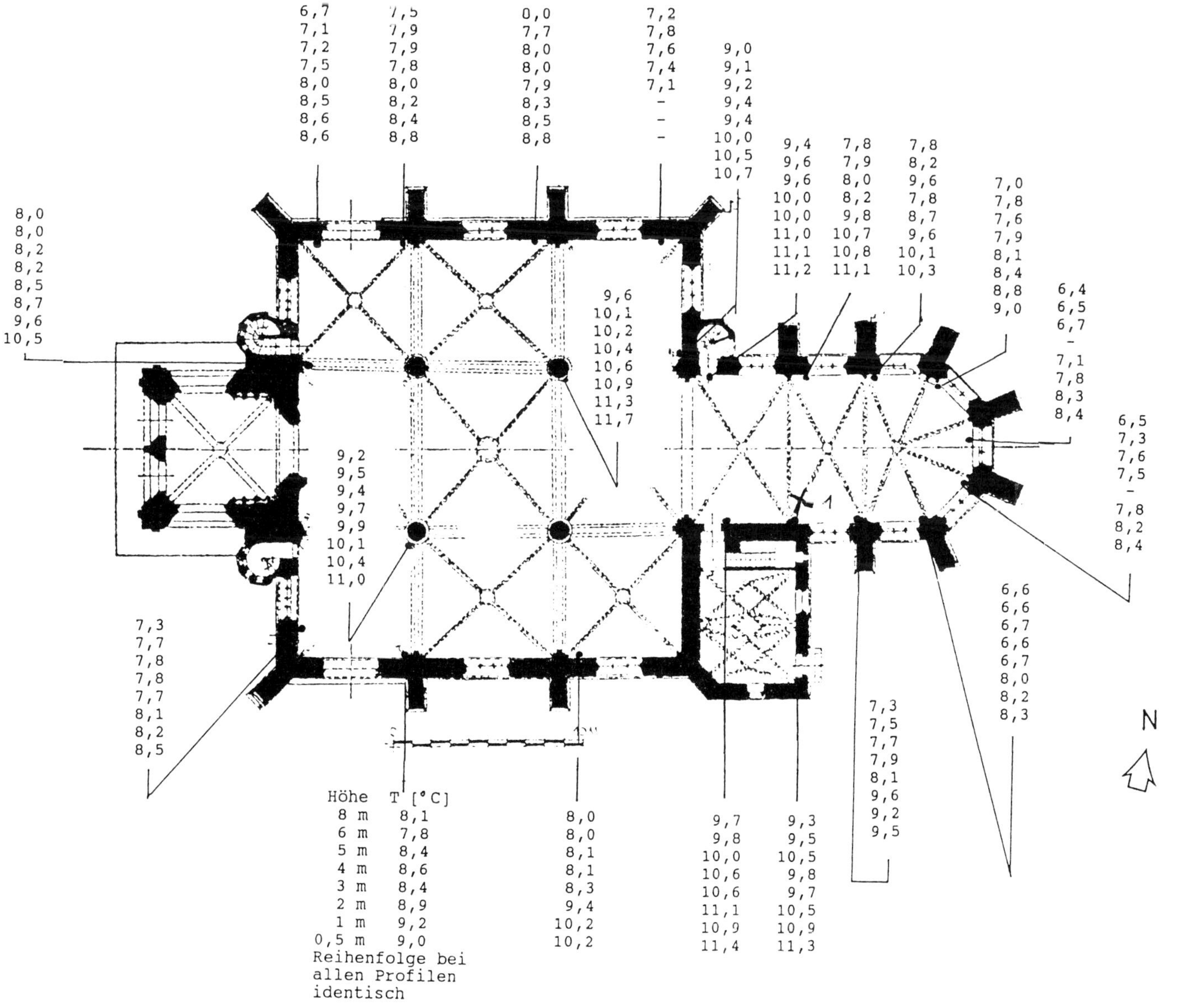

Abb. 5.20

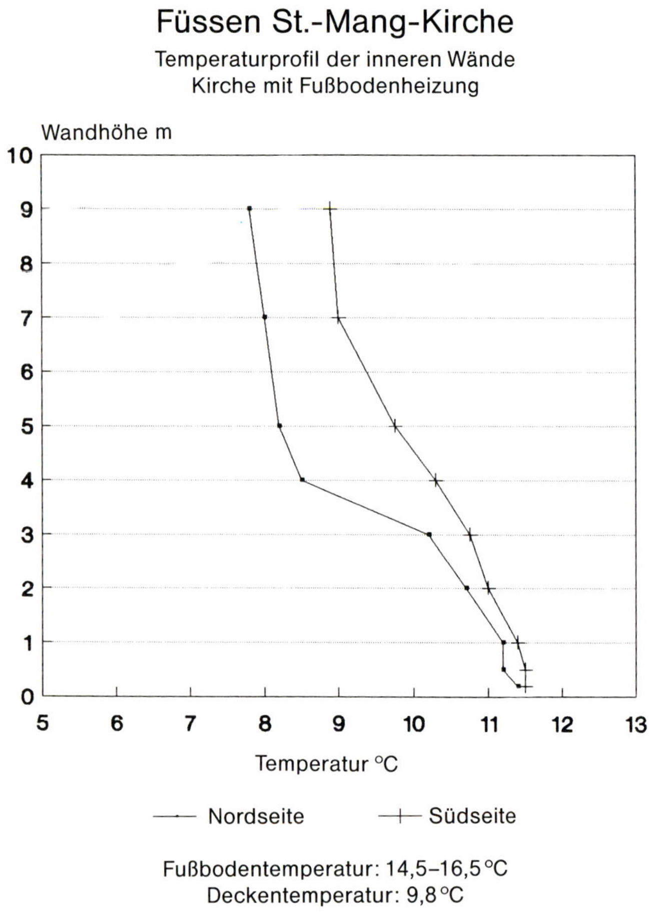

Abb. 5.21

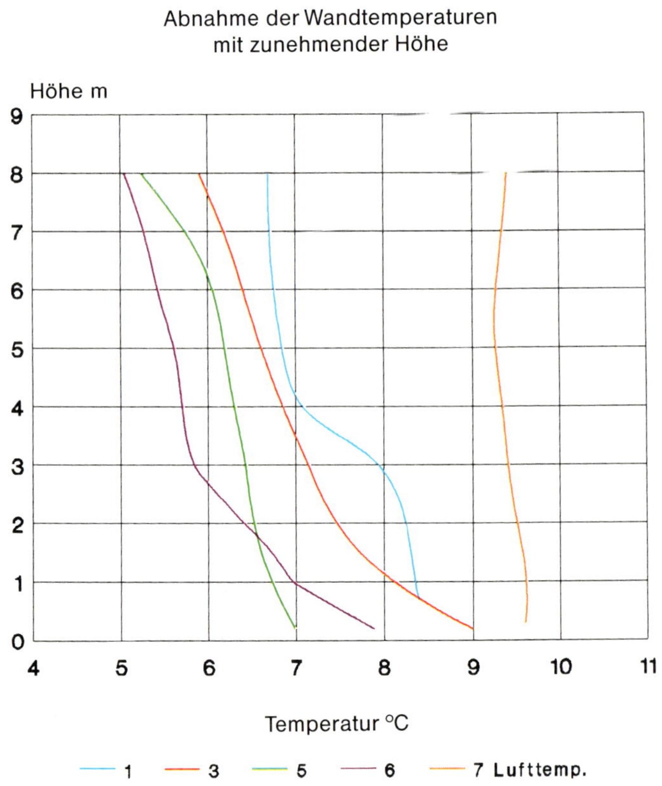

Abb. 5.22:
Vertikalprofile der Oberflächentemperaturen bei einer Außentemperatur um den Gefrierpunkt

Bei länger andauernden niedrigen Außentemperaturen wurden allerdings die Erfahrungen früherer Jahre bestätigt (Abb. 5.20 und 5.21), nach denen der Temperaturabfall im Bereich der Wand bei Fußbodenheizung nach oben mehrere Kelvin beträgt. Die Abbildungen zeigen eine deutliche Verringerung der Oberflächentemperaturen, die in der Nürnberger Frauenkirche nur deshalb ähnliche Temperaturgradienten wie zu Zeiten höherer winterlicher Außentemperaturen aufweist (Abb. 5.22), weil in den vorausgegangenen Tagen die Warmluftheizung noch zusätzlich in Betrieb war.

Bei der Bankheizung zeigt sich ein vergleichbarer Verlauf (Abb. 5.23), doch liegen die Oberflächentemperaturen im Verhältnis zu den Raumtemperaturen im Bereich der Nutzer deutlich niedriger als bei den Fußbodenheizungen; das heißt, der schädigende Effekt der im Verhältnis zur Raumtemperatur (Nutzerbereich) niedrigeren Oberflächen-

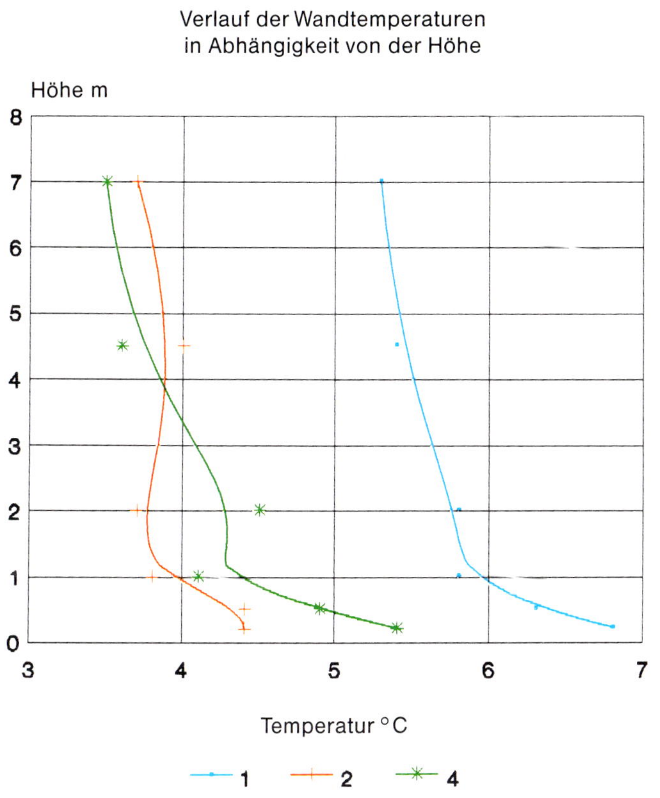

Abb. 5.23:
Verlauf von Raum- und Oberflächentemperaturen; Kirche mit Bankheizung

Pfarrkirche Eggolsheim

Wandtemperaturen vertikal
14. 01. 90 Außentemperatur – 0,6 °C

Höhe (m) \ Nr.	1	2	3	4	5
0,20	6,8	4,4	6,5	5,4	4,3
0,50	6,3	4,4	6,2	4,9	3,7
1,00	5,8	3,8	5,5	4,1	3,0
1,50	5,4	3,7	5,4	4,5	
4,50	5,4	4,0		3,6	
7,00	5,3	3,7		3,5	

Kirche St. Stefan Würzburg

Temperaturprofil der inneren Wände
und der Lufttemperatur

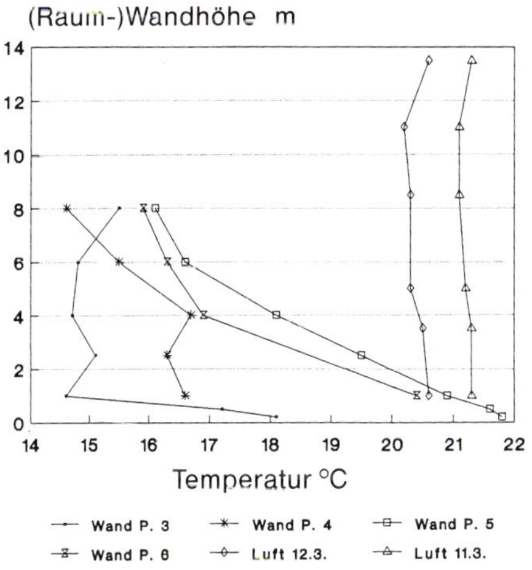

Messungen am 11./12. 03. 89 durchgeführt

Abb. 5.24:
Verlauf von Raum- und Oberflächentemperaturen; Kirche mit Fußbodenheizung

temperaturen ist nirgendwo so stark ausgeprägt wie in mit Bankheizung ausgestatteten Räumen.

Zwei Ausnahmen von dieser Regel fanden sich bei einer Bank- (Abb. 5.24) und einer Fußbodenheizung (Abb. 5.25).

Diese Bankheizung ist eine thermostatisch gesteuerte und kontinuierlich auch als Raumheizung gefahrene Warmwasser-Kniebankheizung, bei der die Bankreihen zudem nur durch einen schmalen Gang von der Außenwand getrennt sind.

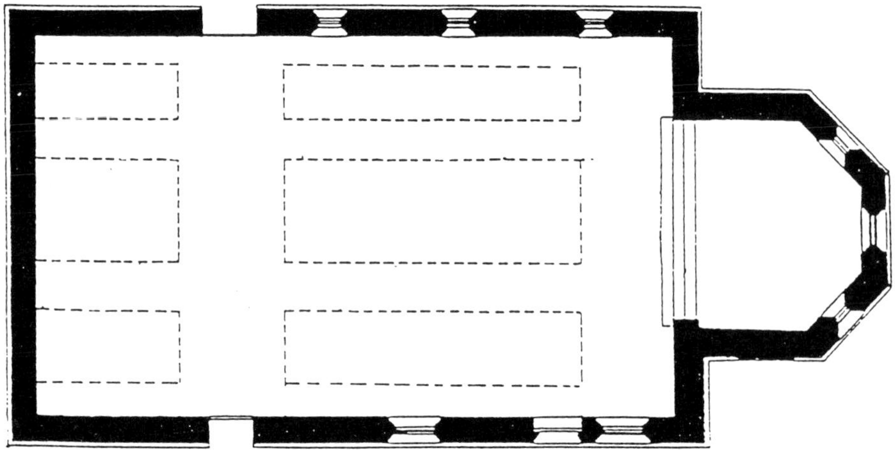

Lufttemperatur innen + 9,6 °C
Lufttemperatur außen – 1,0 °C

Höhe m	Oberflächentemperatur °C nördl. Außenwand	südl. Außenwand
7	8,1	8,4
5	7,7	8,3
3	7,4	8,3
1	8,0	7,7

Abb. 5.25:
Verlauf von Raum- und Oberflächentemperaturen; Kirche mit Bankheizung

Die Fußbodenheizung der Würzburger St.-Stephanus-Kirche wird ungewöhnlich hochgefahren und erzwingt deshalb diese, für Fußbodenheizsysteme untypische schädigende Spreizung zwischen Raum- und Oberflächentemperaturen.

5.2 Beeinflussung der Raumluftfeuchte

Das wesentlichste Ergebnis dieser Messungen ist die eindeutige Widerlegung der seit langem so lautstark geführten Behauptung, daß bei Erhöhung der Raumlufttemperatur um 1 K die Raumluftfeuchte zwangsläufig um annähernd 5 % r. F. sinke. Es wurde hierfür kein einziger Beleg gefunden mit Ausnahme einer einzigen Messung: Abb. 5.26 zeigt das Thermohygrographenblatt dieser Messung in einem Kirchenraum, der steinsichtig war und nur eine sehr bescheidene Bestuhlung ohne Podest aufwies.

Dieser befürchtete Zusammenhang ist lediglich ungefähr im direkten Ausströmkegel der Warmluftheizung nachzuweisen, verliert sich aber bereits im engen seitlichen Abstand (Abb. 5.27). Unbedeutend wird die hieraus erwachsende Problematik ohnehin, wenn durch das Heizsystem oder aber auch durch die Heizweise mit niedrigen Lufttemperaturen gefahren wird.

An den untersuchten Objekten wurden deshalb an der Ausstattung Schäden eher durch zu hohe als durch *heizungsbedingte* zu niedrige Feuchtigkeit gefunden (siehe auch Abschnitt 5.4). Den grundsätzlichen Zusammenhang zeigen die Aufzeichnungen aus dem Kapitelsaal des ehemaligen Klosters in Walderbach (Abb. 5.28): Hier wurden ent-

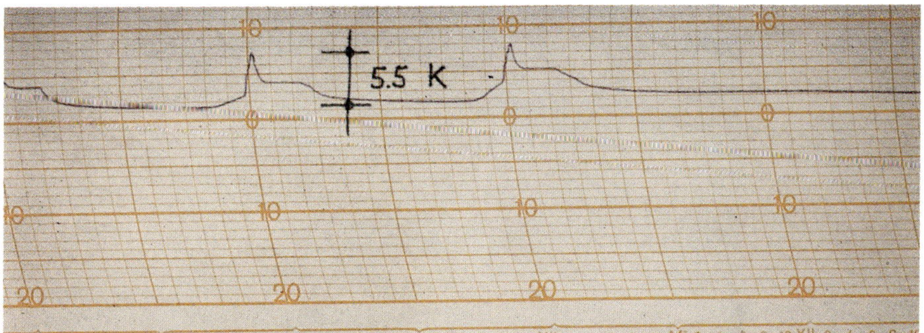

Abb. 5.26:
Seltener praktischer Nachweis der theoretischen Abhängigkeit von Luftfeuchte und Lufttemperatur

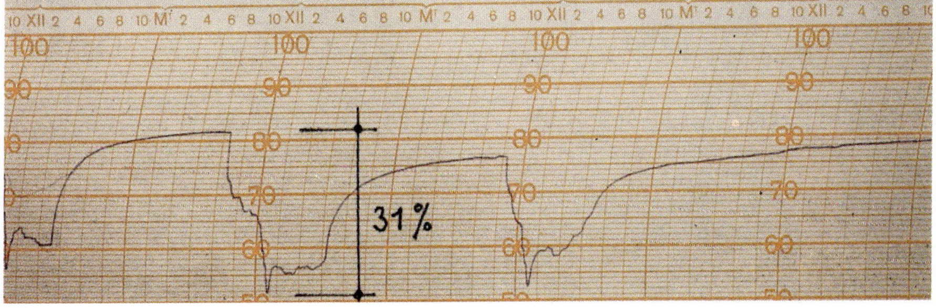

Abb. 5.27:
Rasche Angleichung an die üblichen Raumluftverhältnisse im engen Umfeld einer Ausblasöffnung

Höhenlage der Meßpunkte 80 cm über OK Fußboden

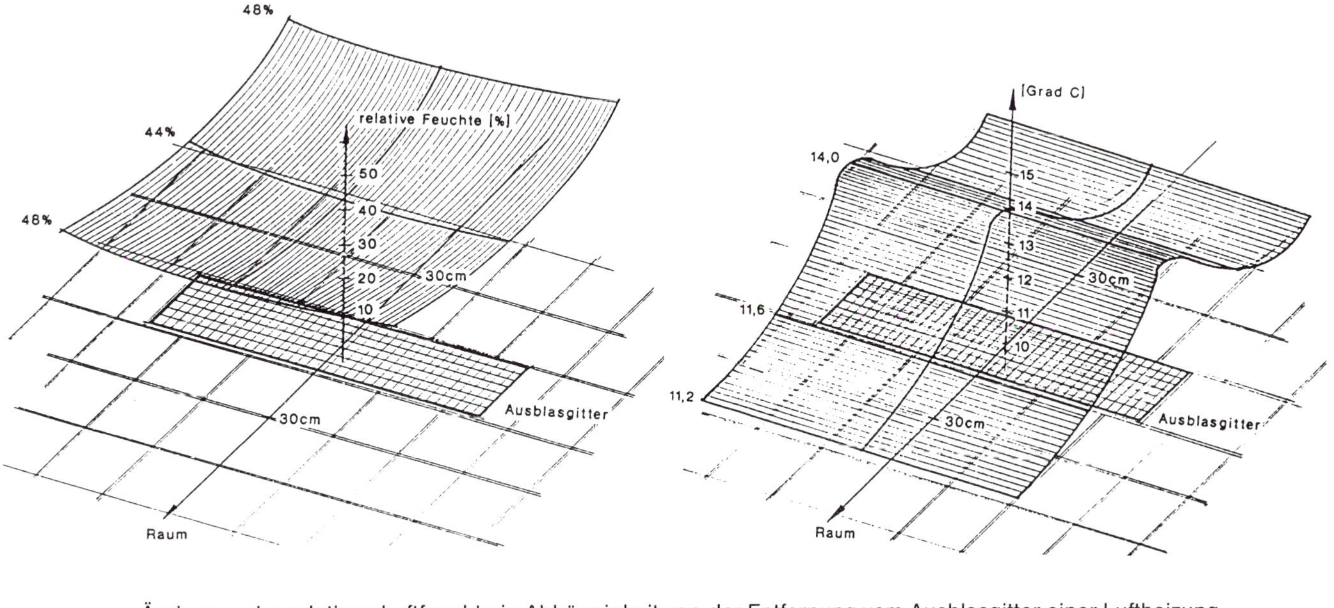

Änderung der relativen Luftfeuchte in Abhängigkeit von der Entfernung vom Ausblasgitter einer Luftheizung

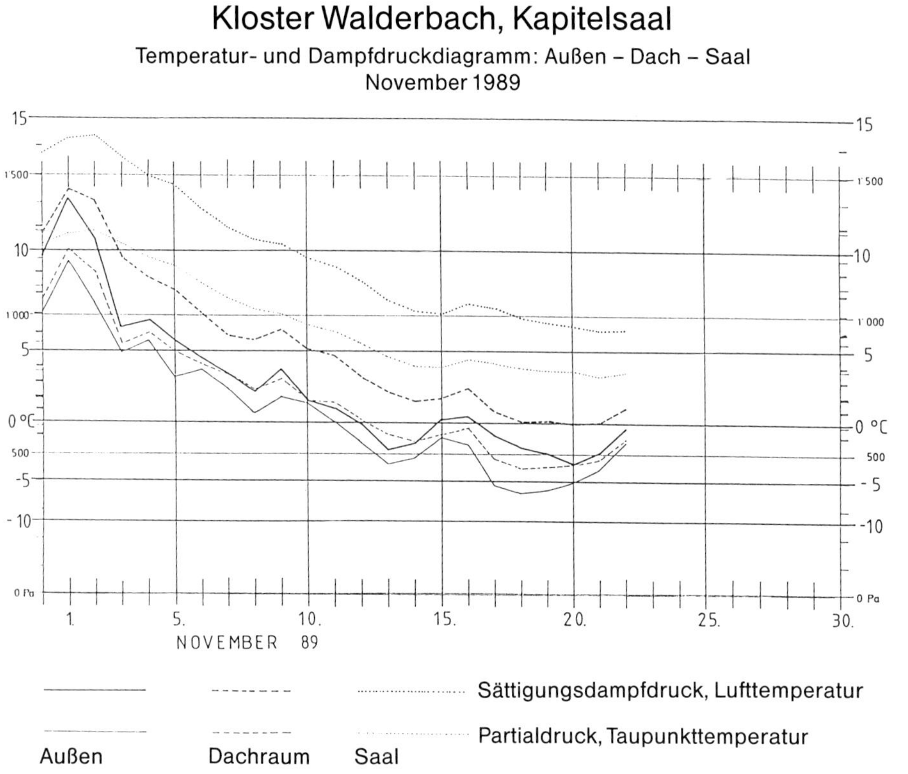

Abb. 5.28:
Angleichung an die Außenklimawerte durch hohen Luftwechsel

sprechend der Legende jeweils drei Kurvenpaare aufgetragen – und zwar für die Werte im Freien, im Dachstuhl und im Saal. Die zeitlich fast völlige Übereinstimmung der Temperaturverläufe belegt, daß im Saal ein starker Luftwechsel stattfinden muß. Dementsprechend ist auch ein ähnlicher Abstand der jeweiligen Kurvenpaare zu erwarten.

Es würde dies bei zusätzlicher Feuchtezufuhr im Saal sehr rasch zu Kondensationsproblemen führen – die zu anderer Zeit auch tatsächlich auftreten –, da die Außenluft fast im gesamten Meßbereich eine sehr hohe Luftfeuchte zeigt (geringer Abstand der Kurven »Sättigungsdampfdruck/Partialdruck«) – das Kloster liegt in einer Flußniederung. Dennoch wachsen bereits im Dachraum und nochmals im Saal diese Taupunktabstände, da auch die Raumlufttemperaturen trotz des starken Luftwechsels ständig um mindestens 5 K über der Außenlufttemperatur liegen: dieser Raum ist »beheizt«: Hier geschieht dies durch einen kontinuierlichen Wärmegewinn aus der darunterliegenden Gaststätte.

Selbstverständlich gibt es eine Abhängigkeit zwischen Raumlufttemperatur und Raumluftfeuchte, wie sie auch im i,x-Diagramm belegt ist – das i,x-Diagramm nach Mollier zeigt graphisch sehr anschaulich unter anderem die Zusammenhänge bei feuchter Luft zwischen Lufttemperatur, relativer Feuchte und Wärmeinhalt (Enthalpie) –, doch wird die gefürchtete Veränderung der Raumluftfeuchte entscheidend durch weitere Faktoren beeinflußt. Zu nennen sind hier vor allem:

- Sorptionsfähigkeit von Raumschale und Ausstattung (Abschnitt 5.2.1),
- Nutzung (Abschnitt 5.2.2),
- Luftwechsel (Abschnitt 5.2.3).

5.2.1 Sorptionsfähigkeit

Die Sorptionseigenschaften der Materialien von Raumschale und Ausstattung haben für das Raumklima eine erhebliche Bedeutung. Dieser Fähigkeit der Wasseraufnahme aus und der Wasserabgabe an die Luft ist es unter anderem (s. auch Abschnitt 3.7) zu verdanken, daß weder die errechneten Luftfeuchtespitzen bei Nutzung noch die vermuteten Luftfeuchtetäler bei Beheizung zwangsläufig auftreten. Beide Fakten werden nochmals durch je einen konkreten Fall belegt: Abb. 5.29 und 5.30.

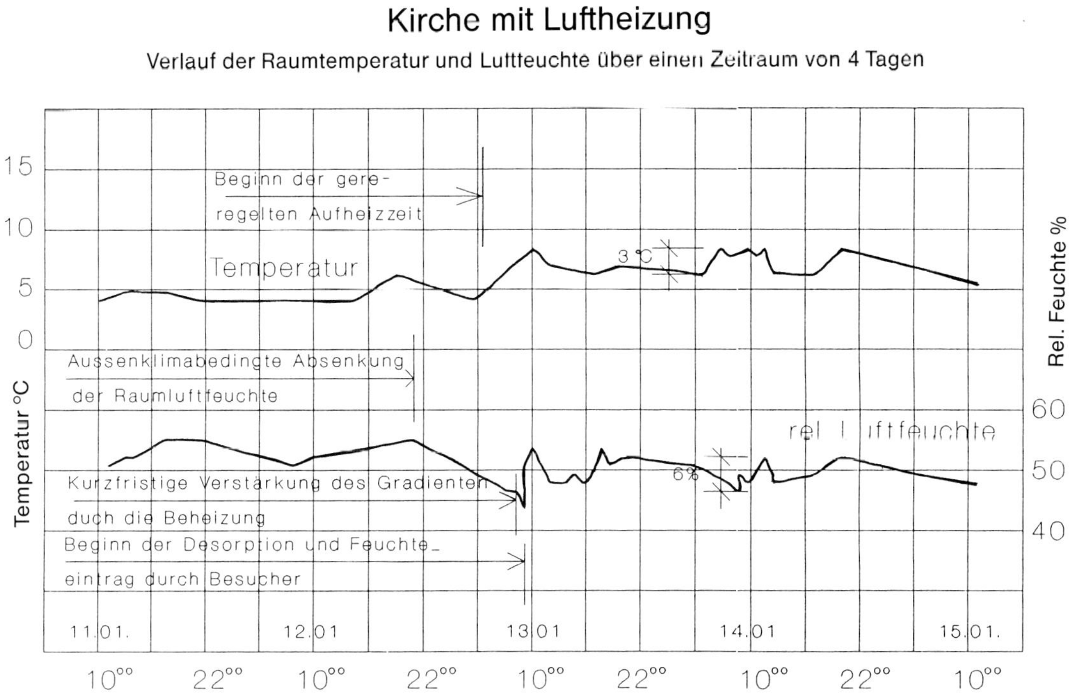

Abb. 5.29:
Beispiel des Raumtemperaturverlaufs bei langsamer und geringfügiger Beheizung

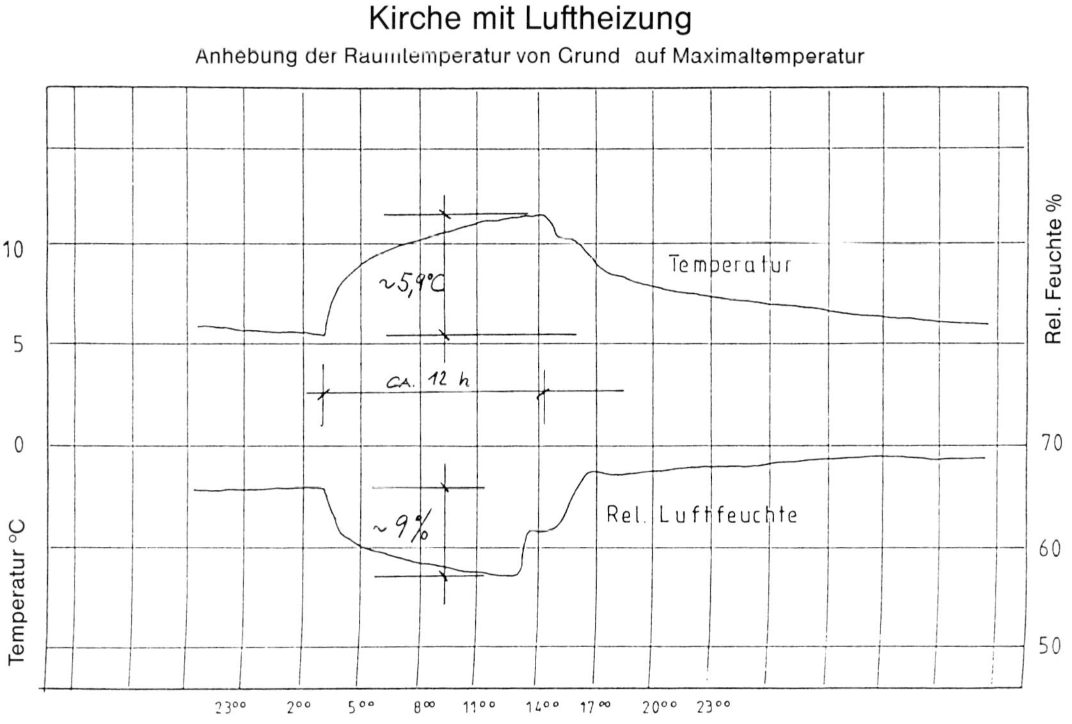

Abb. 5.30:
Beispiel des Raumtemperaturverlaufs bei langsamer und geringfügiger Beheizung

Selbstverständlich spielt hier bereits die Heizweise eine Rolle. Bei extrem rascher und forcierter Wärmeabgabe, wie dies vor allem bei Luftheizungen möglich wird und bei vielen Bankheizsystemen üblich ist, kann die feuchtepuffernde Wirkung infolge Sorptionsfähigkeit nicht »anspringen« (Abb. 5.31) im Gegensatz zur gestreckten Aufheizzeit, wie dies bei Luft- wie Fußbodenheizung gleichermaßen möglich ist (Abb. 5.32 und 5.33).

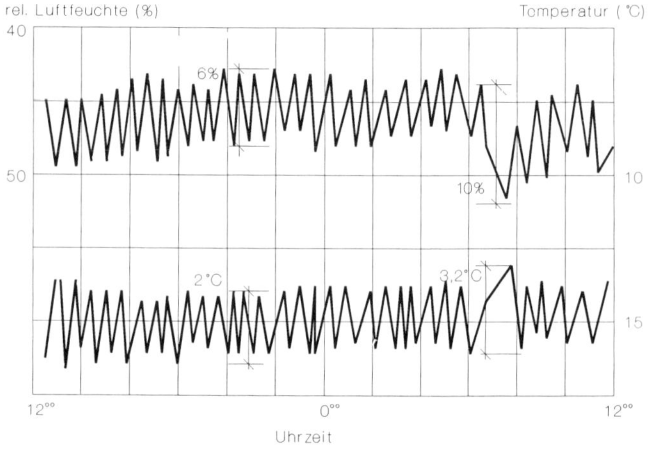

Abb. 5.31: Auswirkung der Heizweise auf den Verlauf der Luftfeuchtigkeit; Kirche mit Luftheizung älterer Bauart

5.2.2 Nutzung

In den untersuchten Räumen werden zwar unterschiedliche Nutzungen durchgeführt, doch lassen sich in der Regel alle Nutzungsarten über die Höhe der Feuchteabgabe zusammenfassen: ca. 30 bis 35 g pro Stunde und Person. Unter Berücksichtigung des unter Abschnitt 5.2.1 Gesagten werden jedoch vor allem Nutzungshäufigkeit und -dauer sowie die Nutzungszeit wichtig. Diese Aspekte sind zusätzlich unter dem Gesichtspunkt der unter Abschnitt 5.1.3 beschriebenen Oberflächentemperaturen zu sehen und damit auch nach Heizsystem und Heizweise zu beurteilen.

Die winterliche Gottesdienstnutzung ist hierbei am unproblematischsten. Abb. 5.34 zeigt Temperatur- und Feuchteverlauf der Raumluft an den Tagen vor und nach dem sonntäglichen Gottesdienst in der Klosterkirche von Waldsassen.

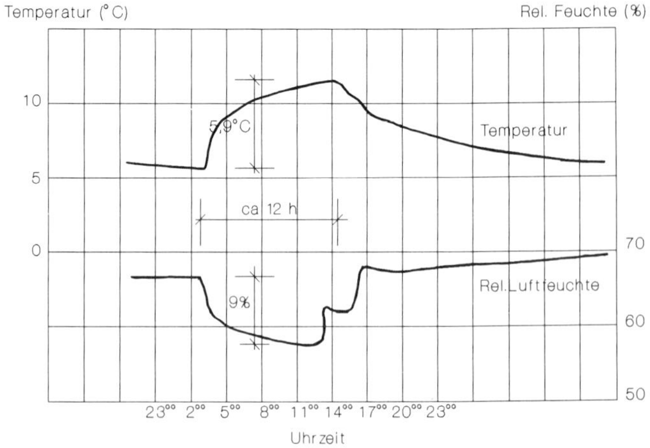

Abb. 5.32: Auswirkung der Heizweise auf den Verlauf der Luftfeuchtigkeit; Kirche mit Luftheizung

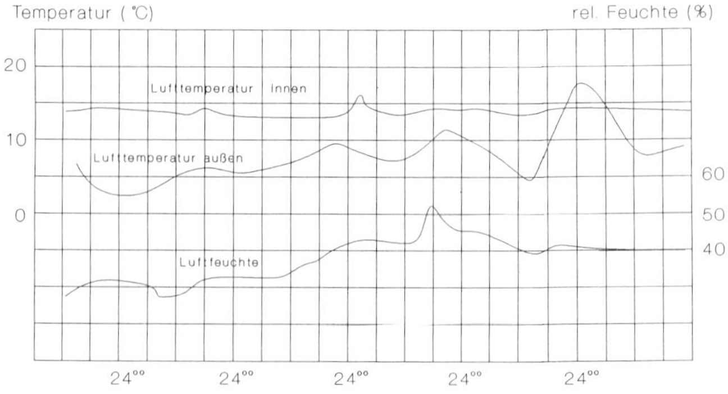

Abb. 5.33: Auswirkung der Heizweise auf den Verlauf der Luftfeuchtigkeit; Kirche mit Fußbodenheizung

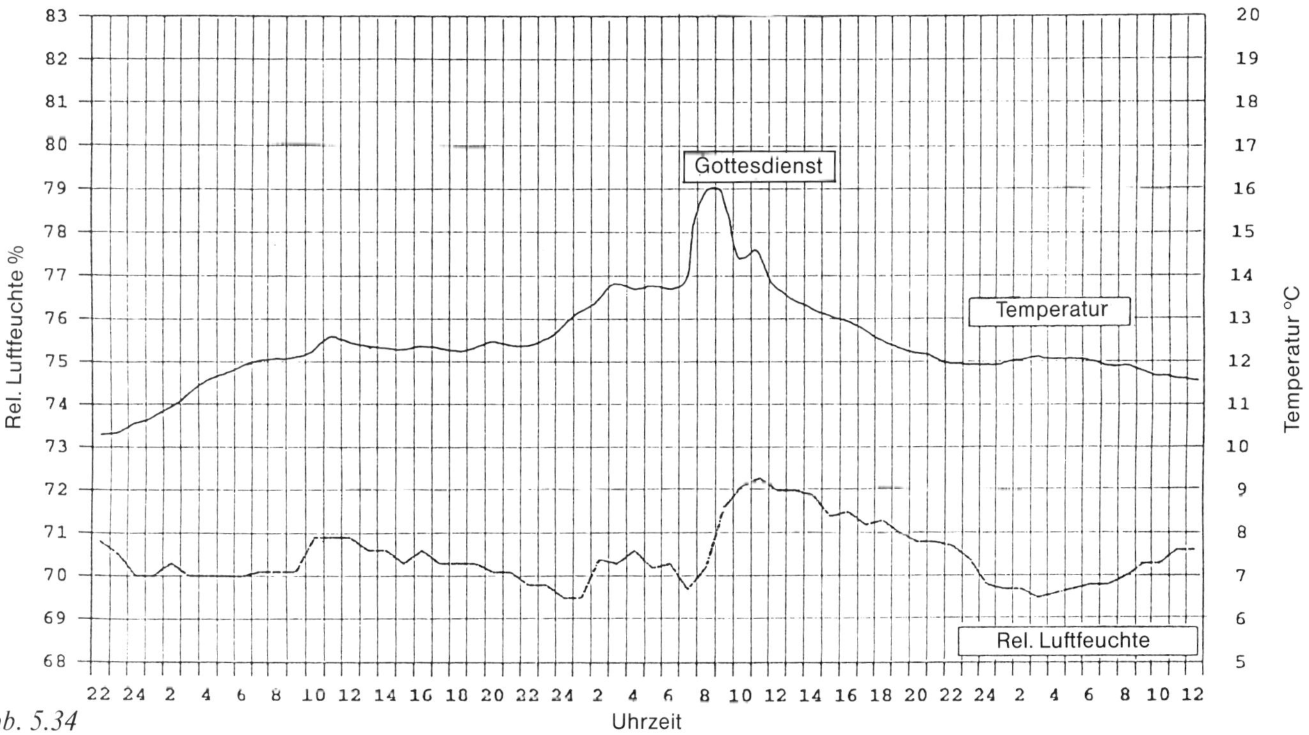

Abb. 5.34

Trotz einer langsamen Erwärmung der Raumluft von etwa 10 °C auf etwa 13,5 °C über knapp 30 Stunden ist keine Absenkung der Raumluftfeuchte zu verzeichnen. Während des Gottesdienstes steigt die Lufttemperatur auf 16 °C. Dennoch stellt sich auch jetzt keine Absenkung der Raumluftfeuchte ein, sondern ein geringfügiger Anstieg von 2 %, der sich in der Abkühlphase nach der Heizzeit auch wieder abbaut.

Allgemein wird die Auswirkung der Nutzung auf die Raumluftfeuchte zu hoch eingeschätzt: Die tatsächliche Belastung entspricht nicht der errechneten, doch sind es keineswegs die Sorptionseigenschaften allein, die hier wirken.

Vier Einflußgrößen überlagern sich:

- Feuchteeintrag durch den Nutzer,
- Ausgleich der Luftfeuchte durch Absorption und Desorption,
- die gegensteuernde Wirkung der Beheizung und
- grundsätzlich der hohe Luftwechsel bei Einfachverglasung (s. Abschnitt 5.2.3).

Falsch ist es freilich, die erstaunliche Diskrepanz zwischen errechneter und tatsächlicher Luftfeuchte allein auf Wasseraufnahme und Wasserabgabe von Raumhülle und Ausstattung zurückzuführen: die beiden letzten der oben aufgezählten Faktoren weisen auf eine meist vergessene Belastung durch Luftfeuchte hin: Bei steigenden Temperaturen nimmt die absolute Feuchte der Außenluft zu, die dank des hohen Luftwechsels auch rasch die Raumluftfeuchte bestimmt (s. Abschnitt 5.4.6). Die Heizung als Korrektiv fällt dann üblicherweise bereits fort, obwohl die zurückhaltende winterliche Beheizung keinen nennenswerten Wärmepuffer aufbaute. Jede Nutzung kann nun feuchtetechnisch den sprichwört-

Wieskirche 30. 6. 90: Größte Taupunktnäherung

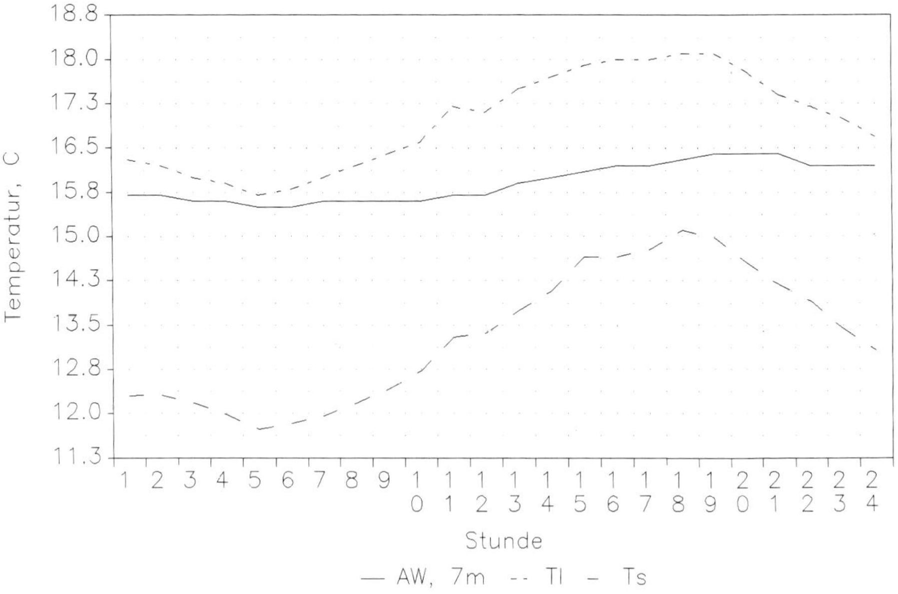

Abb. 5.35: Sommerliches Innenklima und Auswirkung der Nutzung hierauf

lichen Tropfen Wasser bringen, der hier die Raumschale, meist Gewölbe oder Decke, zum »Überfließen« bringt. Es ist dies der Grund, weshalb frühjährliche Nutzungen in unbeheizten Räumen der betrachteten Art, wie Konzerte oder starker Besuchsverkehr, zu einer massiven Gefährdung von Raumschale und Ausstattung führen; der Vergleich der Taupunktabstände an einem Winter- und Sommertag, gemessen in der Wieskirche, belegt dies deutlich. Zu berücksichtigen ist dabei, daß diese Werte zu einer Zeit genommen wurden, als diese bedeutsame und deshalb touristisch geradezu überschwemmte Kirche wegen Restaurierungsarbeiten vergleichsweise wenig besichtigt wurde: Eine Feuchteabgabe durch Besucher fand nur noch in stark eingeschränktem Maß, aber verblüffend deutlich statt (Abb. 5.35 und 5.36, s. auch Abschnitt 6.7).

Der Einfluß der Nutzung wird in fast allen Meßunterlagen deutlich: So zeigt der Dreitage-Auszug aus Temperatur- und Feuchteverlauf der Raumluft (Abb. 5.37) das gewünschte langsame Aufheizen und zeitlich parallel hierzu sofort einen Abfall der Raumluftfeuchte. Noch während des Aufheizprozesses, dem sich nun noch die Wärmeabgabe der Besucher überlagert, steigt jedoch die Feuchte rasch an, um nach Abschluß des Gottesdienstes trotz sinkender Raumtemperaturen wieder zu sinken. In diese Zeit fällt noch der Abendgottesdienst, der den gleichen Effekt zeigt, wenn auch wegen der wesentlich geringeren Personenzahl deutlich schwächer.

Diese positive Auswirkung der Feuchteabgabe während der Nutzung läßt sich jedoch auch über die unterschiedlichen Feuchtezustände während eines Heizvorgangs bele-

Wieskirche 6/90: Taupunktnäherung, nördl. Außenwand

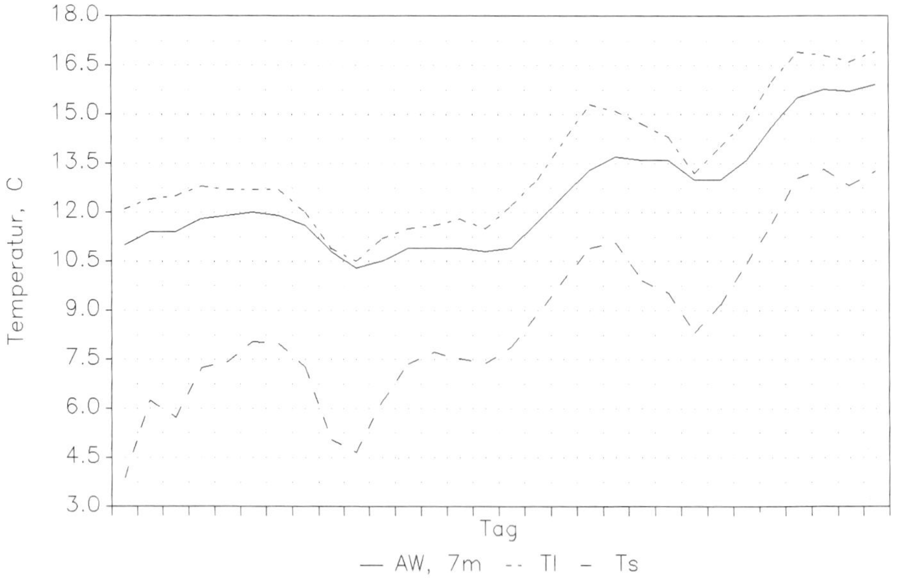

Abb. 5.36: Sommerliches Innenklima und Auswirkung der Nutzung hierauf

Abb. 5.37: Zusammenwirken von Beheizen und Nutzen auf das Raumklima

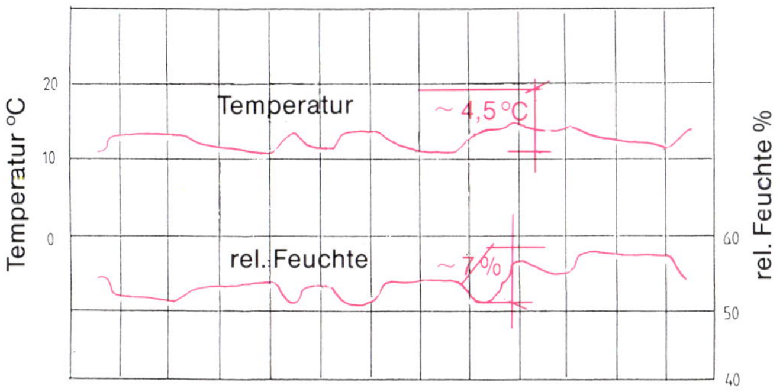

gen, da diese nur in sehr eingeschränktem Umfang über die Ab- und Desorptionsvorgänge erklärt werden können, weil diese Vorgänge verhältnismäßig parallel verlaufen. Weil dies so ist, kann man auf die positive Wirkung der Feuchteabgabe während der Nutzung schließen. Abb. 5.38 zeigt den Tem-

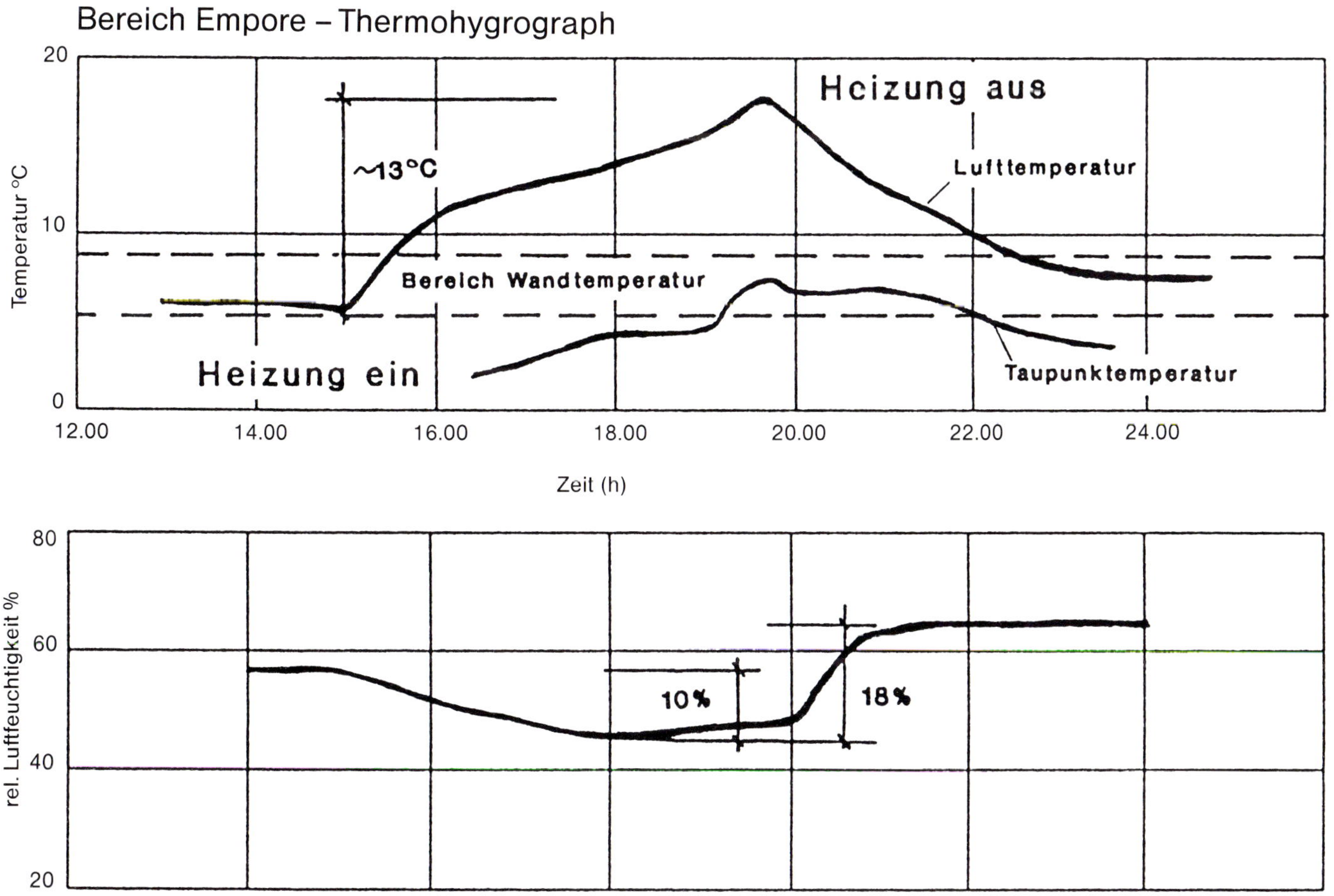

Abb. 5.38

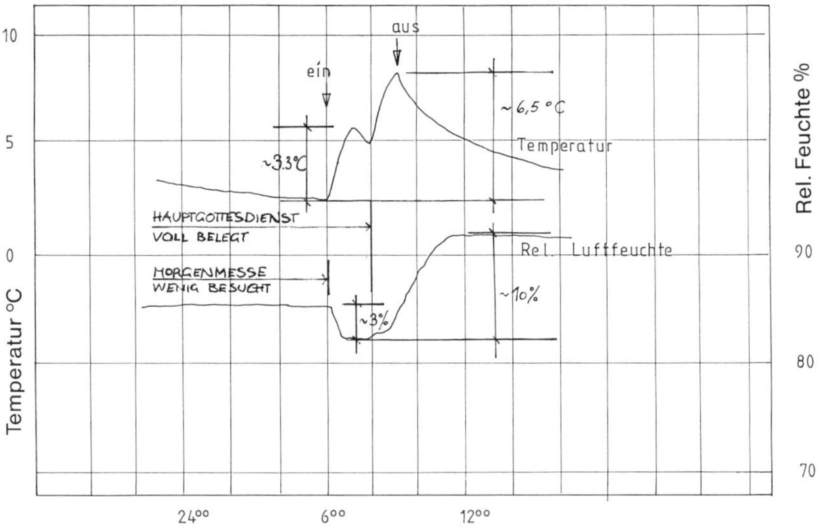

Abb. 5.39: Feuchteabgabe durch Nutzung und Auswirkung auf das Raumklima

peratur- und Feuchteverlauf in einer Kirche mit elektrischer Bankheizung. Der Temperatursprung von 13 °C (!) innerhalb von 4,5 Stunden bedingt lediglich einen Feuchteabfall von 10 %, dem ein Feuchteanstieg von 18 % im ersten Verlauf des Wiederabkühlens gegenübersteht. Die Abhängigkeit von der Besucherzahl und das entscheidende Überlagern von Abtrocknen durch Beheizen und »Befeuchten« durch Nutzung belegt auch der Feuchteverlauf während zweier sehr unterschiedlich besuchter Gottesdienste (Abb. 5.39): Während der wenig besuchten Morgenmesse fällt die Raumluftfeuchte etwa im Verhältnis 1:1 zum Temperaturanstieg (3,3 °C und 3 % r. F.), doch steigt diese trotz Verdoppelung des Temperaturanstiegs anschließend beim Hauptgottesdienst um 10 %.

Ein zweifelsfreier Beleg des Nutzereinflusses auf das Raumklima und der möglichen Verbesserungen/Verschlechterungen durch Beheizen setzt in der Beobachtung allerdings einen Raum voraus, dessen Luftwechsel entweder bekannt oder sehr gering ist. Ein solches Beispiel ist das Erlanger Markgrafentheater, dessen untersuchter Zuschauerraum durch Umgänge weitgehend vom Außenklima abgekoppelt ist (Abb. 5.40): Die Öffnung der Bühnentür bringt jeweils fast schlagartig den abtrocknenden Ausgleich mit der winterlich trockenen Außenluft, was sich allerdings im Zuschauerraum wegen des eisernen Vorhangs nicht sonderlich zeigt. Die allmählich schon vor der Vorstellung durch die Besucher abgegebene Feuchte bringt ebenfalls nur eine sehr geringe Veränderung der Raumluftfeuchte, die allerdings sofort nach Schließen der Saaltüren zu steigen beginnt – und dies trotz der an sich feuchteausgleichenden Erhöhung der Raumlufttemperatur von etwa 20 °C auf 24,5 °C (in der Abbildung nicht erfaßt).

Da wegen der primitiven Anlage die Belüftung während der Darbietungen nicht laufen konnte, geschah die zusätzliche Feuchteabgabe vor dem sanierenden Umbau weitestgehend durch die Zuschauer – und macht sich in der abgegebenen Menge bemerkbar, obwohl das Erlanger Markgrafentheater eine Raumhülle besitzt, deren Material und Ausführung einen hohen Absorptionsgrad aufweist. Um so tiefer müssen bei durchlaufender Beheizung die »Abstürze« der Raumluftfeuchte ausfallen (s. Abschnitt 5.4)!

Beide Messungen, sowohl in Kirche als auch Theater, relativieren nun aber wieder die positive Wirkung der vielzitierten Absorption. Nicht nur ihr, sondern auch der rechnerisch belegbaren Abtrocknung der Raumluft bei Beheizung ist der erwünschte Ausgleich zusätzlich eingetragener Feuchte zu verdanken – und dem hohen Luftwechsel.

Dann aber sind Heizung und Luftwechsel gemeinsam als mögliche Schadensursachen zu betrachten, und eine Regelung der Heizungsanlage nur über die Temperatur kann unmöglich die optimale Absicherung hiergegen bieten (siehe Abschnitt 5.5 und Kapitel 6)!

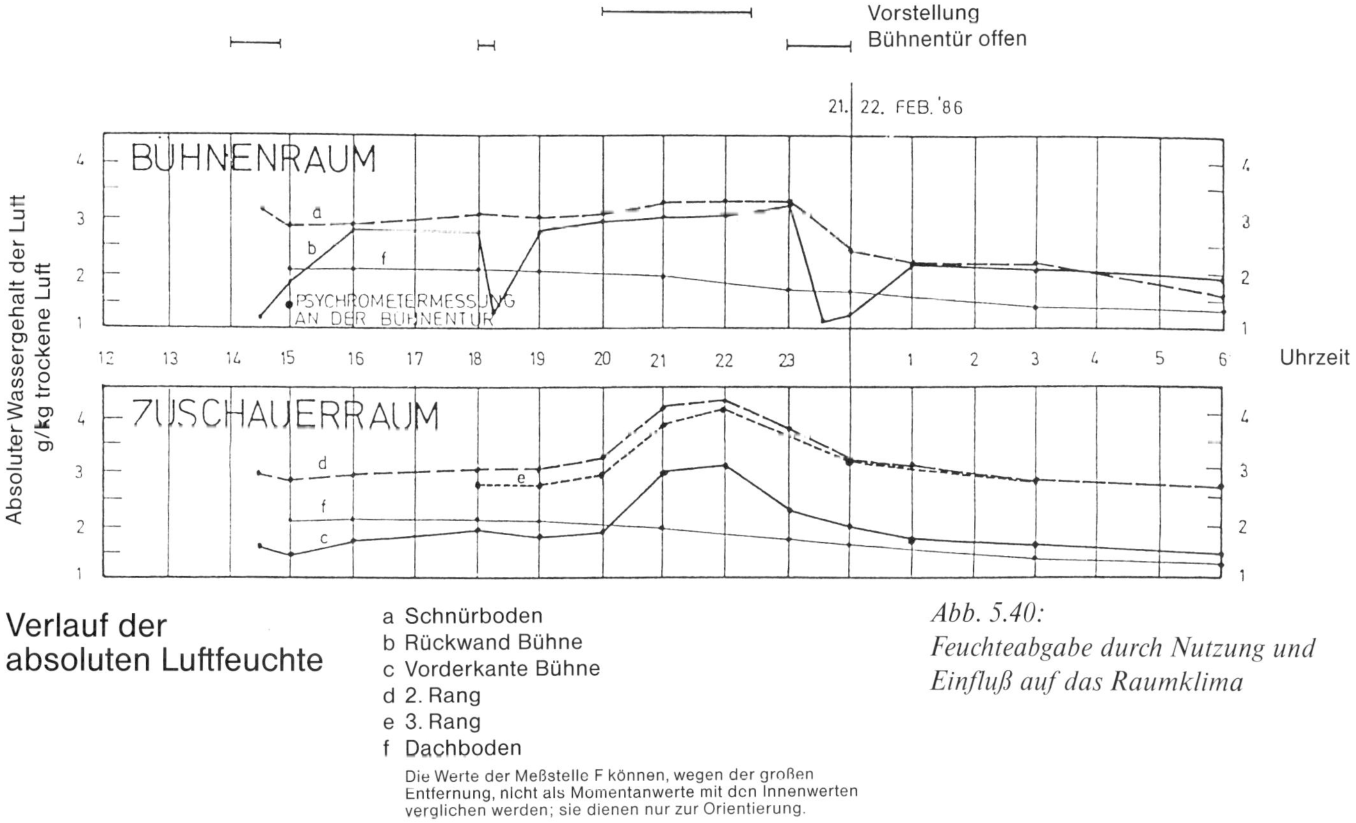

Abb. 5.40: Feuchteabgabe durch Nutzung und Einfluß auf das Raumklima

5.2.3 Luftwechsel

Eine fast immer unterschätzte Bedeutung bei Schadensentstehung und deshalb auch Schadensanamnese kommt dem Luftwechsel zu.

Ein überzeugendes Beispiel hierfür liefert die Oberelchinger Klosterkirche. Sie erhielt nach umfangreichen Sanierungs- und Restaurierungsarbeiten eine hierfür geeignete Heizungsanlage mit einer feinfühligen Steuerung über die Raumtemperatur, wie auch der Meßstreifen belegt (Abb. 5.41); der Mehraufwand für eine Regelung der Raumluftzustände auch über die Feuchte wurde vom Betreiber der Anlage abgelehnt. Gravierende Schäden treten schlagartig auf, als endlich ein Winter diesen Namen verdient. 1990/91

Abb. 5.41: Raumluftzustände während eines extrem trocken-kalten Außenklimas

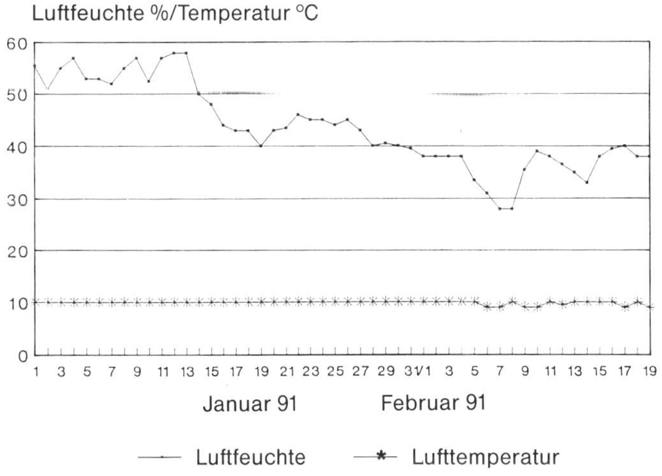

sinken während der längeren Frostperiode die absoluten Feuchtwerte der Außenluft sehr tief ab; ihnen folgt augenblicklich der Feuchtezustand der Raumluft: An einzelnen Tagen sinkt dieser unter Werte von 30 %.

Diese Kirche, obwohl nur von mittlerer Größe, besitzt eine Fensterfläche von etwa 500 m² und steht völlig ungeschützt in exponierter Lage. Zudem besitzt sie eine »Schwerkraftlüftung« besonderer Art: Hinter dem Altar führt eine Öffnung von mehreren Quadratmetern direkt in den Turm, der damit als ständiger Kamin wirkt. Daß eine vorherige »zusätzliche Befeuchtungsmaßnahme« für Raumschale und Ausstattung - nämlich massive statische Eingriffe und andere Arbeiten mit Kubikmetern an Mörtel - den Abstand zur winterlichen Trockenperiode nochmals vergrößerte, ist schadensverstärkend, mit Sicherheit aber nicht die in dieser Kirche wirkende eigentliche Ursache: der hohe Luftwechsel und sein regelungstechnisches Ignorieren.

5.3 Luftbewegungen und Zugerscheinungen

Die Erwärmung großer Räume kann nur über Luftbewegungen stattfinden; dies bedeutet zwangsläufig:

- jede Beheizung verstärkt die Luftbewegung,
- das Ausmaß der Luftbewegung und damit die Fähigkeit der Luft, Partikel zu transportieren und Oberflächen durch Strömung auszutrocknen, steigt mit steigender Raumtemperatur beziehungsweise mit steigender Temperaturdifferenz zwischen unbeheiztem und beheiztem Zustand.

Alle weiteren Faktoren brauchen hier nicht berücksichtigt zu werden, da je Raum allen möglichen Heizungsalternativen die selben Bedingungen zugrunde lägen wie Sonneneinstrahlung, Luftwechsel, Klimawechsel, Nutzung, Wärmedämmung der Raumhülle, Raumvolumen, Maßverhältnisse.

Es ist deshalb falsch, der Heizungsanlage eines konkreten Objekts grundsätzlich alle Luftströmungen anzulasten; wichtig sind die doch recht unterschiedlichen Einflüsse der einzelnen Heizungssysteme auf die Luftbewegung und die Berücksichtigung der Tatsache, daß selbstverständlich Feuchte- und Wärme-

Kirche mit Bankheizung

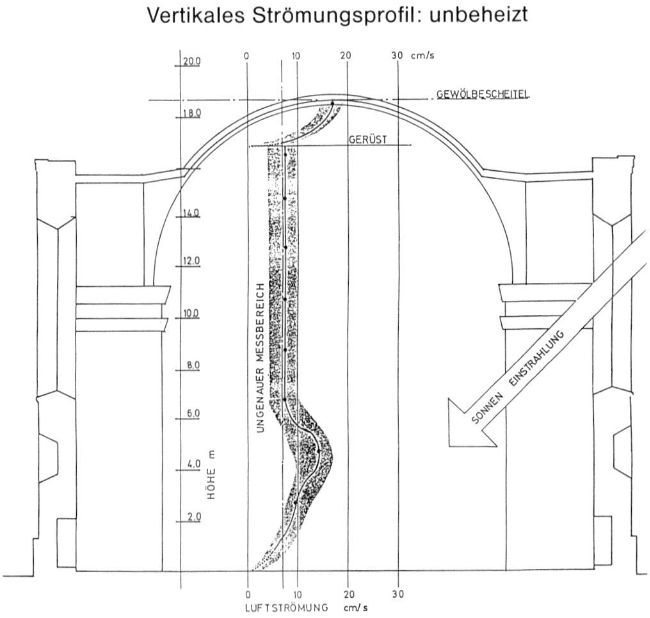

Abb. 5.42: Auswirkung des Beheizens auf die Luftbewegung

abgabe der Nutzer diesen Prozeß verstärken.

Ein Kriterium für die Beurteilung der Luftströmung sind die Angaben der DIN 1946, Teil 2, die, in Abhängigkeit von Kleidung und Tätigkeit, eine Luftströmung von 0,1 bis 0,3 m/sec als erträglich beurteilt. Von Raumhygienikern wird dieser obere Grenzwert seit langem als zu hoch beurteilt; nach Fanger [80] liegt entsprechend ISO 7730 der Grenzwert bei 0,15 bis 0,2 m/sec, wobei immer noch bei etwa 20 % der Befragten Unwohlsein beziehungsweise Unzufriedenheit über die erkennbare Strömung geäußert wird, so daß nach Ansicht des Autors der Wert von 0,1 m/sec nicht überschritten werden sollte.

In bezug auf dieses Kriterium »Luftbewegungen/Zugerscheinungen« gibt es ausnahmsweise eine sehr deutliche Differenzierung zwischen den Heizsystemen: In der Regel führen Bankheizungen zu den mit Abstand höchsten Strömungsgeschwindigkeiten im Nutzerbereich, Warmluftheizungen zu den geringsten. Die Fußbodenheizung zeigt hier die größte Spreizung, was dadurch bedingt ist, daß es »typische Heizweisen« eher für Warmluftheizung (Dauerbetrieb) und Bankheizung (Stoßbetrieb) gibt als für die Fußbodenheizung.

Die drei unterschiedlichen Strömungszustände in der Dillinger Studienkirche zeigen trotz Beeinträchtigung durch ein schmales hohes Gerüst, welche Auswirkung das Beheizen auf die Luftbewegungen im Raum hat (Abb. 5.42). Der als »ungenau« bezeichnete Meßbereich besagt, daß hier die unteren Werte so niedrig liegen, daß sie mit dem eingesetzten Gerät korrekterweise nicht mehr angegeben werden (< 5 cm/sec). Auch wenn im allgemeinen die Turbulenzen in größerer Höhe zunehmen, liegt doch ein erstes Maximum in Nutzerhöhe (Abb. 5.42): Die Luftgeschwindigkeiten überschreiten allesamt die obenerwähnte Empfehlung.

Vertikales Strömungsprofil: Aufheizphase

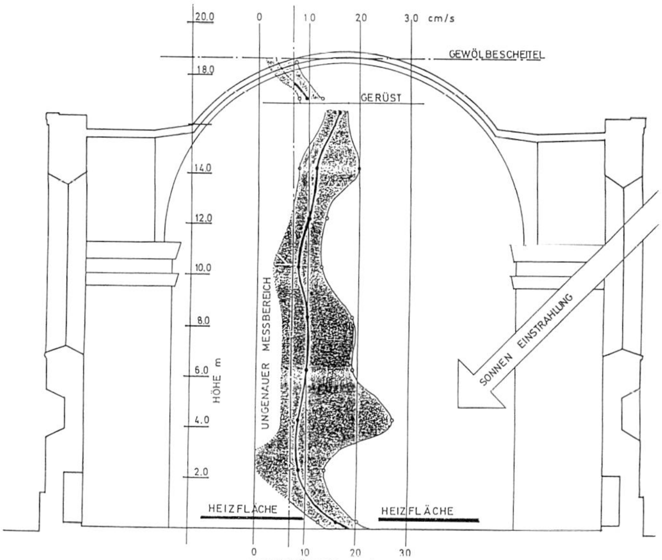

Vertikales Strömungsprofil: Nach ca. 100 Min. Heizzeit

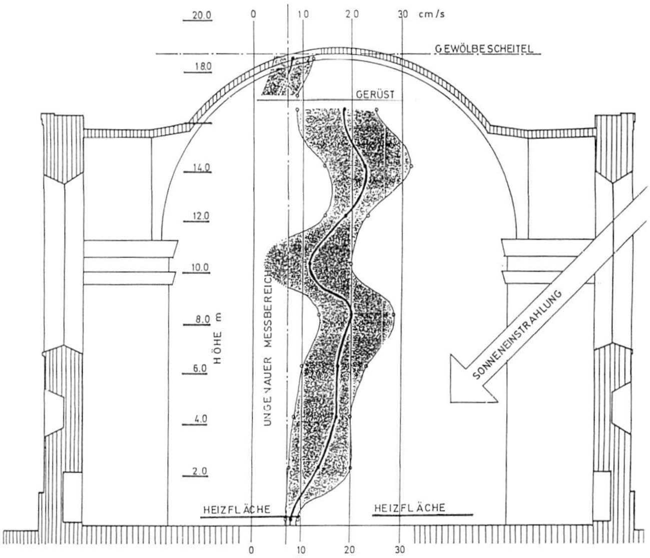

Abb. 5.43: Strömungsverhältnisse bei einer Bankheizung

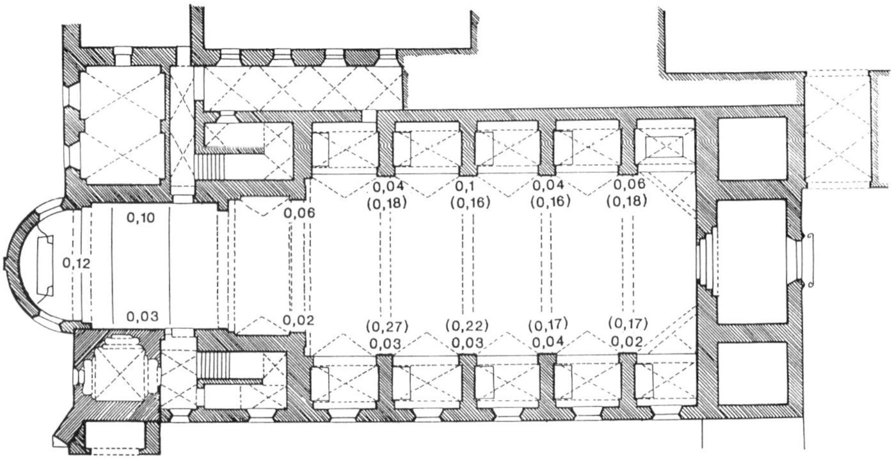

Luftströmungsgeschwindigkeit (m/s); in Klammern eingetragene Werte sind Messungen während des Gottesdienstes

Beträgt die Zunahme der Luftgeschwindigkeit zwischen unbeheiztem und beheiztem Zustand bei einer Bankheizung mehrere hundert bis über 1000 % (Abb. 5.43), zeigen die Vergleichsdaten bei Warmluftheizungen einen vergleichsweise geringen Anstieg (Abb. 5.44) von maximal 300 %.

Der Grund liegt aber nicht nur in der üblicherweise anderen Heizweise – auch in Abb. 5.44 wurden unbeheizt und beheizt gegenübergestellt –, sondern in der bei einer guten Luftheizung wie auch Fußbodenheizung selbstverständlichen Möglichkeit der »sanfteren«, das heißt auch geregelten Wärmeabgabe. Die beste Gleichmäßigkeit ist wegen der üblicherweise nur in Teilfächen verlegbaren Fußbodenheizung mit einer entsprechenden Warmluftheizung zu erreichen (Abb. 5.45). Kann die Fußbodenheizung die Bodenfläche weitestgehend erfassen und dient sie mehr einer Grund- als Spitzenbeheizung, ist auch von diesem Heizsystem ein ähnliches Strömungsbild der Raumluft zu erwarten.

Die für die Warmluftheizung getroffene Feststellung bestätigt sich vielfach auch noch im weiten Höhenprofil selbst großvolumiger Räume (Abb. 5.46).

Ein Beispiel für die divergierenden Strömungsverhältnisse bei einer Fußbodenheizung zeigt Abb. 5.47.

Im Gegensatz zu einer Kirche mit Bankheizung, bei der Heizen und Nutzen in der Regel zeitlich zusammenfallen, wurden die Kirchen der Abbildungen 5.44 und 5.47 im beheizten, aber ungenutzten Zustand erfaßt. Die Strömungsverhältnisse in Höhe der Nutzer ändern sich nochmals in einer teilweise nicht interpretierbaren Weise bei Nutzung.

Abb. 5.44: Strömungsverhältnisse bei einer Luftheizung

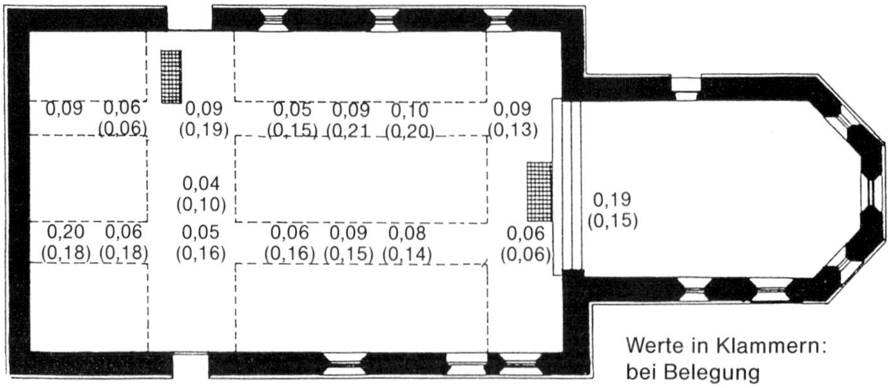

Dom Lübeck

Luftbewegung in 1 m Höhe (m/s)

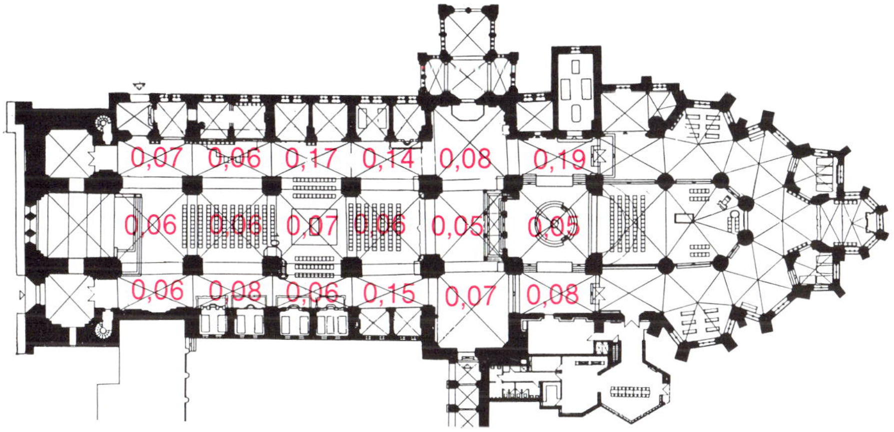

Abb. 5.45:
Ausgeglichene Strömungsverhältnisse bei einer Warmluftheizung

Vertikales Luftströmungsprofil

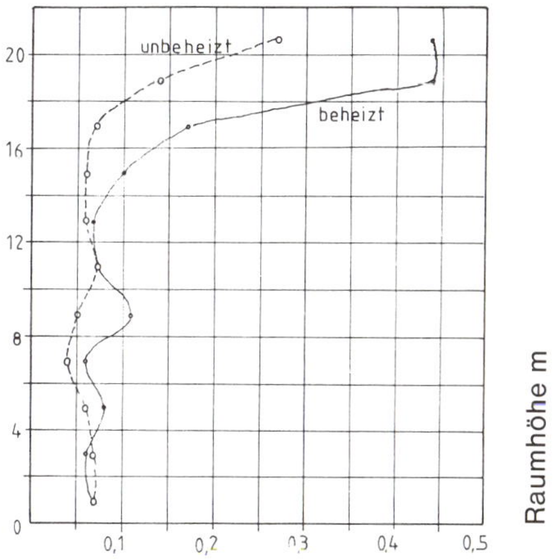

Luftströmungsgeschwindigkeit m/s

Abb. 5.46

Evangelische Kirche Wertherbruch

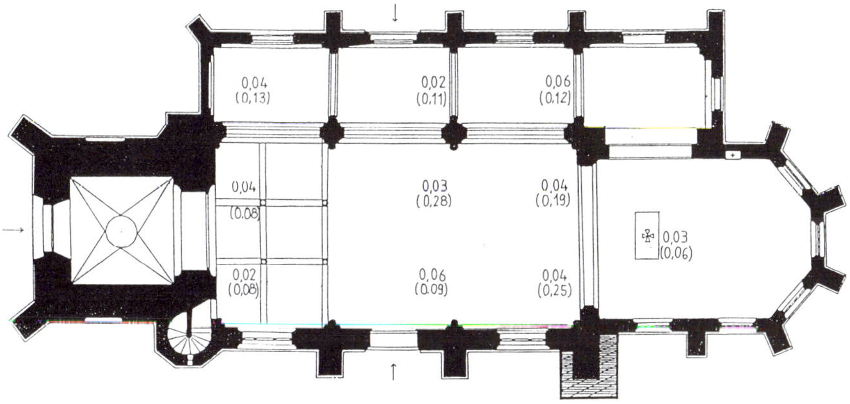

10.02.89, 17.00 Uhr, unbeheizte Kirche:
Luftströmungsgeschwindigkeit in 1 m Höhe (m/s).
In Klammern eingetragene Werte sind Messungen während des Gottesdienstes

Abb. 5.47:
Divergierende Strömungsverhältnisse bei einer Fußbodenheizung

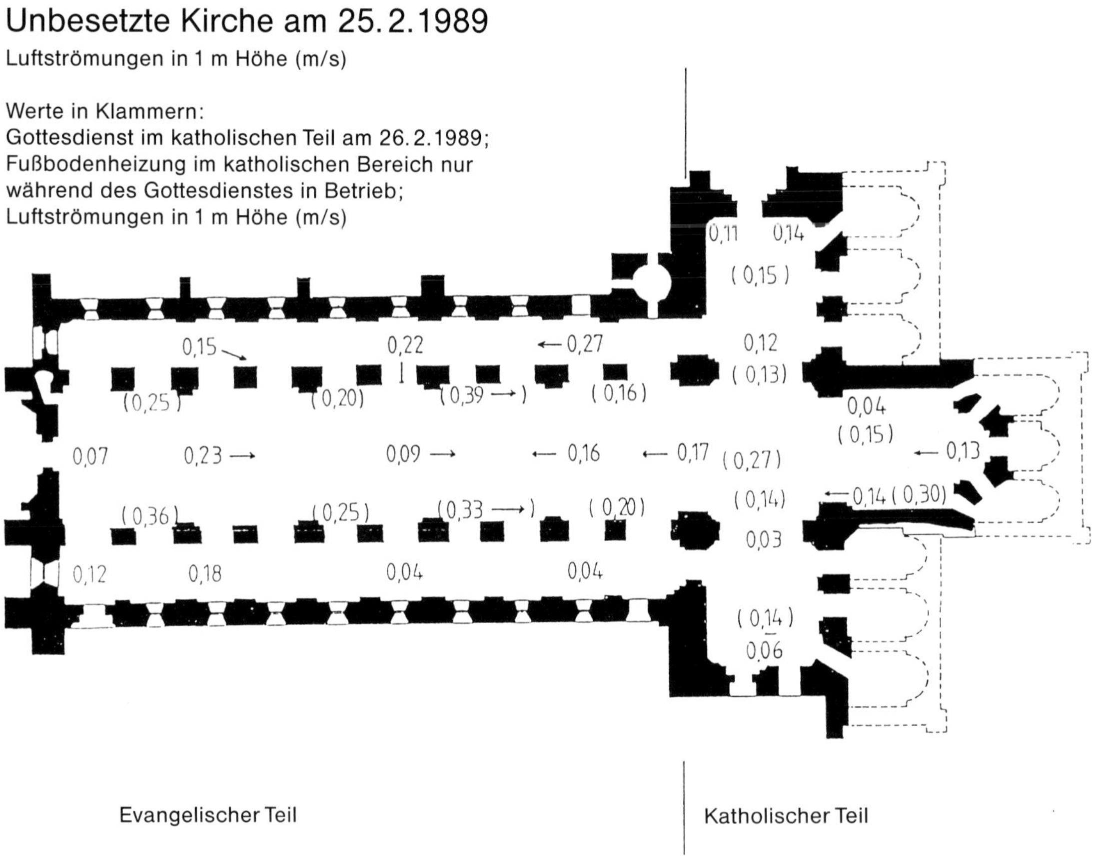

Abb. 5.48: Veränderung der Strömungsverhältnisse durch einseitiges Zuschalten einer Flächenheizung

Es wäre falsch, das Phänomen der Luftströmung in solch großen Räumen nur über das Heizungssystem zu erklären. Selbstverständlich spielt daneben die Anordnung der Heizflächen eine Rolle, wie dies als groteskes Beispiel die Abteikirche Otterberg zeigt, die von beiden Konfessionen in jeweils separaten Bereichen genutzt wird und für die bisher kein gemeinsames Konzept des Beheizens gefunden werden konnte (Abb. 5.48).

Ebenfalls häufig belegt werden konnte der Einfluß der Fenster, der sich sowohl durch direkten Kälteeinfall wie auch durch Sonneneinfall und Windeinfluß bemerkbar macht. In der Dillinger Studienkirche wurde mittels Nebelwerfer versucht, die Strömungsverhältnisse dreidimensional und für den gesamten Raum zu erfassen, wobei der Einfluß der Besonnung wie auch die Anordnung der Heizflächen besonders deutlich wurde (Abb. 5.49).

Mehrfach wurden Volumen und Raumhöhe angesprochen, beides ein wesentliches Kriterium vor allem für die Fußbodenheizung. Die Pfarrkirche Mehr zeigt durch ihre vergleichsweise geringe Höhe, unterstützt durch eine neue und relativ dichte Verglasung, den von Wohn- und Büronutzung her bekannten »ruhigen« Strömungsverlauf über die gesamte Höhe (Abb. 5.50).

Eine besondere Bedeutung kommt jener Erhöhung der Luftbewegung zu, die unter Gewölben meßbar ist und welche auf Lüftungsöffnungen, meist im Gewölbescheitel, hinweist (Abb. 5.51). Heizungsart und Heizweise zeigten hier keinen Einfluß.

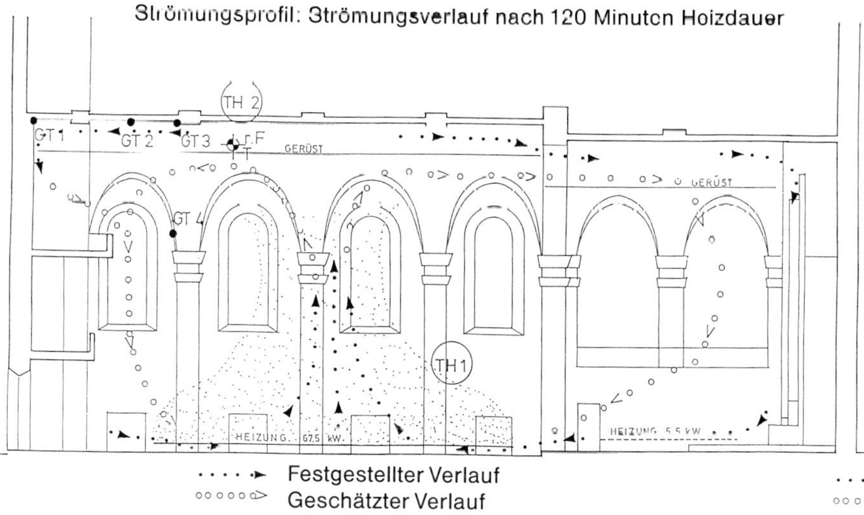

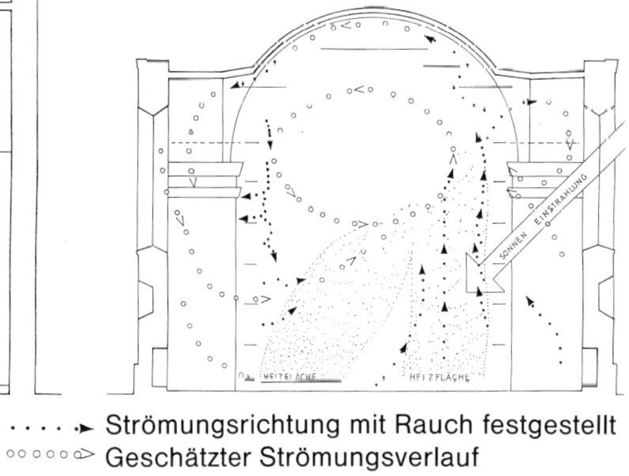

Abb. 5.49:
Strömungsverhältnisse bei einer Bankheizung

Pfarrkirche Mehr

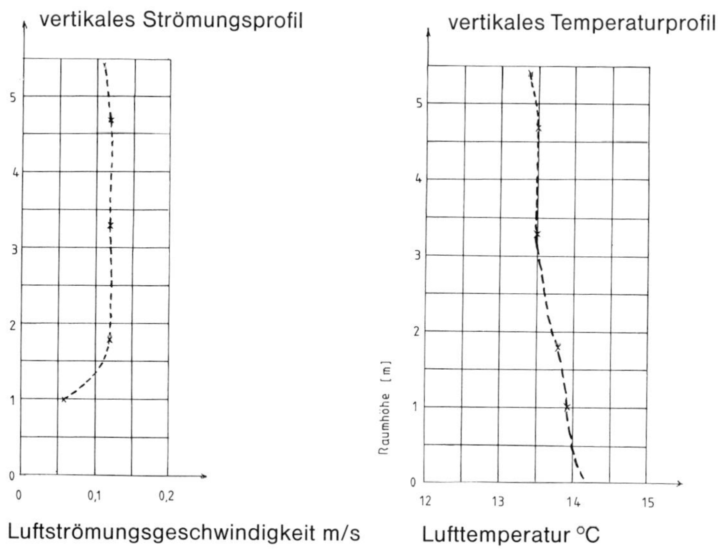

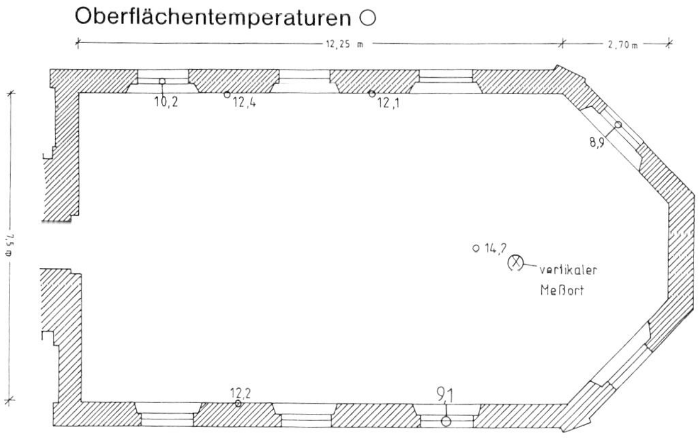

Abb. 5.50:
Ausgeglichenes Temperatur- und Strömungsprofil einer Fußbodenheizung

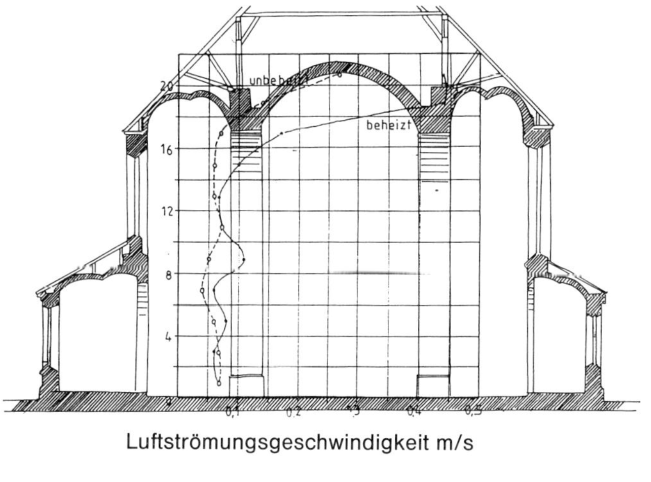

Abb. 5.51:
Starke Erhöhung der Strömungsgeschwindigkeit unter der Gewölbeschale

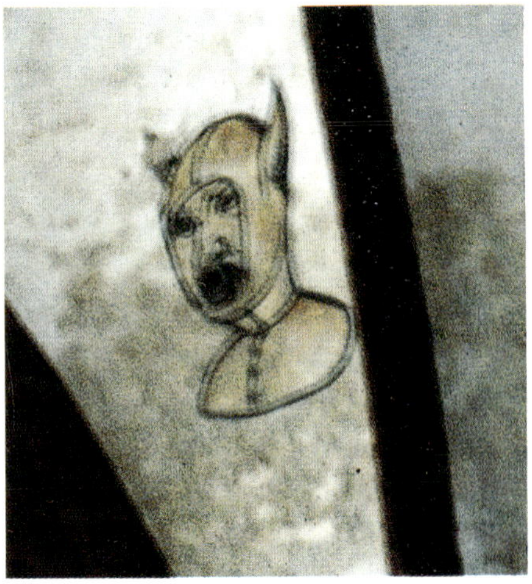

Abb. 5.52:
Ablüftung des Gewölberaums durch eine Vielzahl kleinerer Öffnungen

Ausbildung und Form dieser Öffnungen verweisen teilweise auf liturgische Bedeutung, auch wenn diese im einzelnen umstritten ist, wie die in Abb. 5.52 gezeigten Mundöffnungen in den Deckenfratzen, oder dienen offensichtlich ausschließlich dem Luftaustausch wie die im obersten Gurtgesims der Wieskirche angebrachten, von unten unsichtbaren »Löcher« (Abb. 5.53).

Abb. 5.53:
Großflächige Entlüftung des Gewölbebereichs in einer Rokokokirche

5.4 Schäden an der Ausstattung und Raumschale

Überpruft man die vielfachen, der Heizung angelasteten Schäden, so wird grundsätzlich eine Umformulierung der Schadensursache nötig: Nicht die Heizung »ist schuld«, nicht einmal die Temperaturerhöhung, sondern die Veränderung der Raumluftfeuchte – oder nochmals konkreter: ihr häufiger Wechsel – und damit ihr ebenso häufig wechselnder Einfluß auf die Ausstattung. Für die Raumschale gilt diese Kausalität nur dort, wo ebenfalls Materialien mit entsprechend stark hygrischem Verhalten verwendet sind, also wieder vor allem Holz, aber auch andere Stoffe.

Eine besondere Bedeutung kommt bei den (mit wenigen Ausnahmen) gegen Feuchtewechsel unempfindlichen mineralischen Materialien der hygroskopischen Feuchte zu, auf die unter Abschnitt 5.4.5 gesondert eingegangen wird. Abschnitt 5.4.6 umreißt kurz jenen Schadensfall, an dem die gleichen Schadensfaktoren Luftfeuchte, Lufttemperatur und Oberflächentemperatur beteiligt sind – wie bisher besprochen –, der jedoch nur in unbeheiztem Zustand auftritt: Sommerkondensation.

5.4.1 Einführende Beispiele

Geht man von dem fast ausschließlich betrachteten Zusammenhang zwischen wechselnder Raumluftfeuchte und Schrumpfen wie Quellen hiergegen empfindlicher Materialien aus, verändert sich die Argumentationskette entscheidend – und mit ihr die Chance, »heizungsbedingte« Schäden an Raumschale und Ausstattung zu vermeiden. Dies illustrieren zwei Schadensbeispiele: das Ingolstädter Münster und die Nürnberger Frauenkirche, beides spätgotische Bauwerke mit teilweise hervorragender Ausstattung.

5.4.1.1 Ingolstädter Münster

Das Ingolstädter Münster wurde grundlegend und mit Zustimmung aller beteiligten Stellen von Zutaten des 19. Jahrhunderts befreit, wobei man auch einen kleinen umgebenden Park entfernte und eine Warmluftheizung einbaute. Schon nach einem Jahr entdeckte man am wertvollen Hochaltar gravierende Schäden, als deren Verursacher auch prompt und zweifelsfrei die Heizung identifiziert wurde:

»Nichts anderes als die Warmluft-Heizung der Kirche konnte solche Schäden hervorrufen ...« [89]. Diese Ursache ist fahrlässig ermittelt und damit falsch.

Wie bei jedem Schaden – gleich ob Körper, Kunstwerk oder Bauwerk – muß auch hier die Anamnese vor jeder Diagnose oder gar Therapie stehen. Sie ergibt für dieses Bauwerk folgendes: Im Zuge der bereinigenden Maßnahmen mußten die historisierenden bunten Glasfenster ausgebaut und durch sogenannte Mondglasscheiben ersetzt werden, Fensterglas mit antikisierender, das heißt unregelmäßiger Oberfläche: von nun an drang das Sonnenlicht ungehindert in den Kirchenraum (Abb. 5.54). Auch der Park mußte weichen, da er nicht dem ursprünglichen Umfeld der Kirche entsprach,

Abb. 5.54

Abb. 5.55:
Veränderungen im Umfeld der Kirche

statt dessen entstand ein umlaufender Plattensee (Abb. 5.55), den es allerdings während der ganzen Standzeit des Münsters auch noch nie gab, da es vor Park und Friedhof von einer Bebauung eng umstellt war. Nun also dringt die Sonne nochmals verstärkt direkt wie auch durch Reflexion durch die Fenster, die Außenwände werden stärker erwärmt und auch das Kleinklima einschließlich der Feuchtigkeit des umgebenden Erdreichs haben sich in gleicher Richtung verändert: Abtrocknung.

Nochmals erfuhr dieser Effekt eine Verstärkung, denn auch das umgebende Niveau liegt nun um ca. 1 m tiefer als zu Zeiten von Friedhof oder Park, was nochmals den Verlust von umlaufend mehr als 130 m^2 erdberührender Fläche bedingte (Abb. 5.56).

Im Inneren wurde bei den Kanalarbeiten für die Warmluftheizung der vorhandene Fußboden insgesamt herausgerissen und eine wasserdichte Betonbodenplatte eingebracht, wie dies in nichtunterkellerten Wohnräumen normgerecht ist; auch hier wies die Auswirkung wieder in die gleiche Richtung: Abtrocknung.

Diese insgesamt alle unnötigen, meist sogar unbegründbaren Maßnahmen führten bereits zu einer solchen Raumklimaveränderung, daß sommers Luftfeuchtewerte un-

Abb. 5.56:
Absenkung des umgrenzenden Erdreichs um etwa 1,2 m

ter 30 % gemessen wurden – allerdings erst lange nach Entdeckung des Schadens und verspäteter Ursachensuche (Abb. 5.57).

Aber auch der Altar und seine Schäden hätten dieser vorbereitenden Anamnese bedurft, zumal es keinerlei frühere Aussagen über den Zustand vor den Arbeiten an der Kirche gab; man hätte dann rechtzeitig festgestellt: Der Altar wurde zu Beginn der Luftangriffe 1943/44 von ungelernten Kräften abgebaut und ungeschützt auf LKWs zu einer kleinen Kapelle gebracht, die als sicherer Aufbewahrungsort die denkbar schlechtesten Bedingungen bot. Im Sommer herrscht dort eine so hohe Raumluftfeuchte, daß das Tauwasser auf dem Boden steht; im Winter bedeckt Eis Boden und Wände. Unverpackt standen und lagen die Einzelteile dieses singulären Stücks hier für einen Zeitraum von zwei bis drei Jahren. Rücktransport und Wiederaufstellung erfolgten in gleicher Weise; jede Schadensdokumentation unterblieb. Die kommenden Jahre verbrachte der Hochaltar im unbeheizten Münster, wurde aber während der beschriebenen Baumaßnahmen sorgfältig über viele Monate schadensfördernd dicht in Plastikfolie eingehüllt. Zumindest alle letzten Maßnahmen geschahen wieder mit Wissen und Billigung der nun kritisierenden und die Heizung belastenden Stellen.

Auch die Heizung trug selbstverständlich zum »Gelingen« dieses Schadens bei, allerdings im wohl kleinsten Maß und vor allem reversibel: Die zu hohen Raumtemperaturen wurden abgesenkt, was auch erlaubte, die ebenfalls überhöhten Ausblasgeschwindigkeiten entscheidend zu verringern.

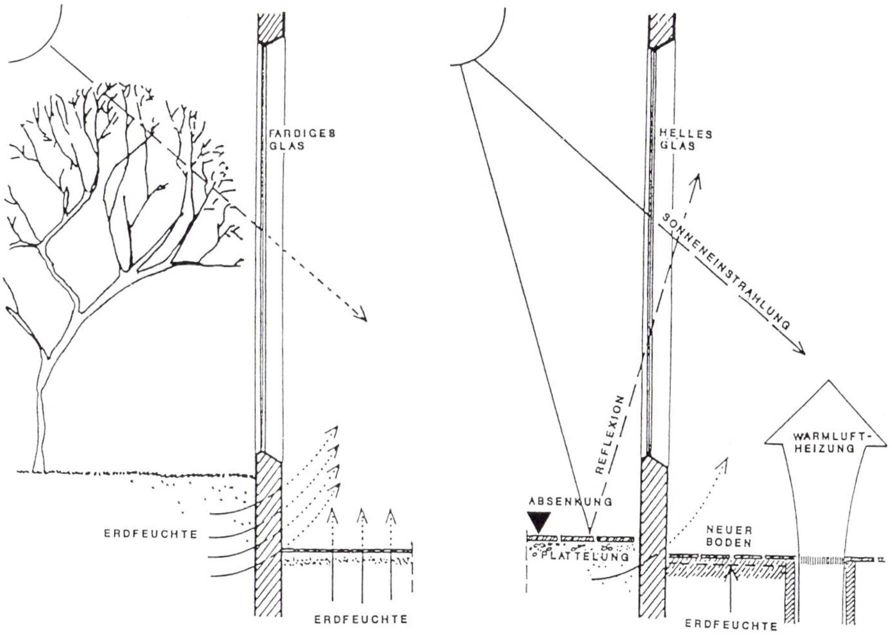

Zustand vor der Sanierung

Zustand nach der Sanierung

Abb. 5.57:
Ursachenpaket der Klimaveränderungen im Ingolstädter Münster

5.4.1.2 Nürnberger Frauenkirche

Die Nürnberger Frauenkirche beherbergt nach schweren Kriegsschäden wieder eine Reihe hochwertigster Kunstwerke; eines davon ist der Tucheraltar. Nach einigen Sanierungsmaßnahmen und Einbau einer Heizung wurde dieser Altar wieder aufgestellt und zeigte nach kurzer Zeit bereits Schäden an Corpus und Malschicht. Auch hier entdeckten zuständiger Denkmalpfleger und beauftragter Restaurator rasch die Ursache: die Heizung.

Die - wie immer - nachträgliche und nicht von den Kritikern durchgeführte Anamnese zeigte, daß der Altar vor seinem jetzigen Aufstellungsort im Chor kurzfristig zwei andere Aufstellungsorte verkraften mußte. Von seinem Nachkriegsstandort, einer Hängung unterhalb eines Fensters an der Nordwand, wurde er zur Sicherung des Ist-Zustands in die Werkstatt eines Restaurators gebracht, dessen für jedes kirchliche Ausstattungstück zu hohe Werkstatt-Temperaturen in gutem Glauben, aber falsch, durch Befeuchtung »entschärft« waren.

Nach dem Heizungseinbau und der Installation einer zeitgenössischen Altarlösung erhielt der Tucheraltar den schönsten Aufstellungsort: alter Altarstandplatz im Chor. Hier würde er in Ruhe und mit Sicherheit jene Schäden entwickelt haben, die durch die kurz umrissene Vorgeschichte infolge Schwind- und

Abb. 5.58:
Detail des unteren Tafelrahmens; die weißen Klebungen sind Befestigungen der dünnen Drähte von Temperaturfühlern

Quellvorgängen beim jeweiligen Angleichen an das neue Raumklima zwingend werden (Abb. 5.58), wenn man nicht fahrlässig der verstärkten Zerstörung weiteren Vorschub geleistet hätte.

Diese Fahrlässigkeit ist im Standort begründet: Der Altar wird direkt von der Sonne beschienen (Abb. 5.59 und 5.60).

Die hiergegen geforderte und eingebaute UV-Verglasung ist selbstverständlich nicht in der Lage, die Wärmebeeinflussung und damit Austrocknung der Malschichten zu verhindern. Während winters die Sonne die Vorderseiten des Altars trifft, muß die Rückseite auch die Sommersonne verkraften.

Die Heizung wurde anlagetechnisch wie regelungstechnisch so gewählt, daß sie an diesem Austrocknungsprozeß so gut wie nicht beteiligt ist: Eine Fußbodenheizung gewährleistet eine, über den Jahresverlauf die Raumfeuchte ausgleichende Temperierung; eine Warmluftheizung liefert die zu den Nutzungszeiten gewünschte höhere Raumtemperatur. Sie könnte nun tatsächlich spürbar den Feuchtehaushalt des Kirchenraums verschlechtern, wenn nicht regelungstechnisch die Überwachung der Raumluftfeuchte der Temperatursteuerung vorrangig geschaltet wäre: Bei Unterschreiten dieser vorgegebenen und mit den Restauratoren abgesprochenen Grenze von 50% setzt die Heizung auch dann aus, wenn die ebenfalls vorgegebene und erwünschte Raumtemperatur noch nicht erreicht ist.

Dennoch sinkt die Raumluftfeuchte winters auch über Tage weit unter diesen Wert ab: Der durch die Fensterkonstruktion bedingte hohe Luftwechsel erzwingt die schädigende Angleichung der Raumluftfeuchte an die niedrige Außenluftfeuchte.

Diese beiden Beispiele sind typisch und stellvertretend für viele: Jede Beheizung bewirkt zwangsläufig eine Erhöhung der Raumlufttemperatur und damit eine Absenkung der Raumluftfeuchte. Bei sinnvoller, das heißt diesem einen Projektierungsfall angepaßter Auswahl des Heizsystems und vor allem der Heizweise, unterstützt durch eine zweckmäßige Regelung, hält sich dieser Einfluß jedoch in Grenzen, die allzuleicht von anderen Schadensfaktoren überschritten werden.

Offensichtlich bergen aber Heizsystem wie Heizweise tatsächlich eigene Möglichkeiten der Schädigung, was leider viel zu oft unberücksichtigt bleibt.

Abb. 5.59: Direkte Besonnung des wertvollen Ausstellungsstücks

Abb. 5.60: Direkte Besonnung des wertvollen Ausstellungsstücks

5.4.2 Schäden durch Heizungseinbau

Die Schädigung des zu schützenden Raums beginnt bereits beim Einbau der Heizung; sie ist zwangsläufig vom Prinzip her, nicht jedoch in ihrem Umfang. Die prinzipielle Ablehnung eines Heizsystems darf hieraus nicht abgeleitet werden, allerdings eine Verpflichtung, bei der Projektierung nicht nur Wärmebedarf, Heizflächen und ähnliches zu bedenken, sondern auch die Verträglichkeit für dieses eine besondere Objekt - einschließlich seiner, die Heizweise mitbestimmenden Nutzung.

5.4.2.1 Bankheizung

Die Bankheizung verlangt eine ausgedehnte Verteilung von elektrischen Kabeln oder Warmwasserrohren wie jede Warmwasserheizung (Abb. 5.61).

Diese Verteilung ist jedoch meist problemlos am oder unter dem Podest möglich; verborgen im Fußboden bleibt der Eingriff ebenfalls zurückhaltend. Bei sorgfältiger Projektierung ist ein Beschädigen der Bankdocken in jedem Fall vermeidbar.

5.4.2.2 Fußbodenheizung

Die Fußbodenheizung verlangt zwangsläufig die Aufnahme des bisherigen Bodens. Dies muß häufig gleichgesetzt werden mit dessen Zerstörung, da großflächige historische Platten vielfach gebrochen sind und es leider mehr theoretisches Denken als praktische Erfahrung zeigt, die einzelnen Trümmer mit Hilfe einer Numerierung wieder entsprechend zu verlegen. Dennoch wird dieses Argument der möglichen Fußbodenzerstörung zu oft überbewertet, da eine Heizung meist im Zuge von Sanierungsmaßnahmen geplant wird, zu denen auch eine Erneuerung des Fußbodens gehören kann, worunter in unseren Tagen vielfach auch eine Wiederherstellung in altem Material und alter Form verstanden wird.

Wichtiger wird unter Umständen der flächige Eingriff in den Bestand durch den neuen und bisher unüblichen Fußbodenaufbau. Er verlangt einschließlich der für eine Fußbodenheizung zwar nicht zwingenden, aber zweckmäßigen Abdichtungen und Dämmungen ein Auskoffern von annähernd 35 cm - und damit eben auch einen Eingriff in bisher ungestörte Bodenschichten. Falsch ist es aber, dieses Argument grundsätzlich der Fußbodenheizung anzulasten: In wohl der überwiegenden Zahl der Fälle bleibt dieser Eingriff ohne Belang. In diesem Zusammenhang muß auch ein weiteres Gegenargument zurechtgerückt

Abb. 5.61:
Extrem rücksichtsloser Verzug der Heizungsrohre in einem Schloßsaal

werden: Unterbindung der bisherigen Feuchteabgabe über den historischen Boden. Im Rahmen dieses Forschungsvorhabens wurden hierzu keinerlei Messungen durchgeführt. Untersuchungen zur Ursache von Durchfeuchtungs- und Salzschäden zeigten jedoch im Regelfall, daß sowohl die Erdfeuchte innerhalb des durch eine entsprechend tiefe Fundierung geschützten Erdreichs als auch die Kapillarverhältnisse im passenden Bodenaufbau niemals eine solch hohe, erwartete Wasserabgabe an die Raumluft erlauben: Ihre Unterbindung kann – ohne weitere Ursachen – nicht zu der befürchteten Abtrocknung der Raumluft führen.

5.4.2.3 Warmluftheizung

Der Eingriff in den Bestand kann bei der konventionellen Warmluftheizung durch die Dimensionierung der Schächte und Kanäle zum entscheidenden Kriterium werden (Abb. 5.62): Luft ist ein relativ schlechter Energieträger und verlangt daher große Transportquerschnitte.

Abb. 5.62: Tiefgreifende Ausschachtungsarbeiten im Altarbereich für eine Warmluftheizung

Hinzu kommen noch die Kanalwandung einschließlich Dämmung und der entsprechende Arbeitsraum.

Es war deshalb ein Fortschritt, auch bei Warmluftheizungen für den Wärmetransport das hierzu wesentlich geeignetere Medium Wasser zu verwenden und dessen Energie dann über einen Wärmetauscher am Transportziel wieder als Warmluft zu nutzen. Noch immer ist ein Eingriff notwendig, doch verringert sich die »Kanal«-Führung auf ein Maß von ca. 40/40 cm (Abb. 5.63 und 5.64).

Abb. 5.63:
Modell der Leitungsführung und ...

Abb. 5.64:
... tatsächliche Trasse am Objekt

5.4.3 Schäden durch das Heizsystem

In den Abschnitten 5.1 bis 5.3 wurde bereits auf die unterschiedlichen Feuchte- und Temperaturverhältnisse hingewiesen; sie werden jeweils grundsätzlich mitbestimmt auch durch das Heizungssystem.

5.4.3.1 Bankheizung

Die Bankheizung liefert, bezogen auf Fläche und Zeit, die stärkste Energieabgabe. Es muß deshalb auch zu entsprechenden Zugerscheinungen kommen, die nochmals besonders verstärkt werden durch die Nutzer, da Bankheizungsfläche und »Nutzerheizungsfläche« weitgehend identisch sind. Die dieser Zugerscheinung zugrunde liegende Thermik wird aber wiederum mitbestimmt durch das Volumen des Raums wie auch durch den Temperaturunterschied zwischen Heizen und Nichtheizen. Dies heißt, daß die negativen Auswirkungen einer Bankheizung um so deutlicher ausgeprägt werden, je größer der Raum ist und je häufiger er genutzt wird.

Wie zeigen sich diese negativen Auswirkungen? Für die kurze Zeit der Nutzung läuft dieses Heizsystem; die rasche und auch starke, begrenzte Erwärmung bedingt einen starken Auftrieb, verstärkt noch durch die Wärmeabgabe der Besucher. Der immer wieder nachgewiesene Nachfluß kalter Luft von außen in die Bankreihen (s. Abb. 5.49)

Abb. 5.65: Extreme Verschmutzung vor allem der oberen Bereiche der Raumschale durch eine Bankheizung

ist Folge dieser Thermik und dokumentiert sie. Die Kürze des jeweiligen Beheizens unterbindet das Erwärmen der beströmten Raumhülle, führt aber dennoch die erwärmte Luft an ihr vorbei, nun noch belastet mit der zusätzlichen Feuchte der Nutzer, die bei keinem anderen Heizsystem so zu Buche schlagen wird wie hier, da die Regen- und Schneenässe der Kleidung durch die Bankheizung direkt abgetrocknet wird.

Da dieses kurze, stoßartige Beheizen bestenfalls die Raumluft erfassen wird, nicht aber die Raumschale temperieren kann, bleibt diese unverhältnismäßig kühl und nimmt so im besonderen Maß Feuchte aus der Raumluft auf; Feuchte aber bindet wieder stärker Schmutz, so daß die Bankheizung als häufigsten Schaden eine starke und ungleichmäßige, dadurch aber wieder besonders auffallende Verschmutzung zeigt (Abb. 5.65).

Es wird hier nochmals auf die Abbildungen 5.38 und 5.39 verwiesen, in denen zum einen der »Feuchtegewinn« der Raumluft durch eine Bankheizung deutlich wird und zum anderen die hierdurch bedingte negative Veränderung der Taupunkttemperatur, der die Oberflächentemperaturen nicht entsprechend folgen können. Da sich dieser Effekt, wie bereits unter Abschnitt 5.1.3 gezeigt, mit dem Abstand von der Wärmequelle verstärkt, sind besonders hochgelegene Wandteile sowie Decken und Gewölbe gefährdet, selbst wenn diese einen mit der Wand vergleichbaren Wärmedurchgang aufweisen (Abb. 5.65).

Je nach Standort der Bankreihen und Häufigkeit der Nutzung kann diese Verschmutzung aber auch schon die unteren Zonen erfassen.

5.4.3.2 Fußbodenheizung

Für die Fußbodenheizung kann dasselbe gelten, wenn ihre flächige Verteilung einen ungleichen Wärmestrom erzwingt, die Kubatur des Raums dies noch begünstigt (Abb. 5.66) und durch die Heizweise immer wieder Temperaturunterschiede abgebaut werden müssen.

Es wird deutlich, daß auch die Höhe der gewünschten Raumtemperatur hier bereits als Kriterium heranzuziehen ist.

Auch Abb. 5.67 zeigt eine ungleiche Verschmutzung der Raumschale in einer Kirche mit Fußbodenheizung, doch wird deutlich, daß ebenso wie in der vorhergehenden Abbildung der unterschiedliche Wärmedurchgang der Raumschale eine Rolle spielen muß, der Schaden also nicht diesem einen Heizsystem angelastet werden sollte. Dennoch spielt es auch hier eine Rolle, daß heizsystemspezifisch die Raumschale nicht besser mit Wärme beaufschlagt wird. Selbstverständlich wird hierbei auch bereits die Heizweise angesprochen.

5.4.3.3 Warmluftheizung

Korrekterweise wird der gleiche Schaden auch bei einer Warmluftheizung gezeigt, obwohl er ver-

Abb. 5.66:
Auffallende, weil ungleichmäßige Verschmutzung der Gewölbeschale, bedingt durch unterschiedlichen Wärmegang; dieser Effekt wird verstärkt durch eine zu schwache Erwärmung der Oberfläche bei zu hoher Feuchtebelastung

Abb. 5.67:
Unterschiedliche Verschmutzung nach den gleichen Schadensmechanismen wie bei Abb. 5.66

Abb. 5.68

Abb. 5.69:
Schadensträchtige Anordnung einer Ausblasöffnung zu nahe an der empfindlichen Ausstattung

Abb. 5.70:
Großflächige Beschädigung der Raumschale durch wechselnde Luftfeuchtigkeiten

gleichsweise untypisch ist und ebensogut in unbeheizten Kirchen auftreten kann, die einer starken Feuchtebelastung aus der Luft unterliegen (Abb. 5.68): Die Schadensursache ist ebenfalls die gleiche, denn durch einseitiges Einblasen und eine einen Strömungskurzschluß verursachende Abluftöffnung wird wiederum die Raumschale nur ungleich erwärmt (s. Abb. 5.16).

Die größten »Fehler« sind technisch mit der Warmluftheizung möglich; ihr schadensfreies Funktionieren setzt vor allem voraus, daß die Ausblasströme sich rasch mit der Raumluft vermischen und ihre zweckmäßige Verteilung einen zusätzlichen Ausgleich durch Strömung vermeidet. Systemtypisch für Schäden ist hier also nicht die ungleiche und/oder starke Verschmutzung der Raumschale, sondern das zonenweise Herabsetzen der Raumluftfeuchte, wobei diese »Zone« kleinteilig nur ein einzelnes Objekt erfassen kann (Abb. 5.69) oder aber auch den gesamten Raum (Abb. 5.70 und 5.71), was vor allem wieder unter dem Aspekt der Heizweise zu betrachten ist.

5.4.4 Schäden durch die Heizweise

In einem Forschungsbericht des Fraunhofer-Instituts für Bauphysik [90] wird mehrfach auf die unterschiedliche Auswirkung der Heizweise auf die Luftfeuchtigkeit hingewiesen. Die wesentliche Aussage ist, daß die relative Raumluftfeuchte bei instationärer Beheizung ausgeglichener verläuft. Abb. 5.72, die diesen Zusammenhang verdeutlicht, entstammt dem genannten Bericht.

Für den Verlauf der raumklimatischen Bedingungen und eine Feuchtebilanz über den Winter oder das gesamte Jahr liefert diese Betrachtung die notwendigen Werte. Bei der Beurteilung der Schadensneigung unterschiedlicher Heizweisen kommt es jedoch kaum auf jahreszeitlich gedehnte Schwankungen der Raumluftfeuchte an, wie diese der Raum entsprechend dem Außenklima bisher auch ohne Heizung erfuhr, sondern auf die Häufigkeit krasser Feuchtewechsel. Je nach Art des belasteten Materials hängt die Schadensneigung unterschiedlich vom zeitlichen Verlauf der Feuchteänderungen ab. Hierüber gibt es bisher leider kaum Aussagen, auch nicht von seiten der Denkmalämter oder von Restauratoren, doch kann man zumindest bei Holz davon ausgehen, daß die hygrische Anpassung selbst oberflächennaher Schichten nicht in Minuten, sondern in Stunden bis Tagen erfolgt, allerdings auch nicht Wochen und Monate benötigt. Zur Beurteilung des Einflusses der Heizweise auf die Raumschale, vor allem aber auch auf die Ausstattung, sind Monatsmittel deshalb ungeeignet. Sie liefern zwar einen ersten wichtigen Hinweis auf die Heizweise; zwischen dem eigentlich wirksamen Klimaverlauf, der aus jedem Meßprotokoll ermittelt werden kann, und monatlichen Mittelwerten gibt es jedoch teilweise erhebliche Diskrepanzen. Abb. 5.73 zeigt dies beispielhaft an zwei Bamberger Kirchen. Die Einzelgrenzwerte erklären die dort aufgetretenen Schäden, den Mittelwerten ist dieses nicht mehr zu entnehmen.

5.4.4.1 Stationäre Beheizung

Der stärkere Abfall der mittleren Raumluftfeuchte bei stationärer Beheizung hängt ab vor allem von der Stärke dieser Beheizung und – über den Luftwechsel – von den Außenluftwerten. Das erste ist wählbar, das zweite nicht oder nur bedingt wieder über die Veränderung des Luftwechsels. Das heißt, die Wahrscheinlichkeit von Schäden steigt mit steigender Intensität der stationären Beheizung. *Die stationäre Beheizung ist also nicht prinzipiell abzulehnen.*

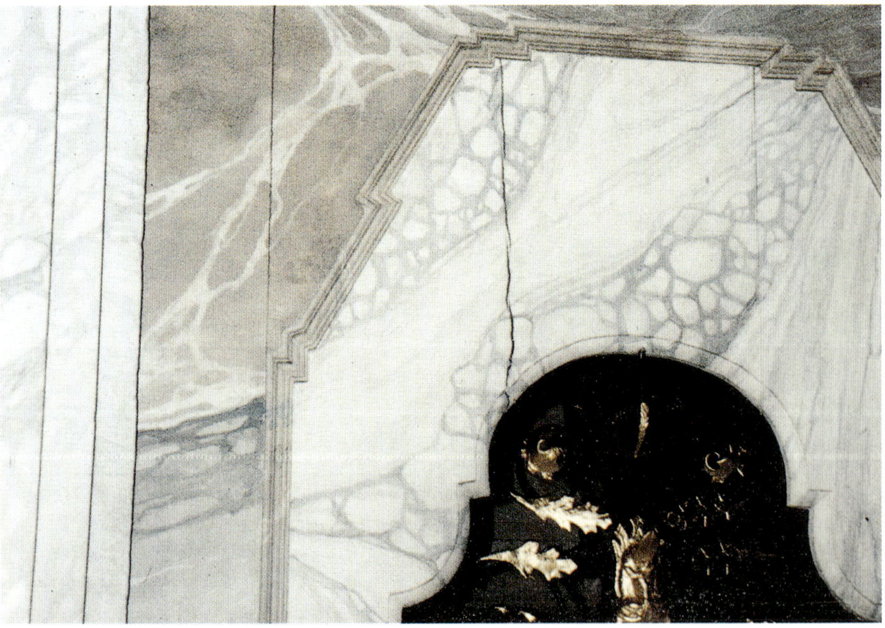

Abb. 5.71: Großflächige Beschädigung der Raumschale durch wechselnde Luftfeuchtigkeiten

Mittelwerte von Lufttemperatur und rel. Luftfeuchte in den Monaten Oktober bis März in unterschiedlich beheizten Kirchen (stationär bzw. instationär). In den stationär beheizten Kirchen betragen die kurzfristigen Temperaturabweichungen vom angegebenen Mittelwert nur wenige Kelvin, während diese bei den instationär beheizten Kirchen bis zu 10 K betragen können, siehe hierzu die Angaben in den Bildern 28 und 31 bis 33.

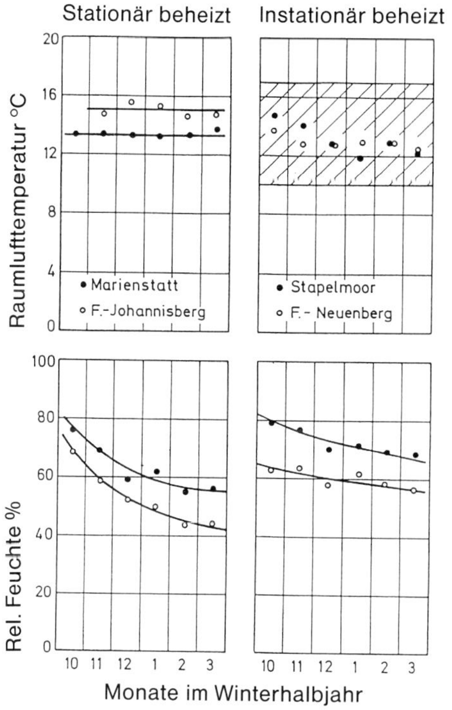

Abb. 5.72

Kirche	Meßgrößen	Wintermonat Okt.	Nov.	Dez.	Jan.	Feb.	März
Marienstatt, stationär beheizt s. Bild 28	Temperatur °C	13,3	13,3	13,2	13,2	13,3	13,7
	rel. Feuchte %	76	69	59	62	55	56
Fulda-Johannesberg, stationär beheizt s. Bild 33	Temperatur °C	12,9	14,7	15,5	15,3	14,6	14,7
	rel. Feuchte %	68	58	52	50	44	44
Stapelmoor, instationär beheizt s. Bild 31	Temperatur °C	14,7	14,1	12,8	11,8	12,9	12,0
	rel. Feuchte %	79	77	70	72	69	68
Fulda-Neuenberg, instationär beheizt s. Bild 32	Temperatur °C	13,7	12,8	12,7	13,0	12,9	12,4
	rel. Feuchte %	63	64	59	61	58	56

5.4.4.2 Instationäre Beheizung

In Räumen mit Schäden an schwind- und quellgefährdeten Materialien wird immer wieder ein hoher, häufiger und vergleichsweise rascher Wechsel der Raumluftfeuchte festgestellt. Es wird nochmals betont, daß dies in der weit überwiegenden Mehrzahl der beobachteten Fälle nicht der Heizung, eher der Heizweise, meist aber anderen oder zusätzlich anderen Faktoren zugewiesen werden muß. Im Erlanger Markgrafentheater zeigt

Kirche	Meßgröße	Mittelwert	Max.	Min.
St. Martin, Bamberg	Temperatur °C	+ 9,5	+ 12,4	+ 7,5
	rel. Feuchte %	56,6	64,0	43,0
St. Gangolf, Bamberg	Temperatur °C	+ 3,3	+ 9,2	+ 1,1
	rel. Feuchte %	87,7	94,5	70,0

Abb. 5.73:
Vergleich der Monatsmittelwerte von Lufttemperatur und relativer Luftfeuchte mit den zugehörigen Extremwerten in instationär beheizten Kirchen

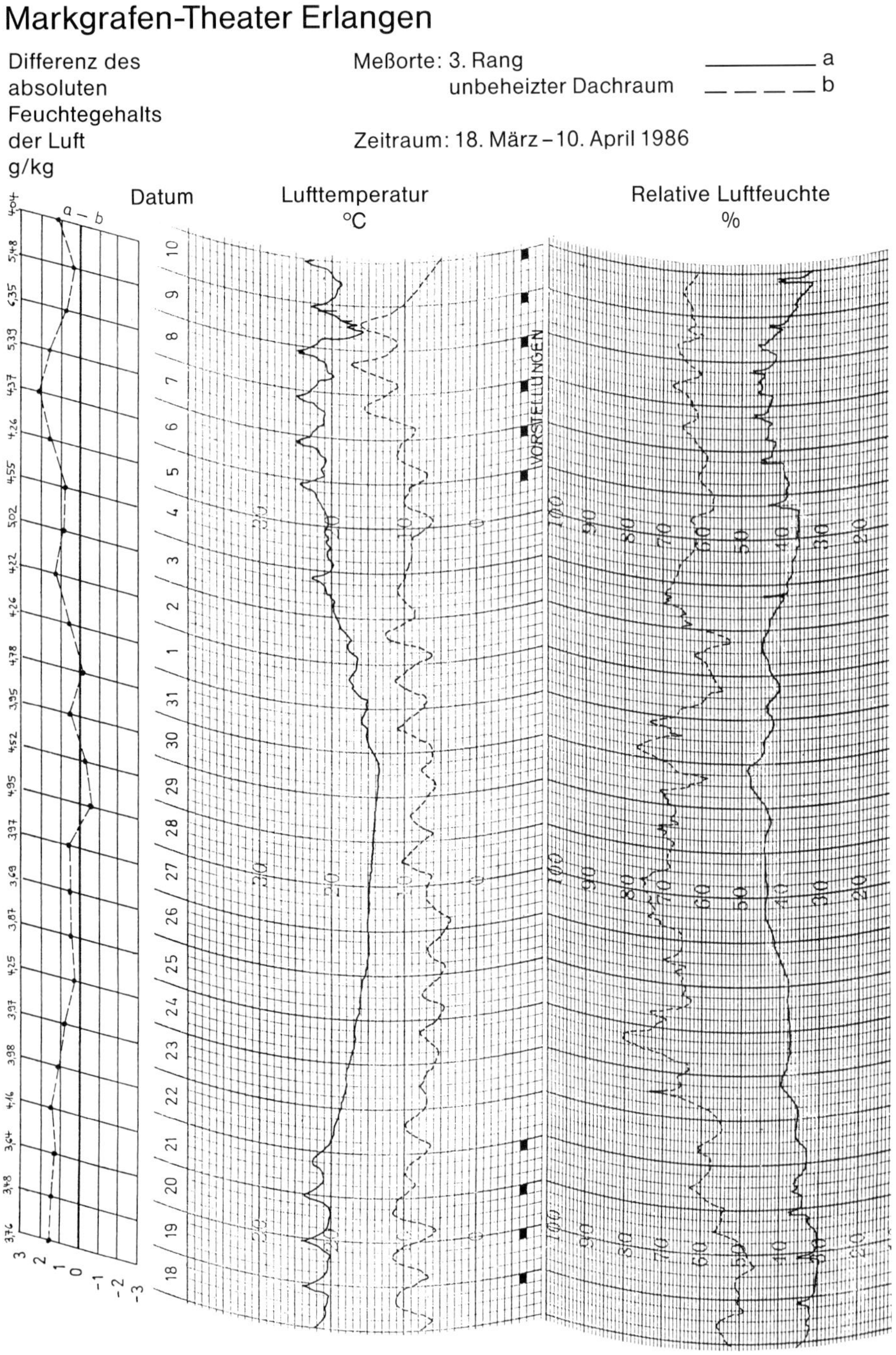

Abb. 5.74:
Tatsächlicher schadensfördernder Verlauf des Raumklimas

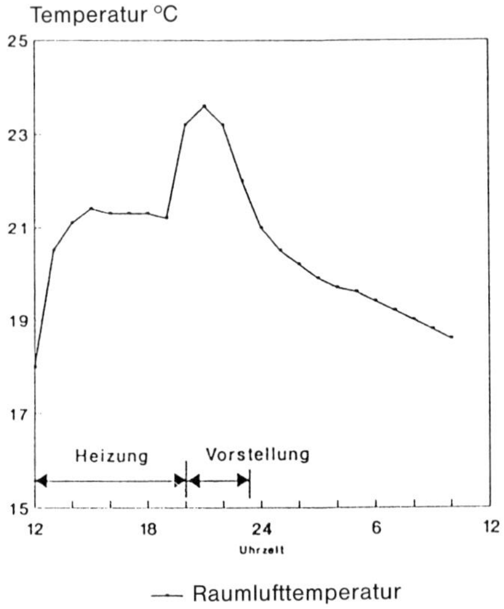

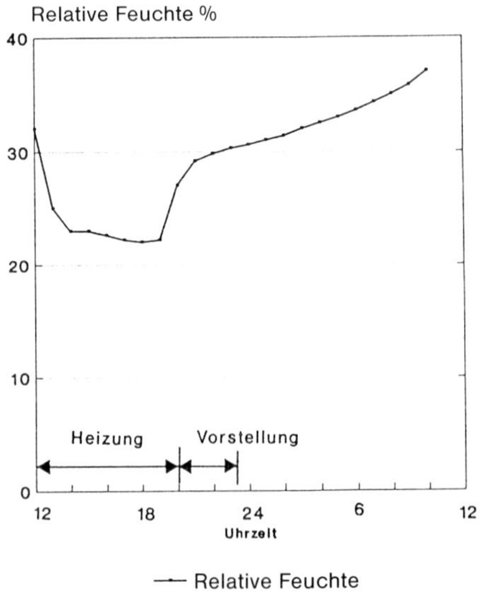

der unterschiedliche Verlauf der Temperaturkurven »Dachraum« und »Zuschauerraum«, daß hier nur eine außergewöhnlich schwache Koppelung von Raum- und Außenklima vorliegt, wenn nicht über die Bühne gelüftet wird: die Temperaturwerte sind also weitgehend durch die Heizung bestimmt. Die instationäre Beheizung bringt kurze Feuchteschwankungen bis zu 10% und Schwankungen zwischen spielfreier Woche und Aufführung bis zu 29% (Abb. 5.74). Die Schäden sind enorm (Abb. 5.75), obwohl die mittlere Raumluftfeuchte in beiden Be-

Abb. 5.75:
Schäden an der hölzernen Verkleidung durch instationäres Beheizen

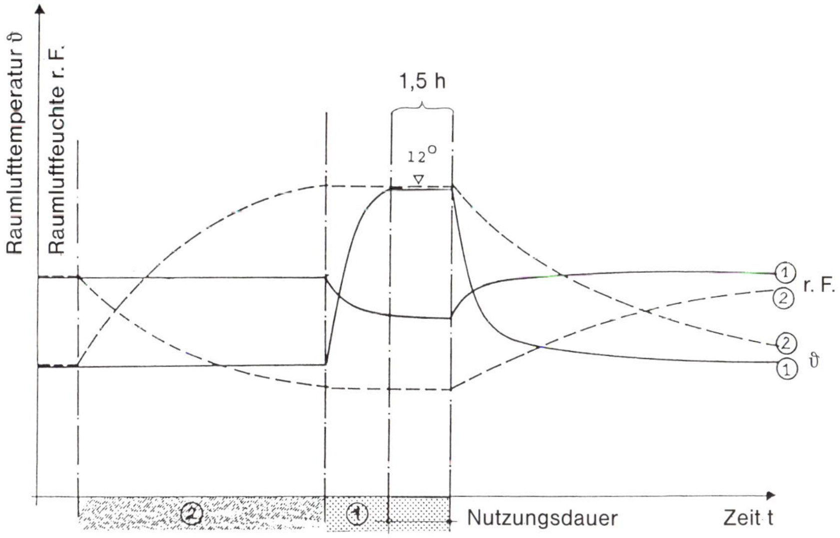

Abb. 5.76:
Unterschied in der Entwicklung der relativen Raumluftfeuchte unter Einwirkung der Sorptionseigenschaften der Raumhülle bei langsamem und raschem Beheizen

obachtungszeiträumen fast identisch ist (42 bis 43 %), also keinerlei schadensträchtiges Absinken zeigt.

Bei der Betrachtung des instationären Beheizens großer Räume alter Bauart wird es also zwingend notwendig, diesen Begriff genauer zu umreißen: Verstanden wird hierunter allgemein ein Beheizen nach Bedarf – in diesem Fall also fast ausschließlich nutzungsabhängig. »Instationäres Beheizen« legt noch nicht fest,

- mit welcher Intensität,
- in welchen Abständen,
- mit welchen Temperaturabsenkungen geheizt wird
- und vor allem nicht, mit welchen Aufheizzeiten.

Die Beurteilung einer Heizweise über deren Monatsmittel ignoriert diese Größen ebenfalls, doch sind gerade sie für die Beurteilung der Schadensgeneigtheit wichtig.

Die *Intensität* jeder Beheizung, auch der instationären, ist eine erste Elle zur Vorabschätzung des Feuchteabfalls in der Raumluft: Je höher geheizt wird, desto trockener wird sie prinzipiell. Diese Abhängigkeit bleibt unberührt von all jenen Feuchtequellen, die glücklicherweise hier entgegenwirken, doch »versiegen« sie vergleichsweise rasch.

Der *Abstand* der einzelnen Heizvorgänge ist mitverantwortlich für den Temperaturabfall in der Zwischenzeit. Mitbestimmend sind hierbei vor allem wieder Luftwechsel und Wärmebedarf des beheizten Raums. Der gleiche instationäre Heizrhythmus in zwei hierin unterschiedlichen Räumen ist also auch im Hinblick auf mögliche Schäden unterschiedlich zu beurteilen.

Die *Temperaturabsenkung* muß aber nicht nur durch den Abstand der einzelnen Heizvorgänge bestimmt sein; in der Praxis wird instationäres Heizen häufig als zweistufiges Heizen betrieben, was bereits anlagenseitig zu berücksichtigen ist.

Die *Aufheizzeit* schließlich wird deshalb wichtig, weil zwar die aufgeheizte Raumluft in ihrer Feuchte unmittelbar auf Temperaturschwankungen reagiert, nicht aber das Material. Erwärmung und Abkühlung innerhalb dieser – leider sehr unterschiedlichen und im einzelnen noch viel zuwenig bekannten – Reaktionszeit bleiben also unberücksichtigt!

Aber noch aus einem anderen Grund wird die Aufheizzeit zum wichtigen Beurteilungskriterium: der Ausgleich der Temperaturveränderung durch Sorptionsvorgänge ist unter anderem vom Temperaturgradienten abhängig: je steiler dieser, desto stärker der Sorptionsvorgang. Dieser Gradient ist aber zu Beginn der Beheizung am größten – und damit auch der Feuchteausgleich durch Sorption. In vereinfachter Darstellung zeigt diesen Zusammenhang Abb. 5.76.

Die Aufheizzeit ist aber auch Kriterium für die Erwärmung der Raumschale, die zumindest dann erwünscht ist, wenn Abtrocknungsvorgänge keine Schäden hervorrufen, also bei fast allen mineralischen Baustoffen; eine relativ häufige Ausnahme wird unter Abschnitt 5.4.6 beschrieben. So können kurze und lange Aufheizzeit gleichermaßen schadensfördernd wie schadensmindernd sein; entscheidend für die im konkreten Fall richtige Beurteilung ist der hier am stärksten wirkende Schadensmechanismus (siehe auch Kapitel 7).

5.4.4.3 Befeuchtung

Nur in einem einzigen der im Rahmen dieser Arbeit begutachteten Räume wurde eine – sehr bescheidene – Befeuchtung vorgefunden. Diese technische Möglichkeit des Ausgleichs sinkender Raumluftfeuchte bei Beheizen ist nicht Thema dieser Arbeit, wird aber deshalb hier besprochen, weil der Vorschlag für eine solche ausgleichende Luftbefeuchtung immer wieder zur Diskussion gestellt wird. Die Einhaltung gleicher relativer Luftfeuchten bei steigenden Temperaturen durch Zugabe von Feuchtigkeit bedeutet eine Erhöhung der absoluten Feuchte, also eine Erhöhung des Wassergehalts der Luft, und birgt damit die Gefahr von Taupunktunterschreitungen nicht nur an den Glasscheiben der Fenster, sondern auch an und in der Raumschale. Bei den in Kirchen und vergleichbaren Räumen üblichen niedrigen Wandtemperaturen und teilweise stark wärmeleitenden Details ist ein rascher und schwerer Schaden bei Befeuchtung mit Ausnahme sehr weniger Beispiele vorprogrammiert.

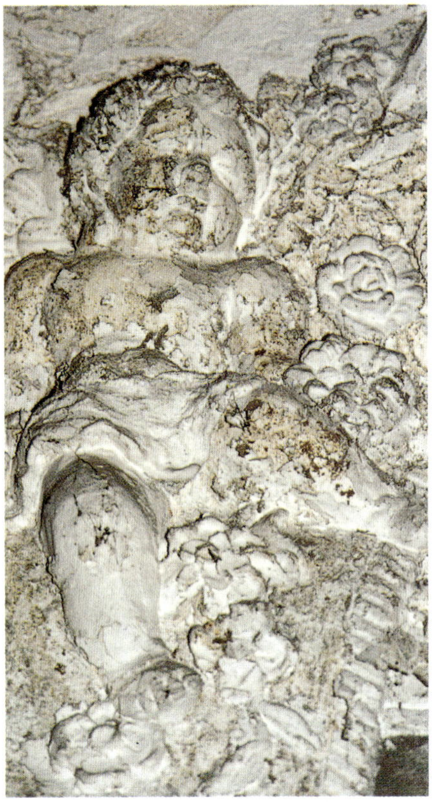

Abb. 5.77

Wer trotz dieser sehr starken Gefährdung zu dieser haustechnischen Lösung greifen möchte, muß unbedingt für alle kritischen Details der Raumschale einschließlich einbindender Holzbauteile eine Berechnung auf Dampfbelastung durchführen, wobei im Bereich gefährdeter Holzbauteile schärfere Maßstäbe anzulegen sind, als dies die einschlägige Norm vorsieht.

5.4.5 Schäden bei hoher hygroskopischer Feuchte

Verhältnismäßig häufig trifft man folgenden Schadensverlauf an: Ratssaal, Schloßsaal oder Kirche zeigen in bodennahen Eckbereichen Kondensationsschäden, also Schimmel- oder Algenbefall, im Extrem sogar Moose und höherklassige Pilze. Da die Ursache, zu hohe Raumluftfeuchtigkeit, erkannt ist, wird diese durch Beheizen herabgesetzt. Der organische Befall verringert sich oder stirbt mit chemischer Nachhilfe völlig, dafür beginnt nun eine Zerstörung der schützenswerten Oberflächen etwa im gleichen Bereich durch Abmehlen, Absanden, Abbröseln, Abschiefern: Bisher unbekannte Salzausblühungen zerstören Malschicht, Putz und Mauer.

Dieser Effekt findet sich allerdings auch in anderen Bereichen als den beschriebenen. Abb. 5.77 zeigt das Detail eines barocken Gipskapitells; es ist extrem salzbelastet. Durch instationäres Beheizen wird das Material immer wieder wechselnder Luftfeuchte unterworfen, wobei häufig die Kristallisationsgrenze überschritten wird, es also zu stän-

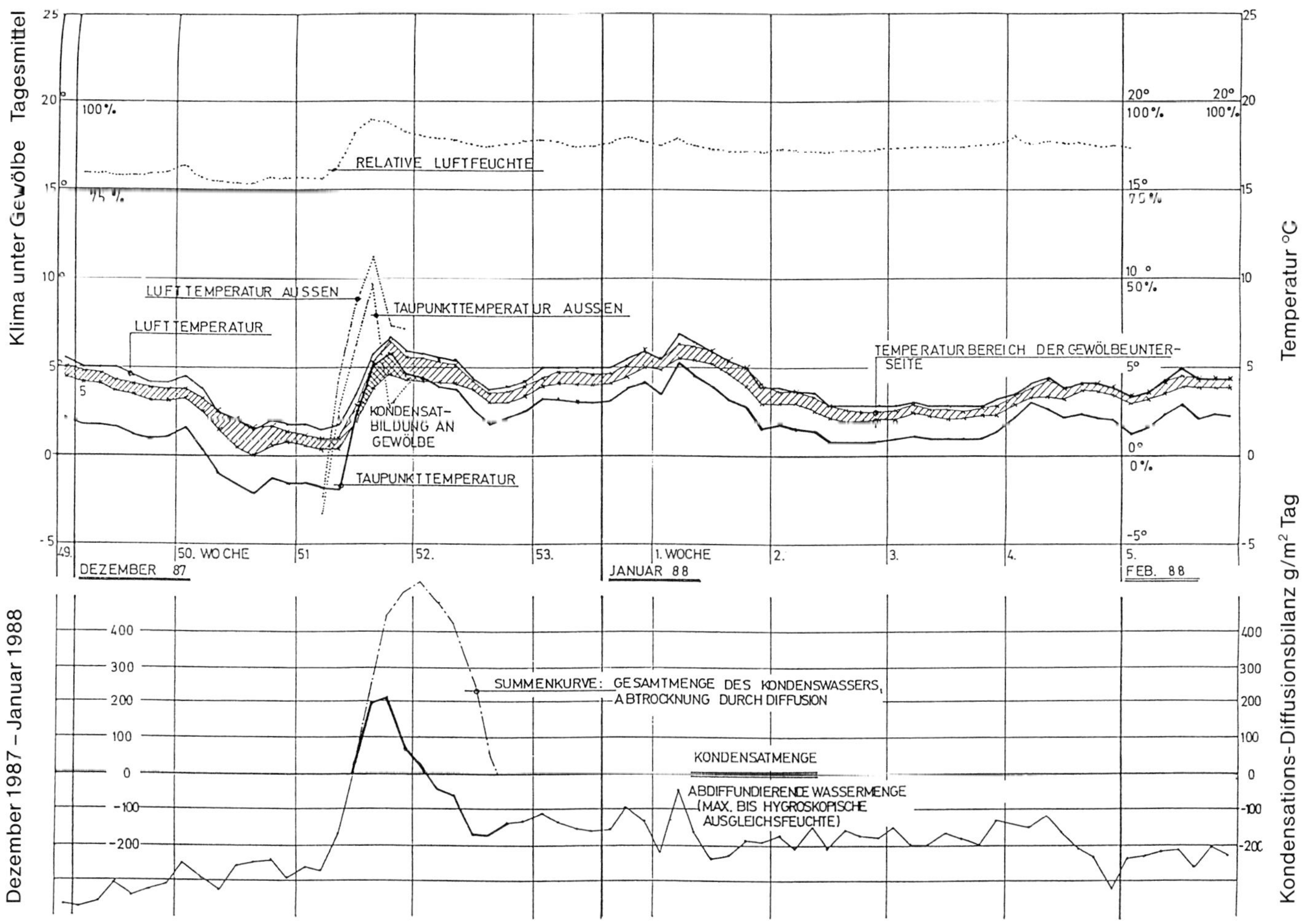

Abb. 5.78:
Temperatur- und Feuchteverläufe in einer bankbeheizten Kirche

dig wechselnden Salzvolumina kommt. Zwar ist in diesem Fall die praktische Lösung nicht in einer Veränderung der Heizweise zu suchen, da hierfür der Versalzungsgrad bereits zu hoch ist, doch hat die Heizung Anteil an diesem Schaden. In den Fallbeispielen des Kapitels 6 wird auf diesen häufigen Schaden eingegangen.

5.4.6 Schäden durch Kondensation

Auch dieser Schadensbereich zeigt mehrere Aspekte: Zum einen kann durch ungünstige Wahl des Heizsystems und der Heizweise erst die Taupunktunterschreitung vorbereitet werden (siehe Abschnitte 5.1.3 und 5.2 sowie Abb. 5.78), zum anderen bietet die Beheizung die simpelste Möglichkeit zur Vermeidung von Kondensationsschäden – und zwar nun gerade aus jenem Grund, weshalb die Heizung sonst so gefürchtet ist: Verringerung der Raumluftfeuchte.

5.4.6.1 Kondensationsschaden durch Beheizung

Diese bereits beschriebene Gefährdung tritt dann auf, wenn infolge Heizens die absolute Raumluftfeuchte erhöht wird, diese feuchtere Luft aber nun auf Oberflächen trifft, die heizsystemtypisch zu wenig erwärmt werden. Diesen Schaden findet man deshalb am häufigsten bei Bankheizungen – zu kurze Heizzeit und direkte Unterstützung der Feuchteabgabe des Nutzers – und ist ebenfalls bei Fußbodenheizungen zu finden, hier in

Abb. 5.79:
Wasseranfall an den Scheiben, der ohne zusätzliche Ableitungsmaßnahmen dann zusätzlich die Wände belastet

der Regel allerdings nicht als systemtypische Erscheinung, sondern bedingt durch ungünstige Anordnung der Heizflächen und vor allem eine schadensfördernde Heizweise.

Bei Warmluftheizungen weist dieser hier sehr seltene Schaden entweder auf grobe Mißachtung der Luftverteilung hin oder aber auf eine für Warmluftheizungen völlig untypische Heizweise: kurzfristiger Stoßbetrieb. Diese Art der heizungsbedingten Kondensation muß als Winterkondensation bezeichnet werden. Ihr erstes Anzeichen ist Wasseranfall an der Einfachverglasung (Abb. 5.79 und 5.80).

Es werden deshalb immer wieder fensterseitige Zusatzheizkörper empfohlen, die entweder durch ihre Installation oder auch formal negativ in den Bestand eingreifen (Abb. 5.81 und 5.82), vor allem aber kaum die auch andere Bauteile belastende, zu hohe Raumluftfeuchte positiv beeinflussen.

Abb. 5.80:
Wasseranfall an den Scheiben, der ohne zusätzliche Ableitungsmaßnahmen dann zusätzlich die Wände belastet

Abb. 5.81:
Fensterseitige Zusatzheizungen zur Vermeidung von Schwitzwasser

Abb. 5.82: Fensterseitige Zusatzheizungen zur Vermeidung von Schwitzwasser

5.4.6.2 Überdurchschnittliche oder ungleiche Verschmutzung

Auch auf diesen Schaden wurde bereits in den Abschnitten 5.1.3 und 5.2.2 hingewiesen: Seine Ursache ist identisch mit der unter Abschnitt 5.4.6.1 beschriebenen, doch tritt nun statt Kondensat infolge Taupunktunterschreitung lediglich eine staubbindende Erhöhung der Materialfeuchte in den Oberflächen auf (Abb. 5.83). Entsprechend dem vergleichbaren Schadensmechanismus findet sich auch dieser Effekt vor allem bei instationärem Heizen *ohne* Grundtemperierung – somit also vor allem wieder bei Bankheizsystemen, im übrigen auch besonders bei Einzelheizgeräten oder -heizkörpern, hier zum Teil aber aufgrund eines weiteren Schadensmechanismus: Staubverschwelung wegen zu hoher Oberflächentemperaturen der Heizflächen (Abb. 5.84).

Trifft die Warmluft im direkten Umfeld der Ausblasöffnung auf Flächen, kommt es ebenfalls zu derartigen Schäden in Abhängigkeit von der Ausblastemperatur sowie Filterqualität und -wartung. Überprüft werden sollte außerdem die Dichtigkeit des Wärmetauschers (Abb. 5.85).

Abb. 5.83: Teilgereinigte Freskenfläche

Abb. 5.84

5.4.6.3 Schäden durch Kondensation in unbeheizten Räumen

Wenn schon Schadensfälle nach 5.4.6.1 und 2 besprochen werden, an denen die Heizung Schuld trägt, muß auch auf jenen häufigen Fall eingegangen werden, daß in unbeheizten Räumen der betrachteten Art leichte bis schwere Schäden durch Kondensation auftreten, *weil* dieser Raum *unbeheizt* ist.

Abb. 5.85

6 Fallbeispiele

Während im Zuge der beschriebenen, eher theoretisch orientierten Forschungsarbeit die einzelnen Werte und Fakten häufig ohne konkreten, also praktischen Sanierungsbezug ermittelt wurden, oder für ein bestimmtes Schadensbild auch nur bestimmte Ursachen festzustellen waren, beschreiben die nun folgenden Fallbeispiele jeweils ein Objekt, in dem entweder raumklimatisch bedingte Schäden bereits auftraten, solche Schäden trotz Heizungseinbau oder anderer verändernder Maßnahmen vermieden werden sollten oder der Einfluß der Nutzung festgestellt werden mußte.

Abb. 6.1

Zur besseren Übersicht wird den einzelnen Objekten eine annähernd gleiche Abfrage unterlegt:

- Objektbeschreibung,
- Schadens- oder Problembeschreibung,
- Untersuchungen und Untersuchungsergebnisse,
- raumklimatische Zusammenhänge,
- Sanierung.

Wie vielfach vernetzt das Raumklima auf unterschiedliche Weise Raum und Ausstattung beeinflußt, soll vorab an einem konkreten Objekt beschrieben werden:

Die Berliner Marienkirche bedarf dringend einer Gesamtrestaurierung: Über Jahrzehnte war der Bauunterhalt eingeschränkt; die vorhandene Heizung nahm in Aufstellung und Heizweise wenig Rücksicht auf die zum Teil kostbare Ausstattung (Abb. 6.1).

Geplant sind unter anderem der Neueinbau eines passenderen Heizungssystems und die Restaurierung der zahlreichen Ausstattungsstücke. Hierzu wurde ein besonderes und begrüßenswertes Konzept vorgeschlagen: Die Restauratoren werden in der Turmhalle der Kirche arbeiten; ein durchsichtiger Laufgang führt die Kirchenbesucher vom Westeingang durch diese Halle zum Kirchenschiff, so daß die Restaurierungsarbeiten beobachtet werden können und dennoch die Restauratoren in ihrem Arbeitsbereich das von ihnen für richtig erachtete Raumklima einstellen können.

Der raumklimatische Ist-Zustand im Kirchenschiff wird meßtechnisch festgestellt und dient als Grundlage zur Festlegung der Heizungsart, der Heizweise sowie ihrer Regel-Eckwerte.

Abb. 6.2:
Ausschnitt aus einer kolorierten Rekonstruktionszeichnung von ca. 1920

In jener Turmvorhalle, in der die Restauratoren ihre Werkstätte einrichten werden, befindet sich im Nordteil der Turmwand ein Totentanz-Fresko (Abb. 6.2), dessen Entstehung mit dem Pestjahr 1484 in Verbindung gebracht wird. Dieses außergewöhnliche und einmalige Zeitdokument zeigt nicht nur die bei Fresken bekannten, altersbedingten Schäden, sondern auch zusätzliche Schäden, die durch Feuchte und Salze bedingt sind.

Gelöste Salze in einer feuchten Wand bleiben so lange weitgehend unschädlich, bis sie kristallisieren: Nun vergrößert sich ihr Volumen und übt den bekannten Sprengdruck aus: Stein, Ziegel, Mörtel, Putz und Malschicht werden zerstört. Die Restauratoren müssen also ihr Werkstattklima so einstellen, daß nicht durch verstärkte Austrocknung der freskierten Wand dieser Effekt auftritt.

Verschiedene Salze kennen jedoch auch eine vom Luftzustand abhängige unterschiedliche Anlagerung von Wassermolekülen, was mit einem unterschiedlichen Volumen dieses Salzkristalls gleichgesetzt werden kann: Wiederum wird ein Sprengdruck ausgeübt. Dieser schädigende Phasenwechsel zwischen weniger und mehr Wassermolekülen tritt aber bei den verschiedenen Salzen bei unterschiedlichen Lufttemperaturen und Luftfeuchtigkeiten auf, die zum Teil ausgerechnet in jenem Bereich liegen, den auch der Restaurator für seine Tafelbilder auswählen wird. Es ist deshalb zwingend, *vor* Beginn dieser Werkstattarbeiten die einzelnen Salzarten des Totentanzes genau zu kennen, damit hieraus Raumklimawerte abgeleitet werden können, die weder den zu restaurierenden Objekten *noch* dem Totentanz schaden.

Dies bedeutet, daß die gesamte und vielmonatige Restaurierungsarbeit an der Ausstattung vermutlich in einem anderen Raumklima durchgeführt werden muß, als die Restauratoren ohne diese notwendige Rücksichtnahme gewählt hätten. Dies ist problemlos: Die Handwerker müssen sich leichter oder wärmer kleiden.

Aber ihre Arbeit »prägt« auch die zu restaurierenden Tafelbilder, Rahmen und anderes mehr: Die Kunstwerke stellen sich auf dieses Raumklima ein und sollten möglichst keinem Raumklimawechsel unterworfen werden, wenn sie nach langer Bearbeitungszeit endlich wieder ins Kircheninnere zurückkehren.

Hier also schließt sich der Kreis: Die Heizung muß so gefahren werden, daß das künftige Raumklima im Kirchenschiff möglichst nahe dem der Restaurierungswerkstätte kommt: Der Totentanz, der sich doch gar nicht im Kirchenschiff befindet, bestimmt dort Heizweise und Regeleckwerte mit!

Selbst jetzt ist das Ergebnis nochmals kritisch zu hinterfragen, denn im Kirchenschiff stehen wertvolle Epitaphien, die ebenfalls Salzschäden zeigen und auf die das heizungsbedingte Raumklima nochmals Rücksicht nehmen muß. Da allerdings zu erwarten ist, daß weitgehend dieselben Salze wie im Totentanz vorgefunden werden, wird sich dieses Problem zumindest verringern.

Abb. 6.3: Das Kircheninnere während der Restaurierungsarbeiten; erkennbar sind bereits zwei der betonierten Gruben zur Aufnahme der Wärmestationen

6.1 Pfarrkirche

Objektbeschreibung:

Diese Pfarrkirche eines kleineren österreichischen Gebirgsorts hat eine heutigentags verblüffende, durch die Ortsgeschichte aber erklärbare Größe: Ihre Außenabmessungen betragen etwa 60 × 16 m bei einer Schiffhöhe von knapp 15 m (Abb. 6.3). Die Umfassungswände sind aus Naturstein (älterer Teil Tonschiefer und matamorphe Gesteinsarten, jüngerer Teil Tuff) und haben eine Wandstärke von einem Meter.

Schadens- und Problembeschreibung:

Die Kirche im höher gelegenen Tal ist harten Witterungsbedingungen ausgesetzt: der Frost ist hart und dauert lang; die Umfassungswände können noch Minustemperaturen zeigen, wenn die Außentemperaturen bereits hoch angestiegen sind.

Wegen dieser außergewöhnlichen Klimabelastung sind Kondensationsschäden zwangsläufig: So zeigen die inneren Wandoberflächen fast umlaufend ein ähnliches Bild – Putzzerstörungen unterschiedlichen Grades bis fast 2 m Höhe, stellenweise Algenbewuchs, Wasserränder und Feuchtespuren im Sockelbereich, ablaufende Wasserspuren unterhalb der Fenster (Abb. 6.4).

Im Winter friert das Weihwasser, nach dem Gottesdienst können die Wände vor Eis glänzen: Pfarrer und Kirchengemeinde wünschen dringend eine Heizung, obwohl die bisherigen Erfahrungen mit einer Luftheizung negativ waren. Eingebaut zu Beginn der siebziger Jahre, liegt diese Anlage seit mindestens 15 Jahren still.

Abb. 6.4:
Putzzerstörung und Algenbildung; auch das Weihwasserbecken zeigt bereits Zerstörungen aus gleicher Ursache

Abb. 6.5:
Zwei der Kernbohrungen in der stark geschädigten Außenwand

Untersuchungen, Untersuchungsergebnisse:

Die schweren Feuchte- und Salzschäden verlangten genauere Kenntnisse über ihre Ursache und vor allem auch ihr verstecktes Ausmaß; der deutliche Bezug der Schäden zum Klima erzwang eine raumklimatische Messung.

Die Feuchte-Salz-Untersuchungen konnten knapp gehalten werden, da es zur Beurteilung des späteren bestmöglichen Raumklimas genügte, sich nur einen Überblick über die Feuchte- und Salzbelastung der Umfassungswände zu verschaffen. An vier Bohrkernen (Abb. 6.5) und sechs Oberflächenproben wurden der Durchfeuchtungsgrad, sein Verlauf, Salzart, Salzmenge sowie Versalzungsverlauf im Labor festgestellt.

Der Verlauf der Durchfeuchtungsgrade weist eindeutig auf kapillar aufsteigendes Wasser hin, dessen Werte allerdings von hygroskopischer Wasserbelastung überlagert werden (Abb. 6.6): Der hohe Wert in der Mauertiefe belegt die erste Aussage; das Fehlen eines deutlichen Absinkens des Durchfeuchtungsgrads an der Wandoberfläche die zweite. Erwartungsgemäß gewinnt die hygroskopisch bedingte Durchfeuchtung mit zunehmender Wandhöhe an Bedeutung.

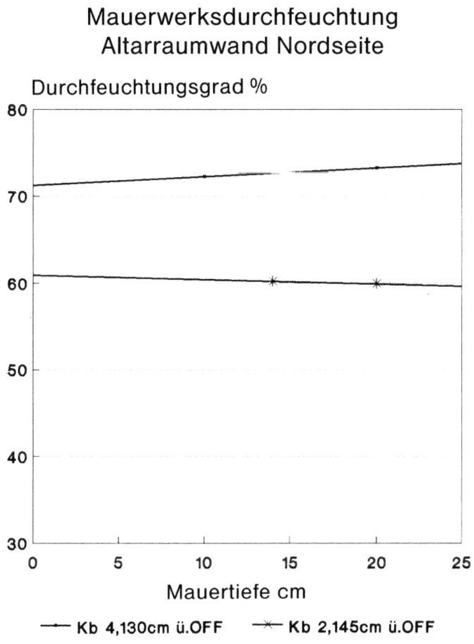

Abb. 6.6

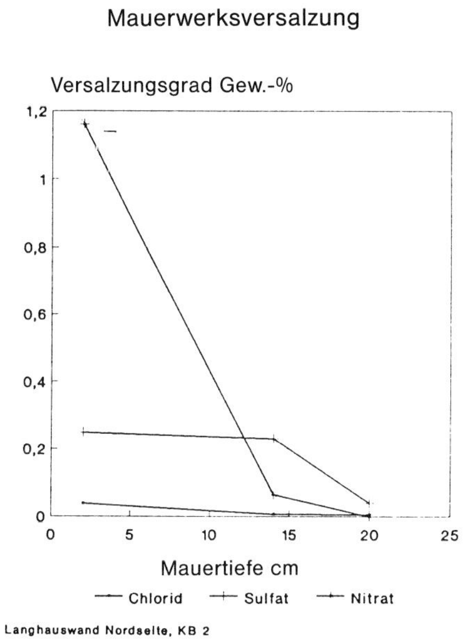

Abb. 6.7

Dieser Sachverhalt weist auf die Auswirkung der Versalzung hin: Diese nimmt glücklicherweise in Mauertiefe sehr rasch ab (Abb. 6.7) und erreicht ihre höchsten Werte im Bereich des Verdunstungssaums (Abb. 6.8).

Die Raumklimameßanlage – ihr Aufbau entspricht im Grundsatz der im Abschnitt 7.8 beschriebenen – lief von Mitte März bis in den Hochsommer. Diese ungewöhnlich kurze Meßdauer wurde in dieser Kirche durch den wachsenden Umfang der die Messung beeinflussenden Sanierungsmaßnahmen sinnvoll. Ermittelt und in Kurvenform

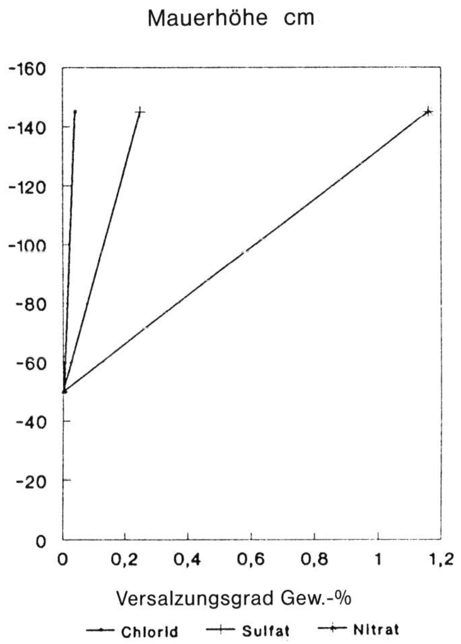

Abb. 6.8

für die Auswertung dargestellt wurden:

- Raumlufttemperatur und Außenlufttemperatur,
- relative Luftfeuchte innen und außen,
- Oberflächentemperaturen,
- Taupunkttemperatur als errechneter Wert.

Es zeigt sich, daß eine Kondensationsgefahr über den gesamten beobachteten Zeitraum vorliegt und diese sprunghaft dann ansteigt, wenn weitere Feuchtigkeit durch die Nutzung eingebracht wird: bei den Gottesdiensten (Abb. 6.9).

Raumklimatische Zusammenhänge:

Die Pfarrkirche zeigt ein relativ ausgeglichenes Raumklima, was die monatlichen Temperatur- und Feuchtegänge belegen. Begründet ist dies in den starken Baumassen und den gut sorbierenden Raumoberflächen. Auch die Raumluftfeuchte ist deshalb außerordentlich gleichmäßig und bewegt sich zwischen 70 und 80% r. F., innerhalb eines Monats meist nur in einer Differenz von 5%. Dieses raumklimatische Verhalten, belegt durch die monatlichen Tagesmittelwerte, findet man auch in anderen Baulichkeiten verhältnismäßig häufig, selten ist dagegen die hier festgestellte Gleichmäßigkeit auch des Tagesgangs; lediglich zu den Gottesdiensten kommt es zu kurzfristigen, aber vergleichsweise hohen Temperaturveränderungen. Betrachtet man die relative Luftfeuchte, so fällt ein ähnliches Gleichmaß auf, das allerdings sofort zusammenbricht, wenn die Türen länger geöffnet werden – also wieder während der Gottesdienstzeiten.

Auch wenn deutlich wird, daß es zur Wasseraufnahme an und in der Wand hauptsächlich im späten Frühjahr und in den Frühsommermonaten kommen wird, verdient der geringe Abstand der Kurven von Oberflächentemperaturen zu der der Taupunkttemperatur Beachtung: Die natürliche Verdunstung als Regulativ zur kontinuierlich aufsteigenden Feuchte wird außerordentlich verringert: Die betroffenen Außenwände sind stärker durch aufsteigende Feuchte gefährdet als üblich. Gleichzeitig liegt hierin die Erklärung für die starke und partiell unterschiedliche Verschmutzung der Raumoberflächen.

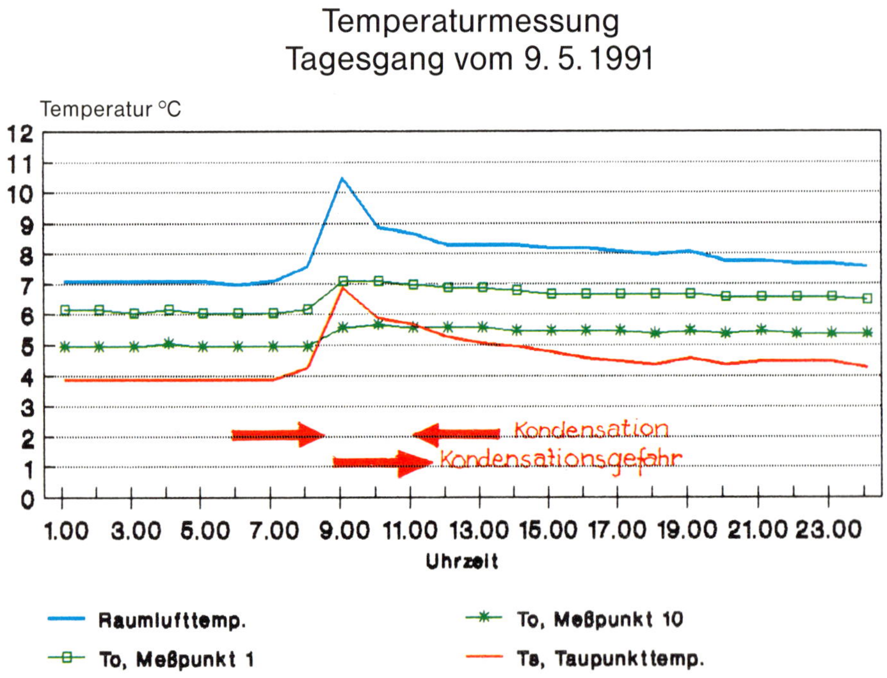

Abb. 6.9

Eine Kontrollberechnung der Tauwasserbildung im Wandquerschnitt ergab selbst bei verschärften Vorgaben, daß es zwar zur Wasserbildung kommt, die Abtrocknungsphasen aber lang genug sind, daß es nicht zu schwerwiegenden Feuchte- oder sogar Frostschäden kommen wird. Allgemein muß diese beruhigende Aussage allerdings für jene Konstruktionsdetails abgeschwächt werden, wo Holzeinbauten in der Wand vorhanden sind.

Sanierung:

Eine Verringerung der aufsteigenden Feuchte durch bautechnische wie auch flankierende Maßnahmen wird empfohlen, ebenso ein innenseitiges Putzsystem in Höhe der zerstörten Putzschale, das Salzausblühungen ohne Verringerung des Dampfdiffusionswerts zurückhält. Aus thematischen Gründen wird hier auf die einzelnen Lösungen jedoch nicht weiter eingegangen.

Die geschilderten raumklimatischen Verhältnisse, noch dazu unter Berücksichtigung der hohe Salzwerte, verlangen zwingend eine »Anlage zur Temperierung« der Kirche, also eine Heizung, dies allerdings unter einigen Vorgaben:

Während sich die Sommerkondensation weitgehend auf den unteren Wandbereich beschränken wird, kann die winterliche Kondensation die gesamte Raumschale direkt, vor allem aber indirekt beeinflussen; das Heizsystem muß deshalb ebenfalls durch Art und Umfang seiner Wärmeabgabe die gesamte Raumschale erreichen, so daß nur eine Warmluftheizung oder eine Kombination mit einer Warmluftheizung empfohlen werden kann, obwohl die Kirchengemeinde schlechte Erfahrungen mit der alten Anlage machte. Zur besseren Verteilung der einzelnen Zuluftströme, auch wegen des geringeren Eingriffs in die bauliche Substanz, wird zu einer Luftheizung mit warmwasserbeschickten Wärmestationen geraten.

Die trotz Sanierung in der Wand verbleibenden Salze sowie die Tatsache, daß eine vollständige Trokkenlegung dieses Objekts bei vertretbarem Aufwand unmöglich ist, verlangt die Beibehaltung einer möglichst hohen Luftfeuchtigkeit, um die Verdunstung und mit ihr den Salztransport nicht zusätzlich zu verstärken. Dem steht die Kondensationsneigung entgegen, die allerdings schon bei relativ zurückhaltender Temperierung sich entscheidend verringert. Ein Kompromiß liegt darin, für diese Kirche höhere Raumluftfeuchtewerte zuzulassen als sonst üblich. Empfohlen wird hier ein Mittelwert von 65 % r. F., was wiederum eine ebenfalls unübliche Grundtemperierung durch stationäres Heizen bedingt: 8 °C dürfen hier nicht überschritten werden, was eine maximale Raumlufttemperatur während der Nutzungszeiten bis maximal 12 °C verlangt.

Regelungstechnisch wird die Einhaltung dieser Forderungen dadurch erzwungen, daß der raumthermostatischen Regelung eine raumhygrostatische Regelung im Rang vorgeschaltet wird: Sinkt bei langanhaltenden tiefen Außentemperaturen bei gleichzeitig sehr niedriger Außenluftfeuchte der Wert der Raumluftfeuchte unter 55 % r. F. ab, schaltet die Heizung aus, auch wenn die gewünschten und regelungstechnisch vorgegebenen Raumtemperaturen nicht erreicht sind. Ein weiterer Grenzwert der Raumluftfeuchte sichert – ebenfalls durch hygrostatische Regelung – die Höhe der Raumluftfeuchte während der Sommerzeit derart ab, daß bei Überschreitung eines vorgegebenen Maximalwertes – hier 75 % r. F. – die Heizung selbst bei höheren Raumtemperaturen anspringt, um durch deren nochmaliges Erhöhen die Raumluftfeuchte abzusenken.

Mehr zur Bequemlichkeit des Betreibers denn als Schutz der Ausstattung kann die Heizung bei vorgegebenem Wochenprogramm mit gestreckter Auf- und Abheizzeit gefahren werden: Anlagenart und -größe, aber auch der für diese Kirche typische Ist-Zustand des Raumklimas ermöglichen ohnehin kein extrem rasches Aufheizen oder Abkühlen.

6.2 Opernhaus

Objektbeschreibung:

Das markgräfliche Opernhaus von Bayreuth ist das auf uns zumindest im Zuschauerraum weitgehend unverfälscht überkommene Beispiel höfischer Bühnenkunst und Theaterleidenschaft des 18. Jahrhunderts (Abb. 6.10). Dieser bedeutende Profanbau wird heute nicht nur museal, sondern auch noch seiner Bestimmung gemäß genutzt: Er wird bespielt.

Schadens- und Problembeschreibung:

Die unterschiedliche Nutzung - vereinzelte Besucher und Besuchergruppen sowie gefülltes Haus bei Veranstaltungen - bringt stark wechselnde Raumklimata, die bereits in der Vergangenheit zu Schäden an den hölzernen Ausstattungsteilen und Fassungsuntergründen führte: Alte Farbfassungen lassen sich auch *in* den Rissen finden.

Es wurde deshalb bereits 1970 eine Klimaanlage mit Luftbefeuchtung eingebaut, doch konnte auch sie weitere Schäden gleicher Art nicht verhindern: Auch nach der letzten Restaurierung muß es zu den schädigenden Quell- und Schrumpfvorgängen gekommen sein, denn die letzte Farbfassung liegt eindeutig *über* den Holzrissen.

Zusätzlich verstärkte diese, den winterlichen Betrieb angeblich »entschärfende« Luftbefeuchtung allerdings die Feuchtebeanspruchung der Raumschale: Dort zeigen sich an allen hierfür typischen Stellen frische oder frisch überstrichene Kondensationsschäden.

Untersuchungen und Untersuchungsergebnisse:

Vom Autor wurden an diesem Objekt lediglich einige wenige Messungen mit Handgeräten während eines Ortstermins vorgenommen. Beauftragt wurde er von der verwaltenden Behörde mit der Überprüfung des Lüftungs- und Heizungsprojekts einer Ingenieurgesellschaft, deren gutachterliche Zusammenfassung lautete:

> *»Durch Anpassung der Umgangsklimawerte (Gebäudeschale um den Theatersaal [Anm.]) an die Saalklimawerte und angepaßte Heizkurvenkalkulation können diese Risiken für das Bauwerk je-*

Abb. 6.10

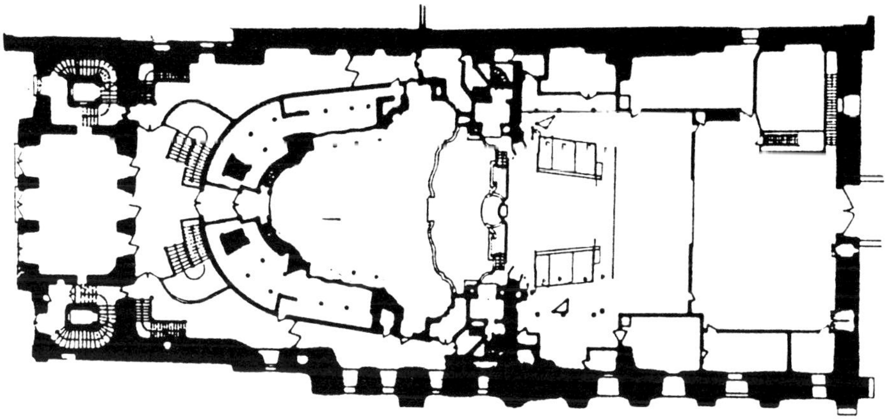

Abb. 6.11: Grundriß des Theaters

doch mit ausreichender Sicherheit vermieden werden.«

Zum Verständnis des Projekts muß das Gebäude vor allem in seinem Grundriß betrachtet werden: Der wertvolle Theaterraum besitzt keinen noch so geringen Außenwandanteil: Es entfällt damit der direkte Bezug von Raum- zu Außenklima. Was sonst dieRaumschale ausgleichend verkraften muß, übernimmt nun die mit »Umgang« bezeichnete Gebäudehülle (Abb. 6.11).

Grundlage dieses mit soviel fröhlicher Zuversicht schließenden Gutachtens war eine unüblich strenge regelungstechnische Vorgabe der Behörde, nach der zu keiner Jahreszeit und bei keinem Nutzungsfall die Raumluftfeuchte im Theaterraum um mehr als 2 % von 60 % r. F. abweichen darf. Dieser festgelegten Raumluftfeuchte wurden nun die Raumlufttemperaturen in vier zeitlich verschiedenen Nutzungsbereichen und damit Betriebsarten zugeordnet:

	t	r. F.
Betriebsart 1: Museumsnutzung Winter	8 °C	60 %
Betriebsart 2: Museumsnutzung Sommer	17 °C	60 %
Betriebsart 3: Theaternutzung Winter	22 °C	60 %
Betriebsart 4: Theaternutzung Sommer	22 °C	60 %

An Temperaturschwankungen ist nur noch 1 K zugelassen.

Raumklimatische Zusammenhänge:

Die beschriebenen Schäden weisen auf das Grundproblem hin: Hält man die notwendige Luftfeuchtigkeit im Theaterraum zu jeder Jahreszeit, *muß* es zu einer erhöhten Belastung in den angrenzenden Bereichen »Umgang« und Dachraum kommen. Grundsätzlich birgt also jeder Ausgleich zu tiefer Raumluftfeuchte im Inneren die Gefahr der Kondensationsschädigung im Äußeren.

Aber nicht nur dieser Zusammenhang ist zu berücksichtigen! Obwohl der Theaterraum vom Außenklima unüblich getrennt ist, unterliegt er stark wechselnden Einflüssen. Zu nennen sind hier vor allem die zeitlich kurze und rasch beginnende und endende Füllung mit Personen, deren schlagartige Wasserdampfabgabe hoch anzusetzen ist, nämlich mit etwa 40 Litern flüssigen Wassers je Vorstellung!

Zu berücksichtigen ist der ebenfalls schlagartig wirkende Einfluß des üblicherweise außerhalb der Vorstellungen anderen Bühnenklimas nach dem Heben des Eisernen Vorhangs.

In der weiteren Betrachtung muß man von einer Lösung dieser Probleme ausgehen, was nun die Beurteilung der raumklimatischen Zusammenhänge mit den Nachbarräumen verlangt. Deren Fenster werden bei entsprechendem Winterwetter nie diesen Anforderungen genügen, doch können die hieraus entstehenden Schäden mit relativ geringem Aufwand ausreichend minimiert werden. Anders sieht dies in exponierten Bauteilen aus, wie beispielsweise den Treppenspiegeln oder auch in den Fensterleibungen. Auch alle Durchdringungen von der Bühnendecke zum Dachraum, vor allem metallische, sind stark kondensationsgefährdet, was in seiner Wirkung um so deutlicher werden wird, je größer ein solches Bau- oder Ausstattungsteil ist: Seilzüge oder metallische Abhängungen werden also weniger Probleme aufwerfen als großflächige Rauchabzugsöffnungen.

Völlig vergessen wurde in der gutachterlichen Beurteilung, daß nicht nur die Decke des Zuschauerraums und der Bühne dampfdurchlässig bleiben werden, sondern daß auch über das beide Raumbereiche mit dem Dachraum verbindende Mauerwerk ein raumklimatisch bedingter Dampfausgleich stattfinden muß, der ausgerechnet dort wirksam werden wird, wo tragende Bauteile des Dachstuhls einbinden. Daß dies so sein wird, zeigt eine Kontrolle des Dachstuhls, denn es sind bereits genügend alte »Faulstellen« im Auflagerbereich der Zerrbalken vorhanden.

Sanierung:

Die haustechnische Anlage dieses Theaters und ihre Regelung zeigen in ihrer kompromißlosen Ausführung ein ungewöhnliches Planungsziel: Erhalt einer gleichbleibenden Raumluftfeuchte über den gesamten Jahresverlauf mit maximalen Schwankungen von 2%! Für die Betriebsarten 1 und 2 ist dies auch regelungstechnisch noch relativ leicht möglich. Beide Betriebsarten der Theaternutzung, vor allem Betriebsart 3, verlangen jedoch einige regelungstechnische »Tricks«. So wird zum Abpuffern des Feuchteeintrags durch die Zuschauer die Luft des Zuschauerraums kurz vor Saalöffnung auf 50% r. F. abgesenkt und nimmt damit einenTeil des »Feuchteschwalls« auf. Der Bühnenraum erhält vier eigene Luftbefeuchter, die bei geschlossenem Vorhang das üppige Volumen dieses Luftraums ebenfalls auf 60% r. F. anheben, doch hält man die Raumlufttemperatur um einige Grad tiefer als im Zuschauerraum. Drei positive Effekte bietet diese Lösung:

- Einsparung von Energie bei Heizung und Befeuchtung,
- Verringerung von Feuchteschäden an und in der hier besonders gefährdeten Raumhülle,
- Pufferwirkung zur zuschauerbedingten Raumluftveränderung (höhere Temperaturen und höhere Feuchte).

Aus dem gleichen Grund wird der Eiserne Vorhang tagsüber – Museumsbetrieb! – offengehalten.

Alle weiteren Maßnahmen beruhigten eher den Anordnenden, als daß sie gefährdete Bauteile schützten. Allenfalls könnte ein bewußtes Hochhalten des Wärmedurchgangs an allen Fenstern mit definierter Abführung des Kondenswassers eine Verminderung des Wasserangriffs auf die übrigen gefährdeten Bauteile bringen.

Will man nicht nur die hervorragende Raumausstattung, sondern das gesamte Theater als Baukörper schützen, bleibt leider als einzige Lösung eine Nutzungseinschränkung für alle Veranstaltungen zwischen dem 15. 12. und 15. 3., die eine volle Beheizung erzwingen. Dieser Vorschlag ist um so ernsthafter abzuwägen, als regelungs- oder anlagetechnische Fehler nicht unbedingt sofort zu erkennen sind und eine ständige Überprüfung vor allem versteckterer Bauteile in der Praxis nie durchgeführt werden wird.

6.3 Studienkirche

Objektbeschreibung:

Der Name weist schon auf den Kirchenursprung hin: Als Universitätskirche zur Zeit der Gegenreformation wurde sie im Stil der ausgehenden Renaissance errichtet und zwar im zeitgenössischen Bautypus einer Wandpfeilerkirche (Abb. 6.12). In den 47 × 20,5 m breiten Kirchenraum ragen im Bereich des Langhauses bis zum Gewölbeansatz reichende starke Mauerzungen und bilden so jeweils tiefe, kapellenartige Nischen.

Bei einer Höhe von 19,5 m bis zum Gewölbescheitel umfaßt der Innenraum ein Volumen von ca. 13.500 m³. Ohne Fußboden und dessen Unterkonstruktion beträgt das raumabschließende Mauerwerks- und Gewölbevolumen etwa 3800 m³, woran das Gewölbe nur einen Anteil unter 7% hat.

Schadens- und Problembeschreibung:

Gemessen an anderen Objekten ist diese Kirche fast schadensfrei. Sieht

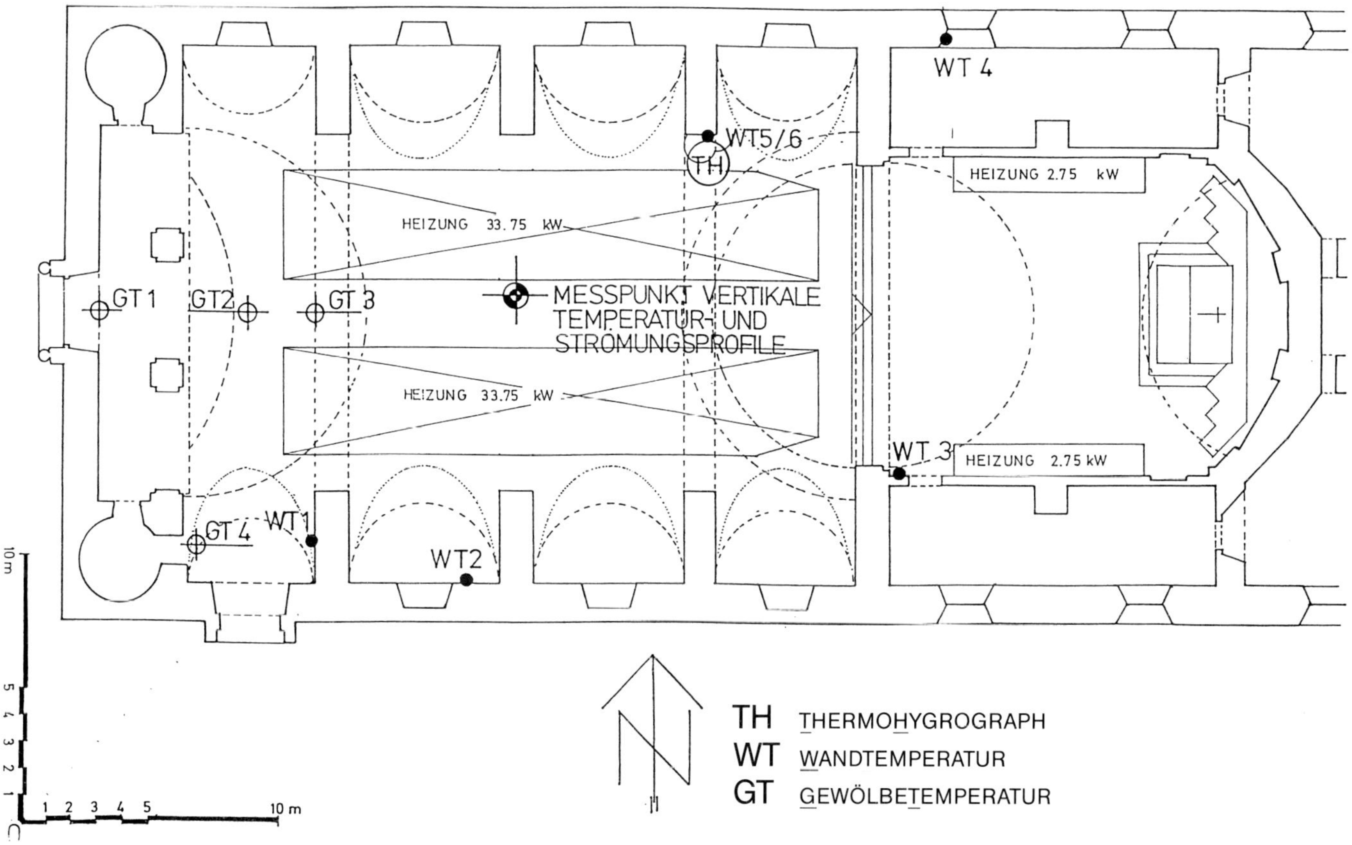

Abb. 6.12: Übersicht, Lage der Meßstellen

man von kleinsten Feuchte- und Salzschäden an einer einzigen Stelle ab, finden sich lediglich im Gewölbe einzelne Bereiche, die auf eine Schadensentwicklung hinweisen: die in dünnen und weitgespannten Ziegelgewölben üblichen Risse, deren Rißflanken durch jahrzehntelange Verschmutzung besonders deutlich hervortreten, craquelé-artige Feinrisse, die auf die Verwendung zu fetten Kalkmörtels hinweisen, aber auch Abpuderungen der Malschicht sowie vereinzelter Schimmelbefall: Beide Schäden sind bisher auf bestimmte Farben beschränkt, weiten sich jedoch erkennbar aus.

Das zuständige Land- und Universitätsbauamt sah diese Schadensentwicklung in einem möglichen Zusammenhang mit der Bankheizung und wollte diesem Verdacht durch ein raumklimatisches Gutachten nachgehen.

Untersuchungen und Untersuchungsergebnisse:

In Rücksicht auf den geringen Schaden und seine nur verdachtsweise Zuordnung wurde die Untersuchung mit geringstmöglichem Aufwand durchgeführt: Im Kirchenschiff wie auch im Dachraum wurden Thermohygrographen aufgestellt und diese monatlich nachgeeicht. Die Raumluftbedingungen unter dem Gewölbe sowie dessen Oberflächentemperaturen erfaßte ein selbstschreibender Punktdrukker. Die Oberflächentemperaturen im unteren Wandbereich des Schiffs wurden bauseits über festinstallierte Temperaturfühler mehrmals wöchentlich mit einem Handgerät abgelesen und protokolliert. Bei den monatlichen Wartungen wurden die Meßwerte der verschiedenen Geräte miteinander verglichen und gegebenenfalls neu justiert. Da sich im Verlauf der Untersuchung zeigte, daß auch Luftströmungen zu beachten sind, wurden diese an mehreren Tagen qualitativ durch den Einsatz von Rauchbildnern und quantitativ durch Strömungsmeßgeräte überprüft.

Die Messungen wurden im beheizten wie auch unbeheizten Zustand durchgeführt, doch blieb die Kirche während des gesamten Meßzeitraums wegen der Restaurierungsarbeiten ungenutzt.

Während das Schiff mit einem Nachlauf von fast zwei Tagen auf Schwankungen des Außenklimas reagierte, zeigte sich unter dem Gewölbe nur eine geringe zeitliche Verzögerung. Im Dachraum herrschten erwartungsgemäß vergleichsweise extreme Schwankungen von Lufttemperatur und relativer wie absoluter Feuchte.

Die rechnerische Überprüfung einer Kondensatbildung ergab, daß am Gewölbe bereits bei winterlichen Tauphasen der Taupunkt unterschritten wurde. Zwar lagen jeweils ausreichend lange Zeiträume des Abdiffundierens dazwischen, doch wurden diese Messungen während eines ausnehmend milden Winters durchgeführt. Es zeigte sich zudem, daß in allen folgenden und sehr langsam verlaufenden Aufwärmphasen die Taupunkttemperatur sehr dicht bei den Oberflächentemperaturen lag, so daß zumindest eine starke Gefährdung durch Tauwasserbildung gegeben ist (Abb. 6.13).

Diese Situation darf auch nicht mit dem bauphysikalischen Normfall des Wasseraufnehmens und Wasserabgebens verglichen werden, nach dem dem Bauwerk kein Schaden geschieht, wenn die Wasserabgabe in bestimmten Zeiträumen die Wasseraufnahme übersteigt: Schimmelpilze benötigen zwar für ihr erstes Festsetzen und Gedeihen kurzfristig eine kontinuierliche Feuchtigkeit, vertragen danach jedoch durchaus periodische Abtrocknungen. Gänzlich unzutreffend ist schließlich diese Normbetrachtung, wenn Quell- und Schrumpfvorgänge in hiergegen empfindlichen Schichten auftreten. Das Abpudern bestimmter Farben weist auf einen derartigen Schadensprozeß hin.

Beim probeweisen Betrieb der Bankheizung stellte sich eine verblüffend rasche Erwärmung des darüberliegenden Luftraums und damit auch eine Erhöhung der

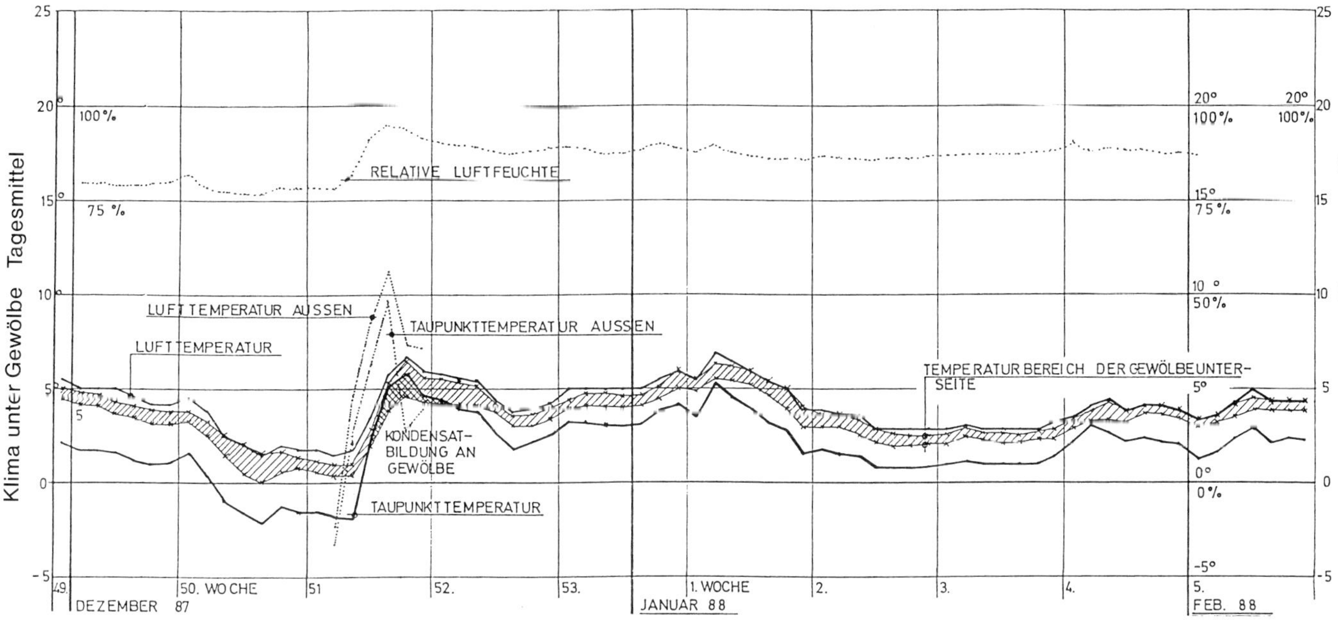

Abb. 6.13

Oberflächentemperaturen des Gewölbes ein. Zugleich stieg die absolute Raumluftfeuchte an, was eine deutliche Annäherung der Taupunkt- und Oberflächentemperatur erzwang: Der vorab beschriebene Schadensmechanismus wird durch die Bankheizung verstärkt.

Messungen der Luftströmung ergaben, daß die im unbeheizten Zustand weitgehend »ruhende« Raumluft mit zunehmender Heizdauer in starke Bewegungen gerät und diese Strömungen die Gewölbeunterseite voll erfassen.

Raumklimatische Zusammenhänge:

Die baulichen Vorgaben dieser Kirche sind positiv: Die schwere Baumasse und das sorbierende Material mit seiner formal vergrößerten Oberfläche wirken temperatur- und feuchtepuffernd, wobei die kapellenartigen Wandnischen nochmals für eine Pufferung in der außenwandnahen Zone sorgen. Das »dünne« Gewölbe, verstärkt durch seine Öffnungen, beschleunigt dagegen den schadensmindernden Klimaausgleich – und zwar in beiden Richtungen. Da die Dachhaut selbst wenig speichernde Masse besitzt, ist der Dachraum dem Wechsel des Außenklimas »ungeschützt« ausgesetzt. Dies bedeutet, daß es besonders an schwülen Tagen zu einer Umkehrung des Dampfdruckgefälles von außen nach innen kommt: Die Freskierung bildet dabei die letzte Schicht; wieweit dieser Sachverhalt schadensfördernd wirken könnte, bedürfte weiterer Untersuchungen, doch wird eine Gefährdung für sehr gering erachtet.

Die Hauptgefahr geht von der Heizung aus: Daß sie einen Motor für die nachgewiesene Thermik bildet, leuchtet ein. Scheinbar widersprüchlich zu physikalischen Grundlagen ist die Erhöhung der Luftfeuchtigkeit: Es wurde jedoch nicht die Erhöhung der relativen, sondern der absoluten Luftfeuchte festgestellt, was heißt, daß durch den Heizvorgang irgendwo Feuchtigkeit freigesetzt worden sein mußte. Eine Überprüfung bestätigte die Vermutung, daß diese Feuchtigkeit aus dem Holz der Bänke freigesetzt wird und konvektiv rasch die Gewölbeschale erreicht. Da die Meßwerte während eines ausnehmend milden Winterverlaufs genommen wurden und zudem keine Nutzung stattfand, läßt sich ermessen, welche Auswirkung der beschriebene Effekt haben muß, wenn die Temperatur der freskierten Gewölbeuntersicht niedriger liegt und zudem noch die Feuchtigkeit der Kirchenbesucher einschließlich ihrer auf der warmen Bank abtrocknenden Kleidung hinzukommt.

Sanierung:

Der einzig mögliche Vorschlag kann kaum als Sanierung bezeichnet werden: Stillegung der Kirchenbankheizung.

Soll dennoch geheizt werden, verlangte dies den Einbau eines neuen Heizungssystems, dessen Grundlast durch eine Fußbodenheizung erbracht werden könnte, dessen instationäre Beheizung allerdings durch eine Luftheizung erfolgen muß.

Eine Verbesserung der raumklimatischen Gegebenheiten - gleich, ob die Kirche unbeheizt bleiben oder eine neue Heizung erhalten wird - brächte auf jeden Fall eine »leichte« thermische Abgrenzung der Dachhaut nach außen. Steht irgendwann eine neue Dachdeckung an, soll diese mit dünner Dämmung und starker dachraumseitiger Holzschalung ausgeführt werden.

6.4 Saal in einer Residenz

Objektbeschreibung:

Dieser Saal einer großen deutschen Residenz gilt als das bedeutendste und größte Beispiel profaner Renaissancebaukunst nördlich der Alpen; er wurde 1570 erbaut und noch im gleichen Jahrhundert in der auf uns überkommenen Gestalt umgebaut. Die Form dieses Saals ist mit 67 m Länge bei 11,7 m Breite und 8,2 m Stichhöhe des durchlaufenden Tonnengewölbes ungewöhnlich gestreckt (Abb. 6.14). Die Umfassungswände aus Ziegeln haben an den Pfeilern eine Dicke von 2,3 m; Tonnengewölbe und Stichkappen sind ebenfalls massiv gemauert. 1956 wurde oberhalb des Gewölbes eine Stahlbetondecke als Hängedecke eingezogen, auf der der Fußboden des darüberliegenden Geschosses aufliegt.

Die Fensterstichkappen sind mit Lorbeerstäben aus Terrakotta umrahmt, Gewölbe und Fensterleibungen von Künstlern unterschiedlicher Epochen flächendeckend bemalt (Abb. 6.15); die Hallenlängswände werden durch Wandpfeiler in jeweils 17 Nischen aufgeteilt, die, begleitet von Terracottakapitellen, jeweils sechs Büsten aufnehmen.

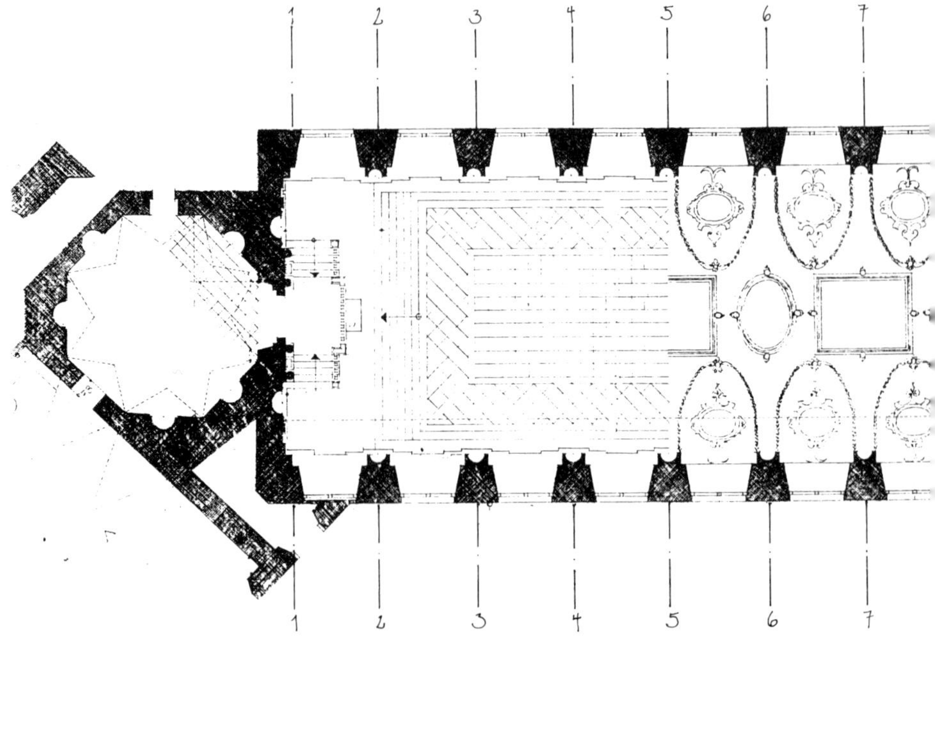

Abb. 6.14:
Brunnenhof der Residenz in München

Abb. 6.15:
Blick auf die bemalten Stichkappen

Abb. 6.16 und 6.17:
Abmehlungen, Risse und Abplatzungen sowie Ausblühungen zerstören die Bemalung

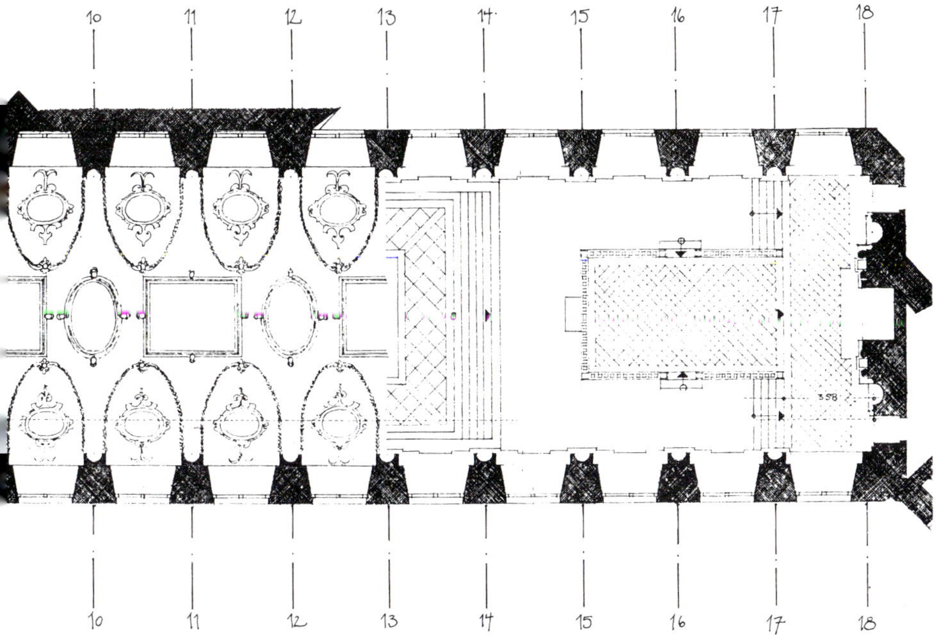

An beiden Stirnseiten finden sich Kamin- und Portalaufbauten in rotem Stuckmarmor, die wieder von lebensgroßen antiken Figuren und weiteren Büsten eingerahmt sind. Zwei stockwerksartig gestaltete Nußbaumkredenzen, vermutlich von 1590, flankieren den Saaleingang.

Schadens- und Problembeschreibung:

Die Putzoberflächen zeigen in allen Bereichen erhebliche Schäden an der Bemalung, wenn auch unterschiedlich stark (Abb. 6.16 und 6.17). Auch andere Gestaltungselemente zeigen vergleichbare Schäden (Abb.

Abb. 6.18:
Starke Salzausblühungen an Architekturdetails

Abb. 6.19:
Zerstörter Lorbeerstab

6.18). Die Terracottablättchen der Lorbeerstäbe sind teilzerstört und gelockert (Abb. 6.19).

Die stärksten Schäden treten an den beiden Stirnseiten auf.

Dieser außergewöhnliche Saal dient heute repräsentativen Zwecken und faßt hierzu bei Bestuhlung bis zu 450 Personen, bei Stehempfängen bis zu 600. Waren derartige Nutzungen früher weitgehend der Staatsregierung vorbehalten, wurde der Saal in den letzten Jahren zunehmend auch Außenstehenden für private oder betriebliche Feiern und Empfänge überlassen.

Untersuchungen und Untersuchungsergebnisse:

Die verwaltende Behörde vermutet einen direkten Zusammenhang zwischen Nutzung und Schaden, findet aber bei den politisch Zuständigen hierzu kein Gehör; sie gibt deshalb ein Gutachten in Auftrag, das diese Frage klären soll.

Die Auswirkungen einer Nutzung auf die Raumschale sind zweifach: Zum einen wird es immer mechanische Beschädigungen durch Berühren, Entlangstreifen, Anlehnen und so weiter bis hin zu mutwilligen Beschädigungen im Greifbereich geben, zum anderen verändert jede Nutzung das Raumklima und wirkt damit auf die gesamte Raumschale ein. Der kausale Zusammenhang ist bei diesem Schadensfall mehr als deutlich, muß allerdings belegt werden, wozu wieder eine entsprechende langfristige und auch die Nutzung erfassende Messung notwendig wird.

Abb. 6.20: Nach dem Bombenangriff 1944

Unüblich ist allerdings das massierte Auftreten von Salzen in der *gesamten* Raumschale, vornehmlich auch im Gewölbe und in jenen Wandteilen, die auch bei außergewöhnlichen Umständen nicht durch aufsteigende Feuchte oder Regen belastet sein können. Hier gibt die Anamnese eine Antwort:

> *Das gründliche Quellenstudium ist jenes Fundament, auf dem alle bautechnischen wie auch bauphysikalischen Untersuchungen, also auch raumklimatische Messungen, ruhen sollten.*

Bei einem Bombenangriff im April 1944 wurden weite Teile der Residenz vernichtet (Abb. 6.20); unter anderem brannten die über diesem Saal liegenden Kurfürstenzimmer restlos ab. Am darauffolgenden Tag stürzten fünf Joche des Saales ein. Im Rahmen der anschließenden Sicherungsarbeiten wurden die Zwikkelfelder der Gewölbe mit Schutt aufgefüllt und außerdem als erster Schutz gegen Feuchtigkeit etwa 20 cm an Bauschutt über die Gewölbe geschüttet. Bis September war der Restbestand ohne weiteren Schutz den erheblichen Regengüssen dieses Jahres direkt ausgesetzt. Nach Errichtung eines Notdachs wurden die Schuttmassen beseitigt und zur Austrocknung offene Koksöfen aufgestellt.

Herkunft und grundsätzliche Art der Salze sind damit erklärt; festzustellen sind Menge und Verteilung der Salze, der Verlauf des Raumklimas während und außerhalb der Nutzung sowie die Wechselwirkungen zwischen Luftfeuchte und Salz.

Die Raumklimamessung entsprach grundsätzlich wieder dem in Abschnitt 7.8 Beschriebenen.

Die Proben zur Salzuntersuchung wurden in Absprache mit dem Restaurator durch Kernbohrungen und Spiralbohrungen geringeren Durchmessers als üblich gewonnen, durch Oberflächenproben ergänzt und im Labor untersucht.

Es fanden sich fast ausschließlich Sulfate (Calcium- und Magnesiumsulfate), was die Erklärung der Salzentstehung durch Kriegseinwirkungen bestätigte: Der dem Regen ausgesetzte Bauschutt enthielt auch Gips. Unterstrichen wurde diese Aussage noch durch die Salzverteilung: Im Regelfall fanden sich die größten Salzmengen in den Stichkappen und im Gewölbe sowie in den beiden Stirnwänden; außerdem wurde die Befürchtung bestätigt, daß die Salzverseuchung entsprechend ihrer Entstehung tiefreichend ist und sich nicht eng auf die behandelbaren Putzoberflächen beschränkt (Abb. 6.21).

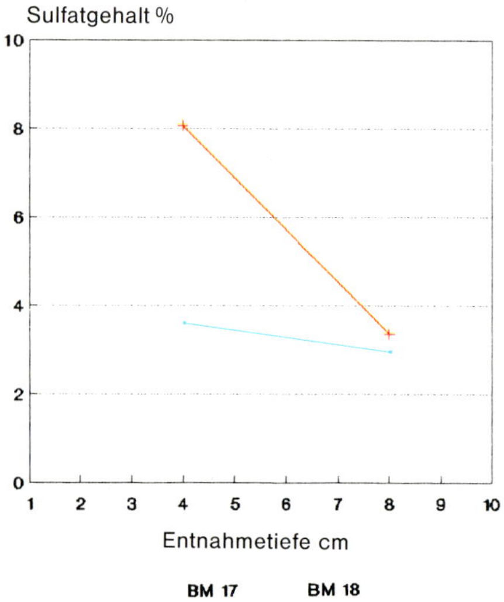

Abb. 6.21

Zum Verständnis der Zusammenhänge zwischen Salzen, Raumklima und Schaden muß in diesem Fallbeispiel etwas weiter ausgeholt werden: Drei salzbedingte Schadensursachen unter Mitwirkung des umgebenden Klimas sind zu überprüfen: Kristallisationsdrücke, Hydratationsdrücke und hygroskopische Wasseraufnahme.

Kristallisationsdruck:

Wird eine wäßrige Lösung durch *Verdunstung* konzentriert, scheiden sich ab einer bestimmten Konzentration Salzkristalle ab, deren Wachstum auch nicht durch äußeren Druck aufgehalten wird; es kommt im Baustoff zur Zerstörung der Porenwandung.

Hydratationsdruck:

Einige Salze mit eingelagerten Wassermolekülen können diese Molekühlzahl in Abhängigkeit von *Temperatur und Feuchte* der umgebenden Luft ändern. Auch sie variieren damit in ihrem Volumen und üben einen Sprengdruck auf die Porenwandungen aus.

Hygroskopische Wasseraufnahme:

Salze, die in Wasser leicht löslich sind, wozu die Mehrzahl der bauschädlichen Salze zu rechnen ist, zeigen einen durch die große Salzkonzentration der Lösung bedingten geringen Wasserdampfteildruck über der gesättigten Lösung. Ist dieser Teildruck bei *Raumtemperatur* geringer als der tatsächlich vorhandene Teildruck des *Wasserdampfs der Raumluft,* so nimmt dieses Salz Wasser aus der Luft auf.

Zur Bestimmung der Salzminerale, deren Kenntnis bei Feuchte-Salz-Schäden und deren Behebung an dieser Stelle meist unnötig ist, aber sonst zur Voraussetzung wird, um den hier wichtigen Zusammenhang zwischen Salzen, Raumklima und Schaden zu durchschauen, wurde die Röntgendiffraktometrie eingesetzt: Hierzu wird eine pulverige Probe einer kristallinen Substanz mit einer Röntgenstrahlung bekannter Wellenlänge bestrahlt. An den Netzebenen (= bevorzugte Kristallrichtung) der in der Probe enthaltenen Kristalle wird die Röntgenstrahlung in charakteristischer Art gebeugt, wobei die Intensität der gebeugten Strahlen durch einen Detektor erfaßt und an einen Schreiber ausgegeben wird. Gleichzeitig wird die Pulverprobe gleichmäßig im Röntgenstrahl gedreht, um alle Netzebenen der vorhandenen Minerale aufzunehmen. Im Diagramm des Schreibers erscheinen die einzelnen Netzebenen in Form eines Peaks (= spitzes Maximum). Aus der Anordnung dieser Peaks, ihrer Intensität, dem Drehwinkel sowie der Wellenlänge lassen sich die Netzebenenabstände

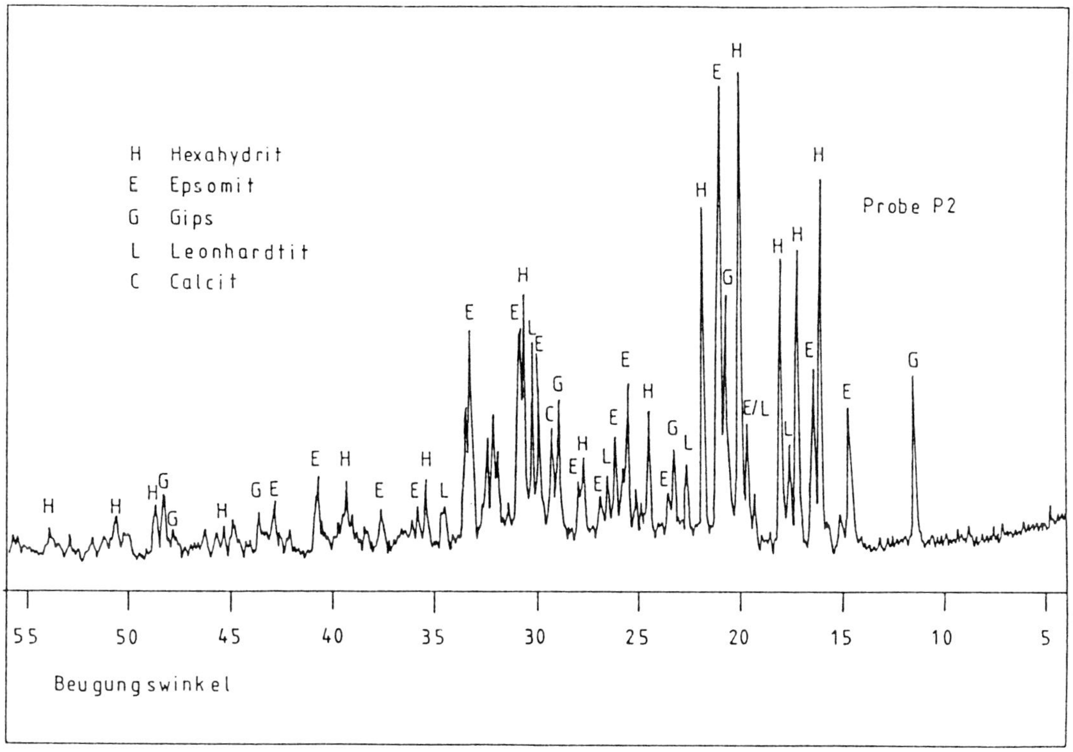

Abb. 6.22: Diagramm einer Röntgendiffraktometrie

berechnen. Jedes Mineral ist aber durch ein Muster bestimmter Netzebenenabstände charakterisiert. Abbildung 6.22 zeigt ein derartiges Diagramm einschließlich Auswertung. Zur Vereinfachung wird nur ein einziges der in diesem Raum festgestellten Salze herausgegriffen:

MgSO $*6H_2O$ (Hexahydrit) verwandelt sich bei den vorhandenen Raumtemperaturen in MgSO $*7H_2O$ (Epsomit) bei einer Luftfeuchte über 50 % r. F.; die Dehydratation als Umwandlung dieses Vorgangs erfolgt bei Raumluftfeuchten unterhalb 40 % r. F.

Betrachtet man die hygroskopische Wasseraufnahme auch nur wieder einer Probe (Abb. 6.23), so zeigt sich eine doch recht beachtliche Wasseranlagerung bei einem Raumklima von 23 °C und 50 % r. F.

Die Verdunstung schließlich ist unter anderem vor allem wieder von der Differenz der Dampfteildrücke

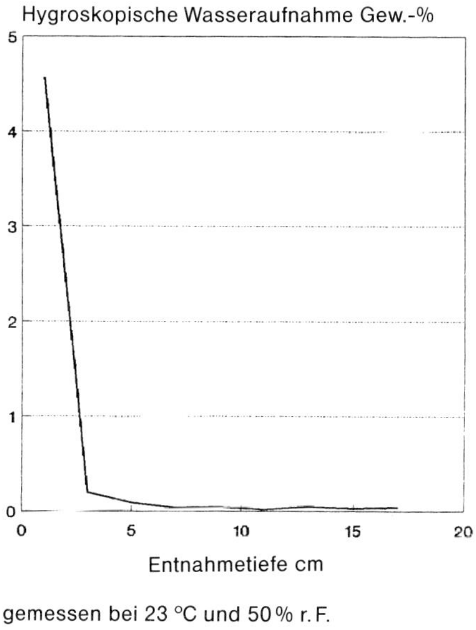

Abb. 6.23: Starke Wasseranlagerung in den oberflächennahen Wandschichten

Abb. 6.24:
Trotz stark wechselnder Außentemperaturen (MP 20) bleibt die Raumlufttemperatur ausgeglichen (MP 15 und MP 24)

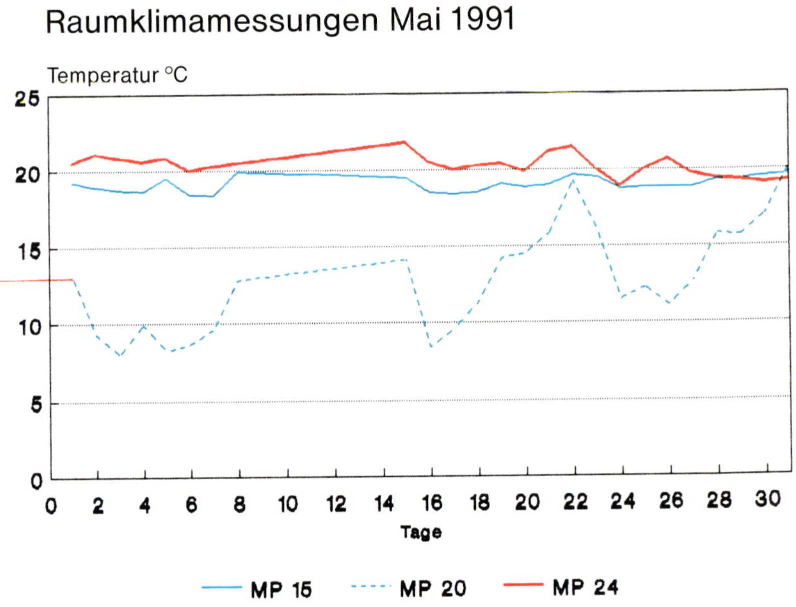

im oberflächennahen Wandbereich abhängig, damit also – vereinfacht ausgedrückt – von der Luftströmung und vor allem vom Wechsel des Raumklimas.

Wie stellt sich dieses dar? Selbst stark wechselnde Außentemperaturen werden im Inneren dank der hohen Masse bei geringem Luftvolumen sehr gut ausgeglichen (Abb. 6.24). Gleiches gilt für die Luftfeuchte; Spitzen in ihrem Verlauf – 22. Mai und 26. Mai – sind allein durch Veranstaltungen bedingt (Abb. 6.25). Tagesmittelwerte verbergen jedoch Spitzen und Täler im Meßwertverlauf und werden erst bei Betrachtung einzelner Tage transparent.

Die Oberflächentemperaturen, auf die hier nicht näher eingegangen wird, liegen erwartungsgemäß in einem Bereich, der Kondensation als Schadensursache ausschließen läßt.

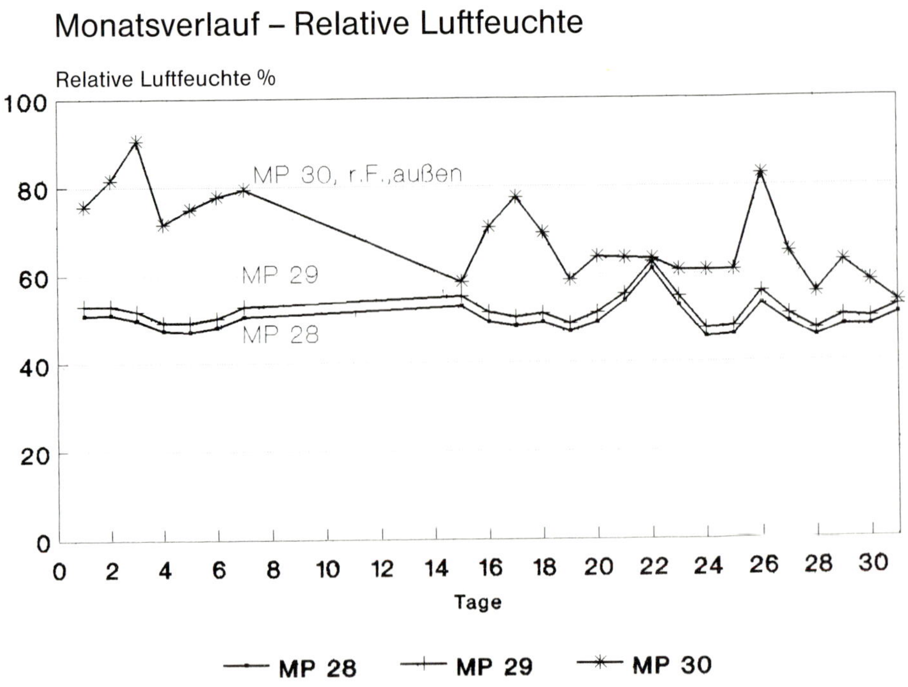

Abb. 6.25

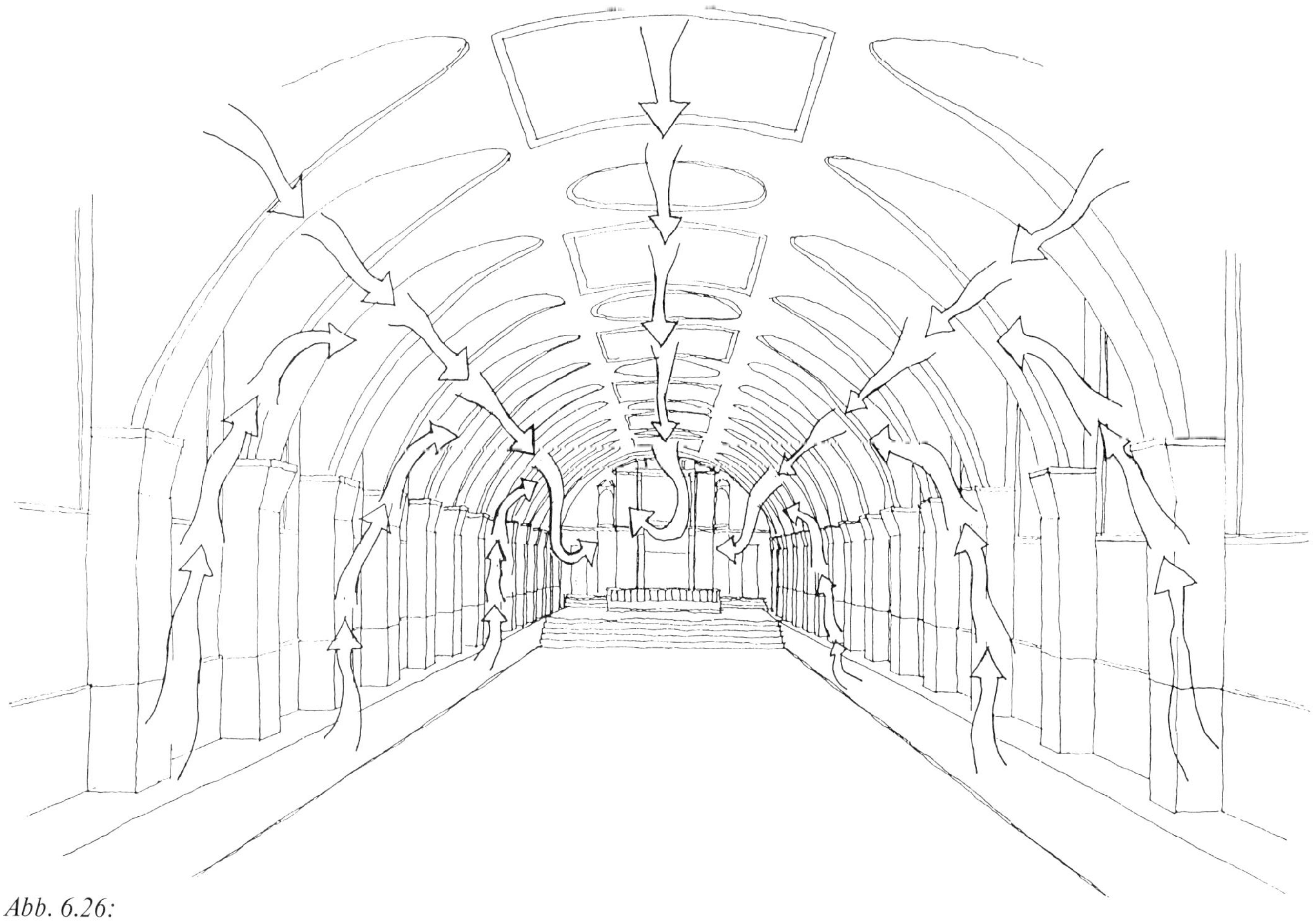

Abb. 6.26:
Schemadarstellung der Raumströmungsverhältnisse

Raumklimatische Zusammenhänge:

Dieses Fallbeispiel zeigt lehrbuchhaft das Zusammenwirken von Salzen und Raumklima. Die Salze allein würden hier kaum Schäden verursachen, da das Raumklima ohne weitere Einflüsse sehr stabil ist. Auch der nutzungsbedingte Wechsel des Raumklimas würde ohne Salze nicht zu Schäden führen, da er sich dank der hohen Klimastabilität in vergleichsweise engem Rahmen hält und der Raum durch eine Grundtemperierung nur in einzelnen Bereichen und gering durch Zugerscheinungen kondensatgefährdet ist.

Die Schäden *müssen* auftreten, weil durch die Nutzung so viel an zusätzlicher Feuchte durch Personen und öfters auch warme Speisen eingebracht wird, daß es trotz der außergewöhnlich hohen feuchtepuffernden Wirkung der Raumschale zum ständigen Phasenwechsel der dort vorhandenen Salze kommt und zudem durch das hygroskopische Verhalten der Salze jeweils Wasser eingelagert werden kann.

Verstärkt wird dieser Effekt noch dadurch, daß es, bedingt durch die eigenartige Raumform, die höheren Temperaturen und häufiges Öffnen der Türen bei Veranstaltungen zu einer verstärkten Raumluftströmung kommt (Abb. 6.26).

Sanierung:

Veranstaltungen müssen aufgrund der damit verbundenen Raumklimaänderungen als stark schadensbegünstigend beurteilt werden, dies vor allem bei längerer Dauer, Verab-

Luftfeuchteerhöhung bei Veranstaltungen (Rechenwerte)

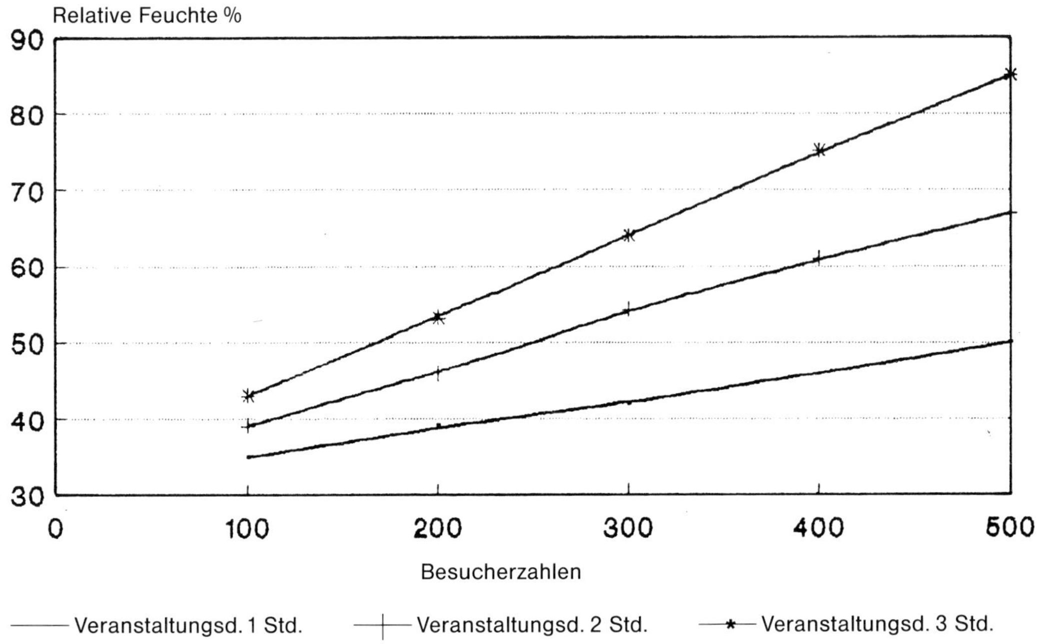

Abb. 6.27

Ausgangswerte: 18 °C, 42 % r. F.

reichung warmer Speisen – und vor allem bei hoher Personenzahl, da der negative Effekt selbstverständlich mit steigender Personenzahl anwächst (Abb. 6.27). Veranstaltungen mit mehr als hundert Personen müssen deshalb möglichst vermieden werden.

Durch eine Erweiterung der haustechnischen Anlage und/oder Veränderung der Heizungsregelwerte muß das Raumklima enger gesteuert werden: Die Luftfeuchtewerte sind zur Vermeidung des Phasenwechsels der Salze und zur Verringerung hygroskopischer Vorgänge ständig zwischen 55 und 60 % r. F. zu halten, wobei eine Temperatur von 20 °C nicht überschritten werden sollte, da sonst der Anstieg der absoluten Feuchte doch zu Kondensationsschäden führen kann.

Durch restauratorische Entsalzungsmaßnahmen – Anlegen von Kompressen an den Oberflächen und Ausschwemmen der Salze bei abnehmbaren Teilen – kann die negative Auswirkung der Salze verringert werden. Zumindest die erstgenannte Maßnahme verlangt unbedingt die Anlage einer Musterfläche.

6.5 Theater

Objektbeschreibung:

Das Theater wurde als Teil einer Schloßanlage zu Beginn des 18. Jahrhunderts erbaut und entspricht in Größe und Aufteilung der bekannten höfischen Theaterform mit mehreren Rängen und Guckkastenbühne.

Die Ausstattung ist vergleichsweise bescheiden und besteht weitgehend aus bemalten Holzteilen. Während einer grundlegenden Restaurierungsmaßnahme ab Mitte der fünfziger Jahre wurde diese Holzausstattung in weiten Bereichen mit Leinwand überklebt, grundiert und in Kaseintechnik gefaßt.

1990 wurde die alte, und nach allgemeiner Auffassung die Schäden bewirkende Heizungsanlage umgebaut; der Heizungsbetriebszeitraum umfaßt die Monate Oktober bis April. Das Theater bleibt außerhalb der Veranstaltungen im Regelfall geschlossen.

Schadens- und Problembeschreibung:

An der barocken hölzernen Ausstattung des Zuschauerraums waren wieder starke Schäden am Holz aufgetreten. Die veränderte Heizungs- und Lüftungsanlage sollte diese Schäden verringern; der weitere Schadensverlauf machte diese Hoffnung zunichte.

Abb. 6.28:
Außergewöhnlich starke Risse im Holz durch Raumklimaschwankungen

Abb. 6.29:
Außergewöhnlich starke Risse im Holz durch Raumklimaschwankungen

Im Prinzip gleichen sich die Schadensbilder (Abb. 6.28 und 6.29): Das Holz zeigt außergewöhnlich starke, meist faserparallel verlaufende Risse, deren Breite von maximal 15 mm in der Brüstung des ersten Rangs zu denen der oberen Ränge bis zu etwa 5 mm abnimmt. Die Risse verlaufen manchmal zwar in Stoßfugen zweier Holzteile, doch blieb diese Verleimung meist stehen: Faserverbindungen über den Riß hinweg belegen, daß das Holz selbst reißt (Abb. 6.30). Die Fassungen zeigen Abplatzungen auch außerhalb des Rissebereichs; sie nehmen zu im Strahlungsumfeld der Beleuchtung.

Einige der Risse verweisen auf Belastungseinflüsse: So liegen in den Brüstungsfeldern starke Risse in deren Drittelspunkten. Auch bei den Ranguntersichten zeichnen einige Risse die Konstruktion nach.

Die genauere Betrachtung dieser Schäden zeigt, daß viele der Risse bereits älter sind: Die Farbfassungen laufen in die Risse, und es werden durch die Bewegungen im Holz alte Verkittungen geöffnet.

Die der Heizung anläßlich eines früheren Rahmengutachtens vorgegebenen Daten müßten das Neuauftreten der beschriebenen Schäden verhindern oder wesentlich verringern. Da weder zur früheren Restaurierung noch vor dem Umbau der Heizungsanlage eine Schadensdokumentation angefertigt wurde, können weder Auftraggeber noch beauftragter Gutachter feststellen, bis zu welchem Grad sich die Hoffnung auf besseren Schutz der hölzernen Ausstattung durch den Umbau der Heizung erfüllt hat. So bleibt als einzige Alternative die meßtechnisch aufwendige Kontrolle der Raumluftzustände und deren Auswirkung auf das Holz.

Abb. 6.30: Die Risse beschränken sich nicht auf Konstruktionsfugen

Untersuchungen und Untersuchungsergebnisse:

Zur Feststellung der Raumklimabedingungen sowie zur Ermittlung der Holzfeuchtebedingungen und der Wechselbeziehung zwischen Raumklima und Holzfeuchte wurde eine zentral aufzeichnende Raumklimameßanlage installiert (s. Abschnitt 7.8) und mit einer Holzfeuchtemeßanlage verbunden. Die erfaßten Meßdaten wurden mittels Rechnerprogramm in Form von Monatsläufen oder Tagesläufen verdichtet und graphisch dargestellt.

Zur Ergänzung und Kontrolle der Holzfeuchtemessungen wurden auch Dehnungsmessungen am Holz durchgeführt.

Der Verlauf der Raumtemperaturen schwankt in der Heizperiode im Mittel zwischen 20 °C und 25 °C, sonst zwischen 14 °C und 20 °C; diese Schwankungen sind hoch, für die Mittelung etwa eines halben Jahres jedoch noch hinnehmbar. Sieht man sich den Temperaturverlauf während eines Veranstaltungstages an (Abb. 6.31), so zeigt sich eine Temperaturdifferenz von immerhin 6 K innerhalb zehn Stunden mit zwei steilen Gradienten in der ersten Zeit der Aufheizphase und ab Öffnung des Zuschauerraums.

Betrachtet man die Raumluftfeuchte in ihren Monatsmitteln, so fällt zum einen auf, daß sich während der Heizperiode sowohl der Streubereich zwischen Maximal- und Minimalwerten verringert als auch das allgemeine Luftfeuchteniveau gehoben hat, seitdem die Heizungsanlage umgebaut wurde. Der rasche Verfall dieser Vorzüge in den darauffolgenden Monaten weist auf einen Betriebs-, Schalt- oder Regelfehler hin.

Der Tagesverlauf der Luftfeuchte zeigt eine deutliche Analogie zum Temperaturverlauf: Zu Beginn der Aufheizzeit sinkt die Luftfeuchte stark ab und steigt ebenso steil zu Vorstellungsbeginn an (Abb. 6.32).

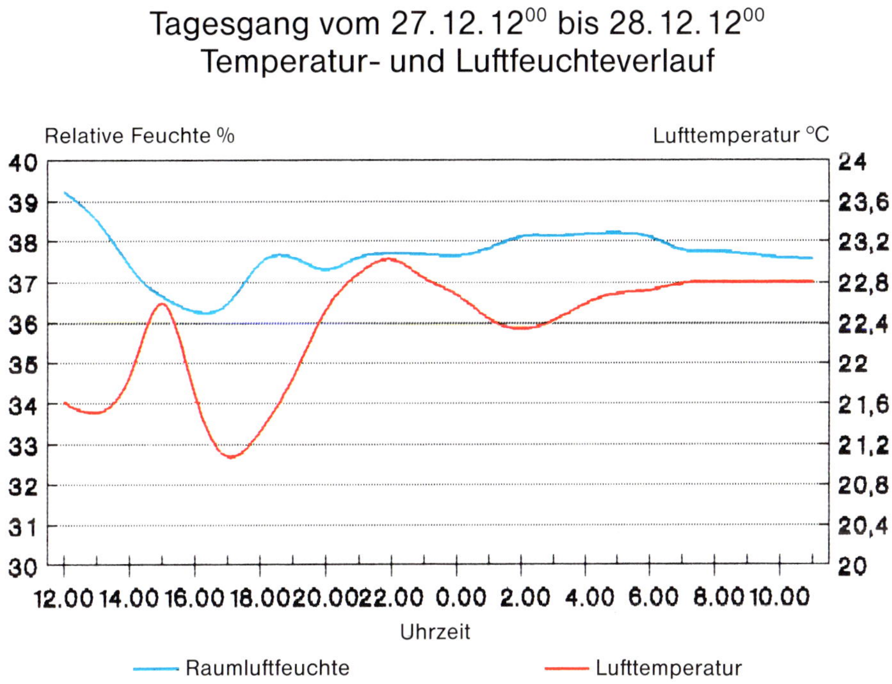

Abb. 6.31

Sowohl die absoluten Werte als auch ihr Gradient zerstören die Hoffnung auf ein schadensfreies Beheizen.

Die Holzfeuchtemessung, deren Ergebnisse meßtechnisch bedingt nur eine Trendanalyse zulassen sollten, zeigt zwar eine entscheidende Verbesserung nach Einbau der Luftbefeuchtungsanlage – zumindest solange diese funktionierte –, weist aber mit Sicherheit nur Nachlaufzeiten zur Raumluftfeuchte auf. Da diese selbst im Tagesverlauf so stark schwankte, glätten sich die Werte der Holzfeuchtemessung. Im Ge-

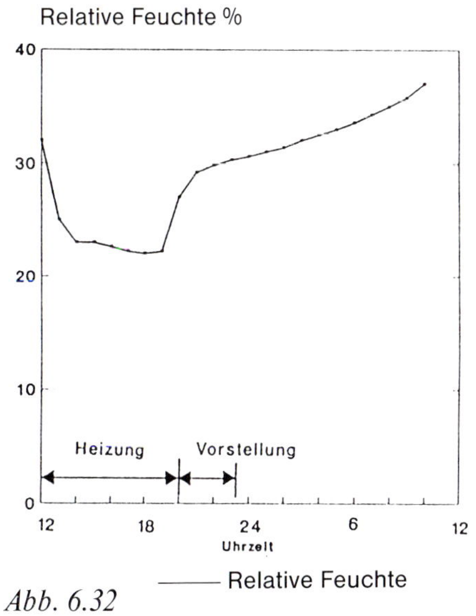

Abb. 6.32

gensatz hierzu zeigte die kurzfristige Messung der Holzbewegung ein Dehnen und Schwinden bis zu etwa 3 mm. Werden diese Bewegungen mit den in gleicher Zeit erfolgten Holzfeuchteveränderungen verglichen, ergibt sich erwartungsgemäß eine gute tendenzielle Deckung.

Raumklimatische Zusammenhänge:

Beim betrachteten Objekt liegen offensichtlich die Überlegungen des Stadtkämmerers immer noch im Widerspruch zu substanzerhaltenden Zwängen! Die projektierte, eingebaute und zwischenzeitlich auch wieder instandgesetzte Befeuchtungsanlage bringt eine meßbare Verbesserung der Raumluftzustände im Vergleich zu früher, doch passen Heizweise, Heizleistung, Befeuchtungsleistung und vor allem Regelung noch nicht zusammen.

Auszugehen ist von einer möglichst gleichbleibenden Raumluftfeuchte, wie dies das zweite Beispiel eines Theaters zeigt. Als Kompromiß zwischen Geldbeutel und Substanzschonung kann dieser Wert bei 50 % oder sogar geringfügig darunter liegen, doch muß er gehalten werden. Die Abbildung des Verlaufs der relativen Luftfeuchte zeigt durch ihren Anstieg noch lange nach Ende der Veranstaltung, daß die Lufttemperatur im Zuschauerraum viel zu rasch absinkt (vgl. auch die Abbildung des Tagestemperaturverlaufs), was im übrigen auch auf die vergleichsweise »papierene« Dekoration ohne größere feuchtespeichernde Massen hinweist. Außerdem kann nach den aufgezeichneten Werten die Luftbefeuchtung regelungstechnisch nicht in gewünschter und technisch selbstverständlich möglicher Weise an die Raumtemperatur gekoppelt sein. Die Monatsverläufe der Temperatur zeigen außerdem, daß instationär geheizt wird, was zwar aus Kostengründen zu vertreten ist, dann aber ein besonders gespreiztes Aufheizen und Abkühlen verlangte, was keineswegs geschieht. Diesem Temperatur-Auf-und-Ab entspricht auch der Monatsverlauf der Feuchte (Abb. 6.33), ein weiteres Indiz dafür, daß die Regelungsanlage in diesem Zustand unbrauchbar ist oder eine falsche Regelcharakteristik gewählt wurde.

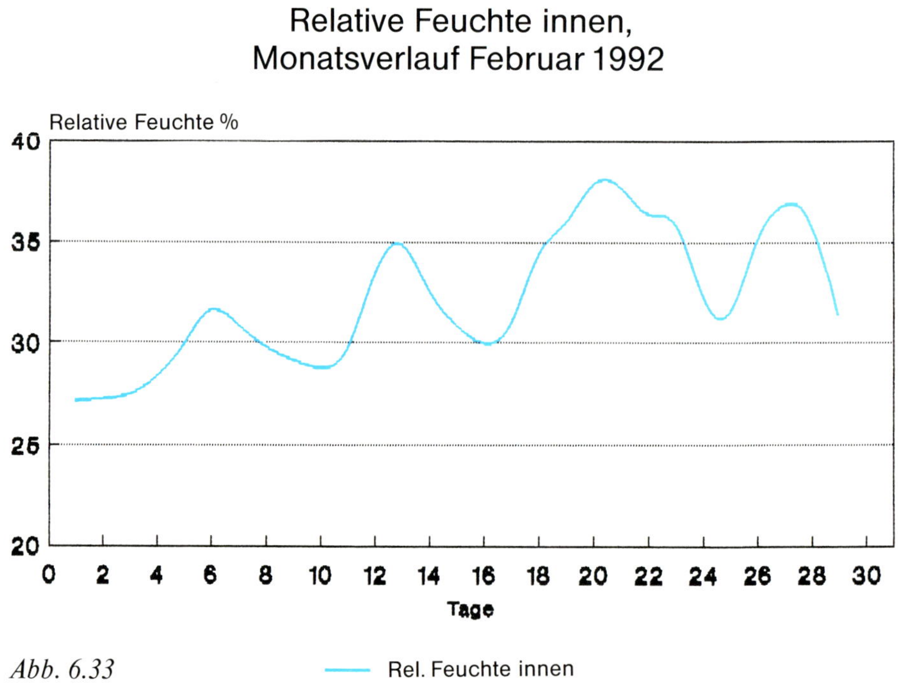

Abb. 6.33

Sanierung:

Zur Hauptsache besteht die Sanierung darin, die gesamte haustechnische Anlage jenem Stand anzupassen, der schon seit mehreren Jahren möglich und in solchen Fällen üblich ist. Gleichzeitig muß die Stadt als Eigentümer und Betreiber dieses Theaters höhere Energiekosten aufwenden, da sich bei dem zur Zeit gefahrenen instationären Heizbetrieb regelungstechnische Grenzen ergeben.

Schließlich müssen die negativen Auswirkungen der falschen Sanierungs-Reihenfolge, die freilich häufig bei Baudenkmälern zu finden ist, wenigstens zum Teil wieder ausgeglichen werden. Richtig ist es stets, zuerst jene Maßnahmen durchzuführen, die ein neues, vielleicht sogar verbessertes Raumklima bedingen; haben sich nach angemessener Zeit Raumschale und Ausstattung darauf eingestellt, kann mit der Restaurierung begonnen werden – *und nicht früher*. Für dieses Theater heißt dies, daß die Heizungs- und Befeuchtungsanlage den tadelfreien Nachweis ihres Funktionierens über wenigstens eine Spielzeit geliefert haben muß, bevor die schweren Schäden an der Raumschale behoben werden.

Die Beleuchtung ist auf ihre Wärmeabgabe hin zu überprüfen und gegebenenfalls gegen andere Leuchten auszuwechseln oder mit anderen Lampen zu bestücken.

Eine Verbesserung der statischen Verhältnisse bei den Brüstungspaneelen ist selbstverständlich möglich; aus Gründen der Denkmalpflege sollte hierauf jedoch verzichtet werden.

6.6 Wallfahrtskirche

Objektbeschreibung:

Diese im oberbayerischen Voralpenland auf etwa 1100 m Höhe liegende Kirche gilt als »Rokokojuwel«. Sie ist tatsächlich eines der schönsten Beispiele des im Baulichen wie auch in der Ausstattung gewaltigen Gestaltungswillens dieser Zeit, der seine Erfüllung nicht in materieller Größe und Gewalt, sondern in prunkender Verherrlichung der göttlichen Majestät sucht (Abb. 6.34), indem die irdische Schwere,

Abb. 6.34: Wieskirche

die auch unseren Baulichkeiten anhaftet, sich auflöst, IHM zur Ehre. Dieses Prinzip zeigen auch Grundriß (Abb. 6.35) und Aufriß: Die Wände lösen sich, werden zu vielfach durchbrochener Mehrschaligkeit; das Gewölbe setzt sich teilweise fort in die Wände, und diese greifen mit Balkonen, Gesimsen, Pfeilern und Balustern in den Gewölbehimmel.

Konstruktiv ist diese Kirche ein Mauerwerksbau aus Ziegel und Kalktuff. Das gesamte Bauwerk ist knapp 60 m lang und etwa 30 m breit. Sämtliche Konstruktionselemente über den Säulenkapitellen sind wie die Gewölbe von Schiff und Chor in einer Leichtbaukonstruktion aus Holz und Mörtel ausgeführt. Das Muldengewölbe ist gegen den Dachraum nicht gedämmt; die Dachhaut erhielt bei einer früheren Sanierung eine Holzunterschalung.

Schadens- und Problembeschreibung:

Anläßlich kleinerer Schäden durch Tiefflieger wurden Gewölbe und Deckengemälde untersucht, wobei man neben einigen wenigen Lockerungen auch Risse, Verschmutzungen und Freskenstellen mit organischem Befall fand. Im Vergleich zu vielen anderen Kirchen waren die Schäden gering, doch wurden in Anbetracht der Bedeutung dieses Innenraums und der Tatsache, daß eine nur wenig veränderte Originalfassung vorlag, die Untersuchungen fortgesetzt. Dank politischem Profilierungswillen entstand ein ungewöhnlich umfangreiches Untersuchungs- und Restaurierungskonzept, das, wenn auch finanziell an

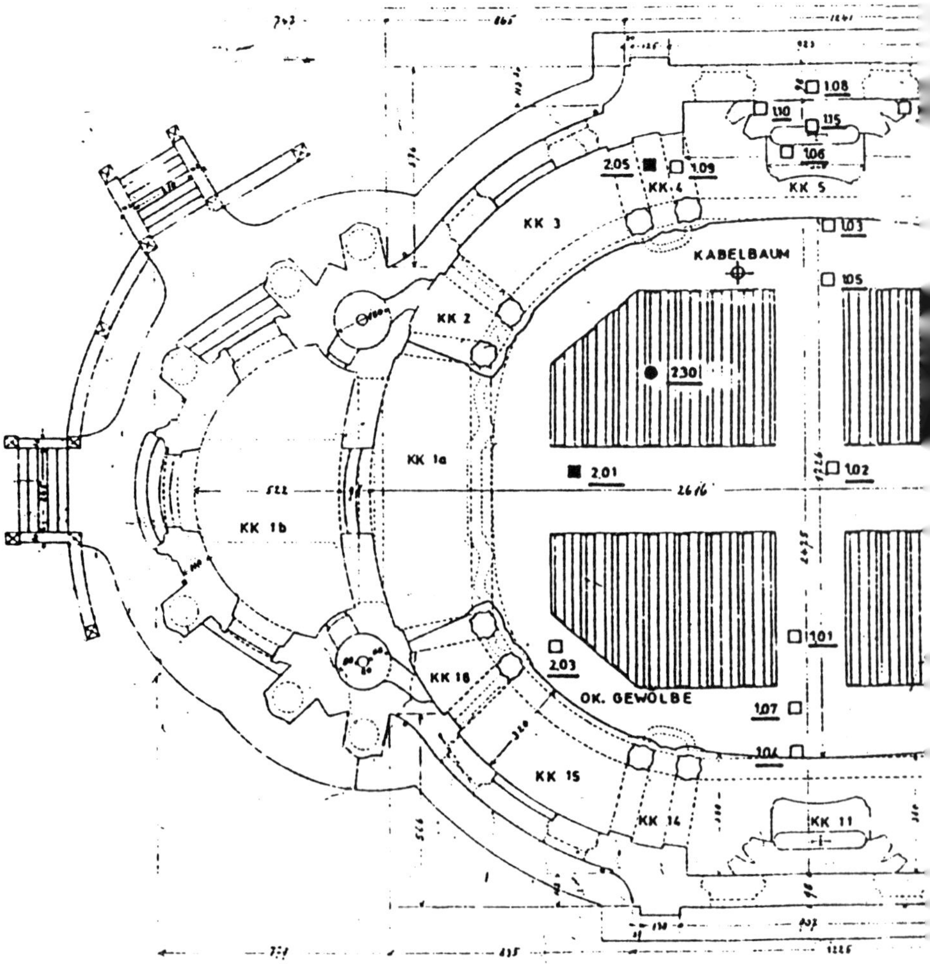

Abb. 6.35:
Lageplan der Meßstellen (Grundriß ohne Maßstab)

einem anderen Baudenkmal kaum nachvollziehbar, doch als beispielhaft bezeichnet werden kann.
Da ein organischer Befall grundsätzlich auch raumklimatisch bedingt ist, wurde der Auftrag zu einem Gutachten über die raumklimatische Belastung der Raumschale erteilt, dem auch deshalb eine besondere Bedeutung zukommt, weil diese Kirche zu ihren Gottesdiensten und Konzerten jährlich etwa eineinhalb Millionen Besucher »verkraften« muß.

Untersuchungen und Untersuchungsergebnisse:

Die Installation der Meßanlage (siehe Abschnitt 7.8) zeigte sich schwierig, da etwa fünfzig Meßstellen mit den beiden selbstschreibenden Geräten im Dachraum über mehr als drei Kilometer Kabel verbunden werden mußten und die Installation der Fühler durch die Restauratoren behindert wurde.

Erfaßt wurden außen, im Dachraum und Kirchenraum jeweils Luftfeuchte und Lufttemperatur, diese im inneren an mehreren Stellen und auch als gestaffeltes Höhenprofil sowohl im Schiff als auch vor dem Altar. Die Raumschale erhielt, vornehmlich an bereits befallenen Partien, Oberflächentemperaturfühler, die nochmals durch oberflächennahe Lufttemperaturfühler ergänzt wurden. Strömungsmessungen wurden während der Wartungsbesuche zwar vorgenommen, doch diente ihr Ergebnis – zumindest im Kirchenschiff – wegen der starken Beeinträchtigung durch die Gerüstlagen mehr der gutachterlichen Neugier.

Anders ist das Ergebnis an den in Abbildung 5.33 gezeigten Lüftungsöffnungen über dem Gurtgesims. Hier wurden trotz der starken Strömungsbehinderung Luftgeschwindigkeiten bis zu 1,2 m/sec gemessen – und zwar in beiden Richtungen.

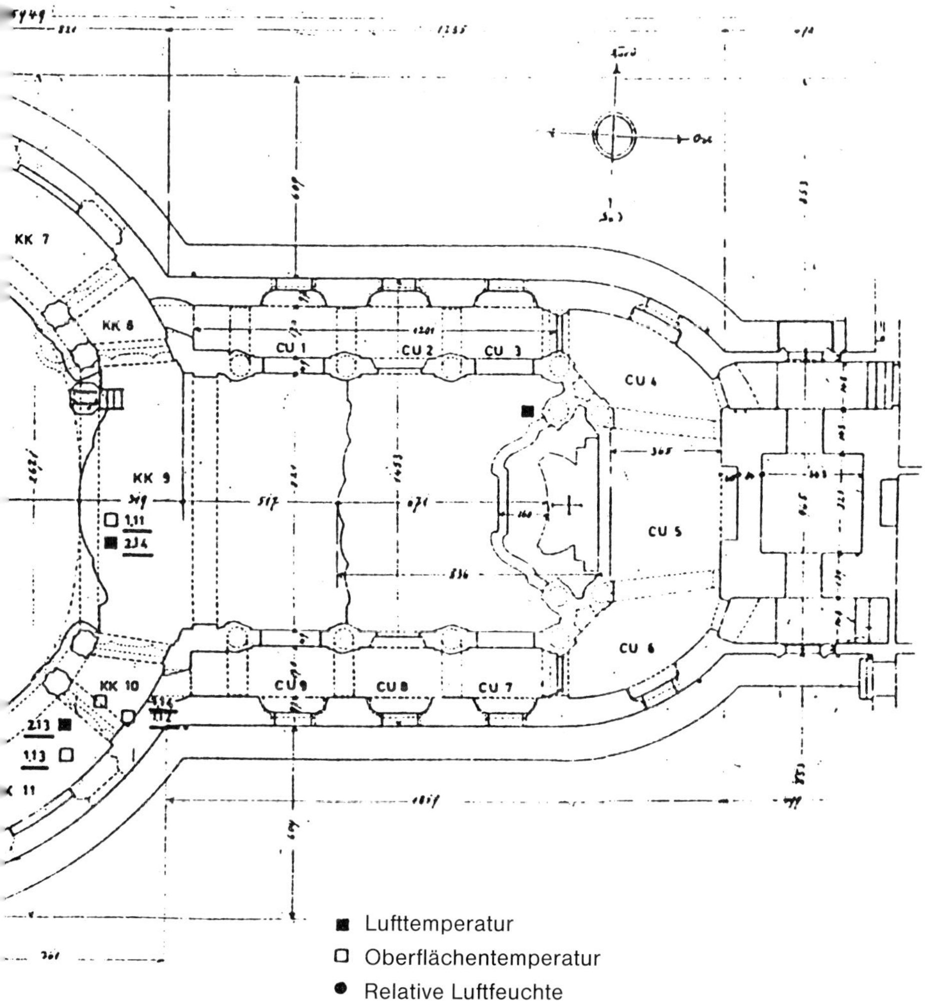

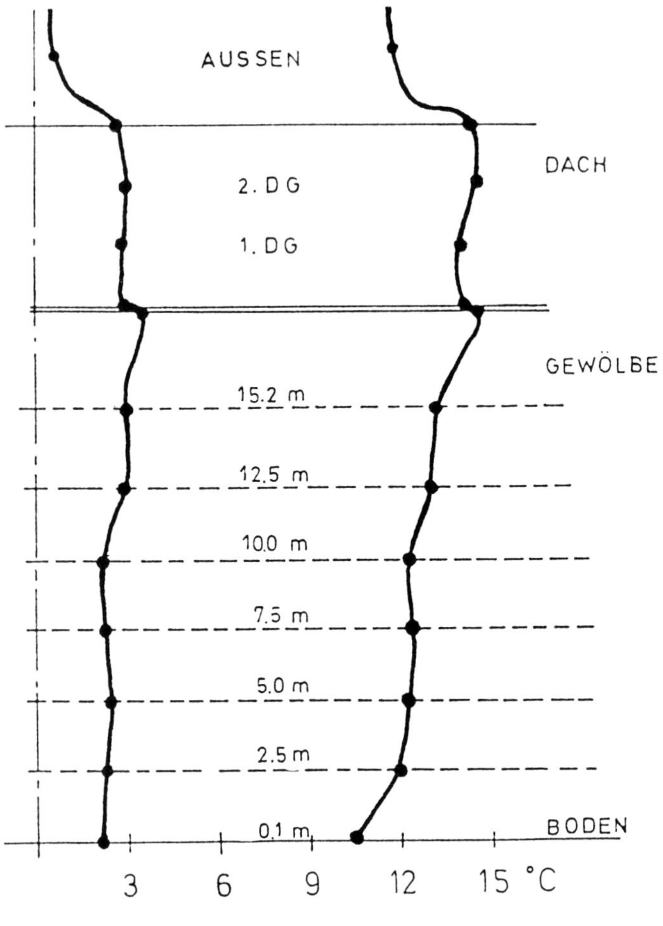

Abb. 6.36: Vertikales Temperaturprofil

Wesentliche weitere Untersuchungsergebnisse waren:

- Schwankungen der Außenlufttemperatur und -feuchte werden im Dachraum bereits wesentlich gedämpft;
- es ergibt sich im Mittel ein Nachlauf der Klimawerte im Dachraum von einem, im Schiff von zwei Tagen zu denen der Außenluft;
- das vertikale Temperaturprofil bleibt in seinen Tagesmittelwerten mit Ausnahme extrem schroffer Wetterwechsel über das ganze Jahr hindurch verblüffend konstant:
  abgestufte Temperaturschichtung mit deutlichen Erhöhungen über dem Fußboden, zwischen 10 und 12,5 m sowie unter der Kuppel gegenüber deren Oberflächentemperaturen; stabilste Temperaturschichtung in etwa 12,5 m Höhe; kein nennenswertes Temperaturgefälle in der Gewölbekonstruktion (Abb. 6.36 und 6.37);
- das horizontale Temperaturprofil zeigt eine regelmäßig um etwa 0,5 K höhere Temperatur am Altar als im Schiff, die unter dem Chorbogen nochmals bis etwa 0,7 K ansteigt; bei Besonnung reagiert das Schiff rascher, aber ausreichend gedämpft;
- keine Kondensatbildung an Außenwand und Gewölbe des Kirchenschiffs: Im ungünstigsten Tagesmittel beträgt die Taupunktnäherung immer noch erst 4,1 K;
- keine Kondensatbildung an der übrigen Raumschale, doch verringert sich der Taupunktabstand bei Zunahme der konstruktiven Masse;
- auch am kältesten und am wärmsten Tag blieb die beschriebene Dämpfung erhalten, es verringerte sich lediglich die Phasenverschiebung auf einige Stunden;
- auch am Tag der stärksten Erwärmung und Abkühlung blieben an der Raumschale hohe Taupunktabstände;
- auch am Tag mit dem höchsten Wasserdampfanteil der Außenluft blieben die Taupunktab-

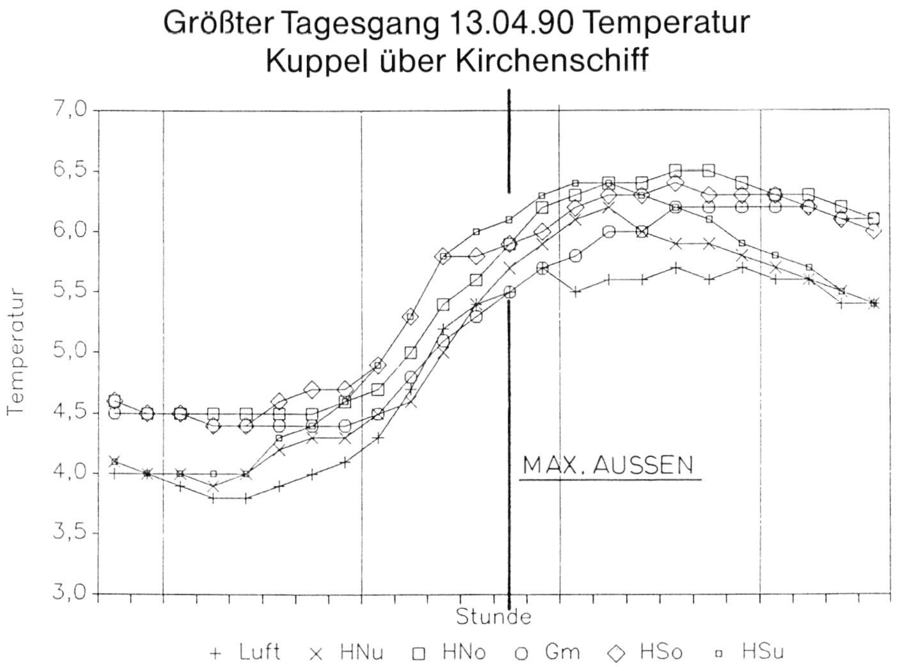

H = Hohlkehle, N = Nord, S = Süd
G = Gewölbe, o = oben, u = unten

Abb. 6.37

»Die Kirche zeigt ein so ‚stimmiges' Raumklima, daß von allen Eingriffen bautechnischer oder auch haustechnischer Art dringend abgeraten wird.«

stände an der Gewölbeschale hoch; eine deutliche Verringerung bis auf 1,2 K zeigte sich an nordseitigen, stark massereichen Bauteilen.

Da während der Restaurierungsarbeiten der Besucherstrom stark zurückging und auch keine Konzerte stattfanden, wurde eine mögliche Kondensatbelastung durch Besucher hochgerechnet. Diese Berechnung zeigte trotz der Vorgabe negativer Faktoren ein positives Ergebnis, das allerdings nicht darüber hinwegtäuschen darf, daß selbst ein Einbezug möglichst vieler Faktoren nie die tatsächlichen Gegebenheiten erfassen kann. Es läuft deshalb 1992/93 ein zweiter Meßzyklus zur Erfassung der Belastung durch Besucher.

Raumklimatische Zusammenhänge:

Die Zusammenfassung der Gutachtenergebnisse des ersten Meßzyklus lautete:

Worin liegt dieses Raumklima begründet? Die Kirche besitzt durch ihre Mehrschaligkeit und die bis zum Gurtgesims gemauerten starken Wände eine wirksam wärmespeichernde und durch die gestalterisch bedingte hohe Oberfläche und die dort und an der Ausstattung verwendeten Materialien eine ebenso feuchtepuffernde Masse, so daß sowohl außenklimatische Extremzustände als auch die durch die Lage der Kirche bedingten raschen Witterungswechsel gut »aufgefangen« werden können. Der Nachteil einer solchen Konstruktion liegt aber ebenso in diesem Massereichtum: Die hohe Wärmespeicherkapazität bedingt ein Beharren auch in tiefen Temperaturen lange in wärmere und damit – absolut gesehen – feuchtere Witterungsperioden hinein.

Eine vergleichbare Gefahr bergen dünne Gewölbekonstruktionen, wenn sie dachraumseitig über die Außentemperaturen abgekühlt, aber kirchenseitig durch Veranstaltungen und/oder Besucher mit Feuchte beaufschlagt werden.

Dem setzt diese Kirche ein besonderes »System« entgegen, das aus zwei Komponenten besteht:

- Die »leichte« Konstruktion beginnt schon tief im scheinbar noch massiven Wandbereich, so daß die wärmespeichernde Masse nicht nur gegenüber Bauten vergleichbarer Art deutlich verringert wird, sondern sich auch der besonders gefährdete Anschluß zwischen leichtem Gewölbe und schwerer Wand auflöst in einen Übergangsbereich, der deutlich günstigere Werte für das Kondensationsproblem bietet.
- Die sechs großen Lüftungsöffnungen zwischen Schiff und Dachraum zeigten selbst während der strömungstechnischen Behinderung durch die umfangreiche Einrüstung einen solchen Luftdurchsatz, daß man sagen darf, das Kirchenschiff »atme« durch diese groß bemessenen Öffnungen, eine Bezeichnung, die um so eher zutrifft, als diese Luftströmungen tatsächlich in beide Richtungen verlaufen und so das üppige Volumen dieses Dachraums nochmals als ausgleichender Puffer zur Verfügung steht.

Die Konstruktion der Dachhaut verstärkt durch ihren hohen Holzanteil diese ausgleichende Wirkung, bleibt aber trotz ihrer Bitumenbahn nur dampfbremsend, nicht dampfsperrend, da ausreichende Öffnungen vorhanden sind.

So ist dieser Dachraum winters vor allem als Wärmekollektor wirksam, im Sommer hilft er mit, den hohen, durch die Besucher eingebrachten Wasseranfall zu vermindern und abzubauen.

Sanierung:

Dieses Gebäude bedarf keiner raumklimatisch sanierenden Eingriffe. Allenfalls könnten die Fenster der Nordseite in Doppelverglasung ausgeführt werden, da der jetzt durch sie bedingte winterliche Kaltluftstrom einige Wandbereiche und Teile der Ausstattung soweit abkühlt, daß eine latente Wasserbildung gegeben ist.

»Sanierende« Maßnahmen verlangt der Besucherstrom. Als einfachste und vermutlich wirksamste Möglichkeit, die Gaffer von Gläubigen und Kunstinteressierten zu trennen und damit den Besucherstrom bereits wesentlich zu verringern, wird die Sperrung aller Zufahrten und die Anlage eines etwa zwei Kilometer entfernten Parkplatzes angeraten, eine Lösung, gegen die allein die heutige Zahl der Wirtstische und der Opferstockinhalt sprechen.

Schwieriger wird es, durch derartig organisatorische Methoden den Konzertbesuch zu steuern. Denkbar wäre das folgende Vorgehen: Da die Kirche selbst kondensationsgeneigte Klimabedingungen als erstes durch ein Feuchtwerden der Fußbodenplatten signalisieren wird, muß der Konzertkartenverkauf und durch ihn die Besucherzahl hierauf Rücksicht nehmen: Nur ein Teil der Konzertkarten darf über den Vorverkauf vertrieben werden; der Rest steht vor der Veranstaltung an der Konzertkasse der Kirche zur Verfügung, solange sich an diesem Tag nicht das obenbeschriebene Phänomen zeigt. Diese die Einnahmen schmälernde Lösung wird so selten auftreten, daß sie mit Rücksicht auf dieses Baukunstwerk von europäischem Rang akzeptiert werden sollte.

6.7 Krypta

Dieses Beispiel wird deshalb abschließend genannt, weil durch alle vorherigen der Eindruck entstehen kann, die raumklimatische Begutachtung sei in erster Linie ein Einsatz von Geräten, mit dessen Stärke und Dauer auch die Qualität des Ergebnisses anwachsen müsse. Wie bei allen Untersuchungen entscheidet aber auch hier ein besonderes »Untersuchungsgerät« über das Ergebnis, der Kopf des Begutachtenden, unter welchem Ausdruck so verschiedene Eigenschaften wie Sachkenntnis und Wissen – auch in Nachbargebieten –, Erfahrung, Neugier und Gespür, persönliches Interesse zu verstehen sind.

Objektbeschreibung:

Unter einem großen Dom soll ein wiederaufgefundener Raum, der durch Fundamente und Wände unterschiedlichster Bauzeiten entstand, als künftige Grablege der Bischöfe gestaltet werden. Bei den ersten Freilegungen wird eine Wand mit kaum noch feststellbaren Freskenresten entdeckt, die in diesen kleinen und schlicht gehaltenen Raum integriert werden soll.

Schadens- und Problembeschreibung:

Bereits nach sehr kurzer Zeit überzieht sich vor allem diese Wand mit einem schmierigen Belag, der eine besondere raumklimatische Beanspruchung dieses unterirdischen Raums zu belegen scheint, die gerade bei dieser Nutzung nicht akzeptiert werden kann.

Untersuchungen und Untersuchungsergebnisse; Sanierung:

Bescheidene Raumluftmessungen ergeben die für einen solchen Raum üblichen Luftwerte, was schon deshalb ohne Belang bleibt, weil ohnehin eine Lüftungsanlage eingeplant ist.

Rätselhaft bleibt dagegen der Zustand dieser Wand. Eine ebenfalls sehr zurückhaltende Untersuchung zeigt eine unverhältnismäßig hohe Durchfeuchtung und ausgerechnet eine Chloridbelastung. Alle anderen, ebenfalls historischen Wandteile und Säulen zeigen »normale« Werte.

Ohne noch zu erkennen, woher Wasser und Salz kommen, ergibt sich doch schon das raumklimatische Problem der vorhersehbaren Reaktion dieser Wand, wenn erst einmal durch ein Belüften die Luftfeuchtigkeit gesenkt und die Raumlufttemperatur angehoben werden wird: Sollten Feuchte- und Salzzufuhr nicht gestoppt werden können, gehen die Freskenreste in Kürze verloren.

Zur Feststellung der Feuchteursache wird an ein hydrogeologisches Gutachten mit Bodenbohrungen innerhalb und außerhalb des Doms gedacht, doch zögern Auftraggeber und Gutachter nicht nur wegen der unverhältnismäßig hohen Kosten, sondern auch wegen der etwas schwachen Sinnfälligkeit dieser Maßnahme: Der Dom steht auf Fels, und im größeren Umkreis sind keine vergleichbaren Probleme bekannt.

Mit einem simplen Feuchtemeßgerät wird nun, ausgehend von der Wand, der Boden abgetastet; es ergibt sich zwingend, nämlich relativ schmal, ein Feuchteverlauf, der schließlich vor Fels und Wandrudimenten endet. Ein Vergleich verschiedener Pläne bringt die Vermutung, daß man sich unter dem Hauptaltar befindet, was durch wenige Messungen belegt werden kann. Beim Umgang um den Altar mit dem Mesner wird eine vertiefte feuchte Stelle entdeckt, deren vermutete Bedeutung der Mesner bestätigt: Hier wird das »alte« Weihwasser ausgegossen, das nicht der Kanalisation zugeführt werden darf. In dieser großen Kirche ergibt dies wöchentlich einige Liter. Damit drängt sich zwingend ein Verdacht wegen des Salzes auf, den der Mesner auch umgehend bestätigt: Ja, man gäbe stets eine gehörige Portion Kochsalz ins Wasser, da sonst die Weihwasserbecken veralgten. Eine einzige Untersuchung im Labor auf die Salzminerale bestätigt dies: Der Schaden ist »hausgemacht«; seine Ursache kann umgehend abgestellt werden, und deren Auswirkung ist in ihrem Verlauf vorhersehbar und wird abklingen. Ein Restaurator kann diesen Prozeß bei der ohnehin notwendigen Arbeit am Fresko beschleunigen.

7 Zusammenfassung, Bewertung, Folgerungen

Die Untersuchungen zeigen eindeutig:

> *Es gibt kein Heizungssystem für alte Räume großer Bauart, das in jedem Fall und ohne Beachtung der jeweils einzelnen Gegebenheiten als »unschädlich« bezeichnet werden kann!*

Diese Zusammenfassung so vieler Einzelmessungen, einschließlich der Erfahrung einer vieljährigen Praxis, beinhaltet aber auch das folgende:

- Keines der drei Heizsysteme kann prinzipiell abgelehnt, keines für alle Anwendungsbereiche empfohlen werden (Abschnitt 7.1).
- Projektierung und Einbau einer derartigen Heizungsanlage ohne Ermittlung der örtlichen Gegebenheiten sind unseriös (Abschnitt 7.2).
- Der Betrieb der Heizung darf nicht nur durch die Nutzung, sondern muß auch durch Raum und Ausstattung bestimmt werden (Abschnitt 7.3).
- Die Heizweise muß durch eine schützende Regelung mitbestimmt werden (Abschnitt 7.4)

7.1 Heizsysteme

Während Fußbodenheizungen und Warmluftsysteme meist durchgehend betrieben werden, dient die Bankheizung in der Regel der stoßweisen Beheizung; für beide Bereiche gibt es Ausnahmen. Stoßweise Beheizung, gleich mit welchem Heizsystem, birgt die starke Gefahr einer unnötigen Belastung der Raumschale durch Feuchte und Schmutz.

Fußbodenheizung und Warmluftheizung dienen zwar beide auch der Erwärmung des gesamten Raums, doch wird dies für die Fußbodenheizung mit wachsendem Raumvolumen, oder besser: mit steigendem Verhältnis von verfügbarer Heizfläche zu Raumvolumen immer problematischer, unter Umständen unmöglich. Die Kombination von Fußbodenheizung und Warmluftheizung für instationären Heizbetrieb hat sich für große Räume bewährt; Kombinationen der genannten Systeme mit Bankheizung sind möglich und können sinnvoll sein.

Wird der Energieverbrauch auf das Heizziel »Erwärmung der Nutzer zu Zeiten der Nutzung« ausgerichtet, läßt sich die Bankheizung, vor allem bei gestaffelten Heizkreisen, am preisgünstigsten betreiben. Eine derartige »Sparschaltung« ist auch bei Fußbodenheizungen möglich; ihr Effekt ist geringer. Ein Teilbetrieb der Warmluftheizung ist in Abhängigkeit vom Wärmetransportsystem technisch zwar möglich, allerdings praktisch unsinnig.

Die Regelungsfähigkeit ist bei einer Warmluftheizung am günstigsten, Speicherheizsysteme sollten nicht eingebaut werden, da sie in der Praxis regelunfähig sind. Die über das Raumklima geregelte Steuerung einer Bankheizung widerspricht ihrer stoßweisen Anwendung; sie kann sinnvoll werden bei Warmwasserbankheizungen, die stationär betrie-

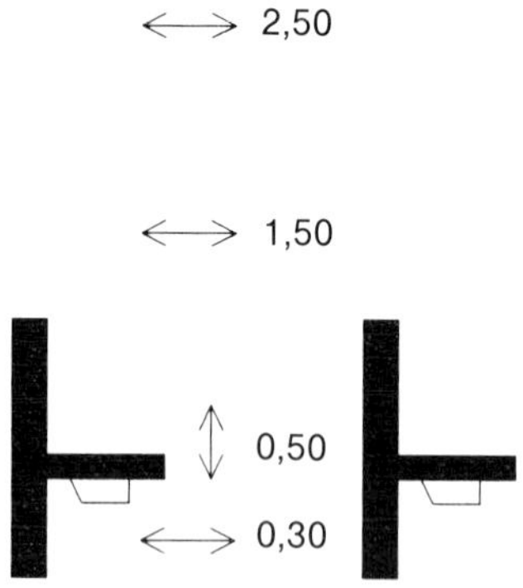

Höhe (m) \ Nr.	1	2	3	4	5	6	7	8
0,30	0,2	0,2	0,4	0,2	–	0,15	0,15	0,4
0,50	0,2	0,25	0,5	0,25	0,25	0,15	0,25	0,4
1,50	0,4	0,35	0,35	0,4	–	0,15	0,3	0,45
2,50	0,35	0,5	0,2	0,3	–	0,6	0,4	0,3

Luftströmung (m/s)

Abb. 7.1: Beispielhafte starke Zugerscheinung bei einer Bankheizung

ben werden, was ihren Einsatz auf relativ kleine Räume einschränkt.

Die Auswirkung der einzelnen Heizsysteme auf die Luftströmung kann nicht ohne die Heizweise betrachtet werden: Instationärer Heizbetrieb führt in jedem Fall zu höheren Luftbewegungen. Da dies die übliche Betriebsart für Bankheizungen ist, gehören lästige Zugerscheinungen bei dieser Heizungsart zu den häufigsten Klagen (Abb. 7.1). Ähnliches gilt bei Fußbodenheizungen dann, wenn die Verteilung der Heizfläche ungünstig ist, beispielsweise der Chor nicht mitbeheizt wird und/oder wenn durch ebenfalls instationären Heizbetrieb der Wärmetransport während der Nutzungszeiten geschieht.

Der Eingriff in den Bestand ist zweifelsfrei bei der Bankheizung am geringsten; die baulichen Maßnahmen von Warmluftheizung und Fußbodenheizung lassen sich nicht gegeneinander aufrechnen. Unter den Warmluftsystemen verlangt der Einsatz von wassergespeisten Wärmestationen den geringsten Eingriff. Grundsätzlich ist auch eine Kanalführung außerhalb des Gebäudes möglich; am günstigsten wird auch hier der Wärmetransport mit Wasser statt mit Luft. Zur Schonung der inneren Bodenkonstruktion können die einzelnen Wärmestationen von außen auch über Bohrungen mit den Warmwasserrohren angeschlossen werden. Aus Kostengründen wird die Bohrlänge jedoch möglichst nicht über drei Metern liegen.

Luftauslässe sollten möglichst wenig betreten werden, da sie immer auch als »Schuhabstreifer« wirken und damit unnötig Schmutz in den Lüftungskreislauf eingetragen wird (Abb. 7.2 bis 7.4). Da andererseits die positive Wirkung einer Warmluftheizung auch sehr von der Lage ihrer Ausblasöffnungen und damit

Abb. 7.2: Falsche Anordnung von Ausblasöffnungen in stark genutzten Bereichen

Abb. 7.3:
Falsche Anordnung von Ausblasöffnungen in stark genutzten Bereichen

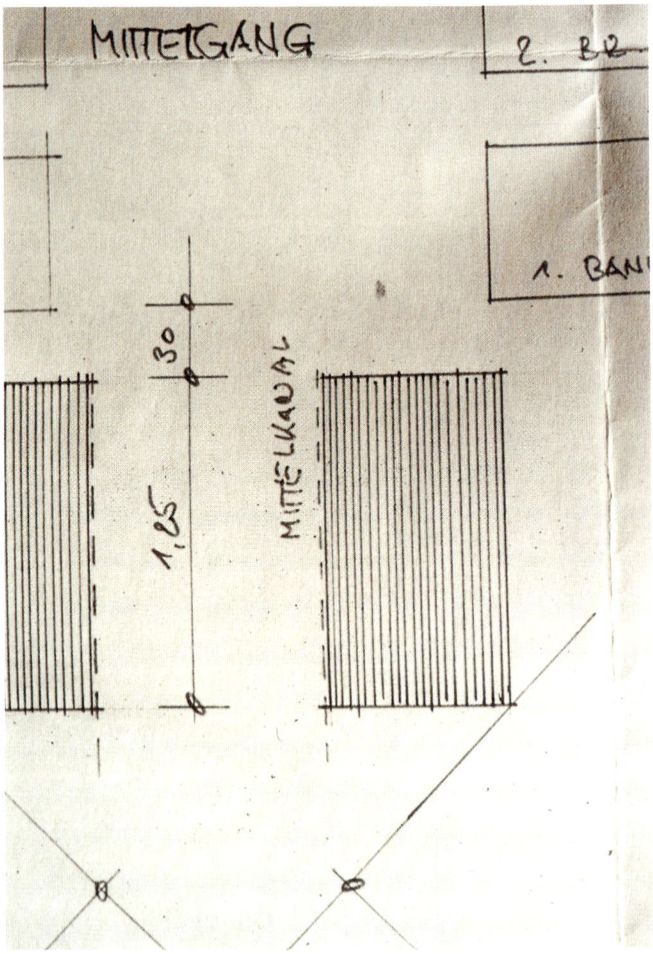

Abb. 7.4:
Falsche Anordnung von Ausblasöffnungen in stark genutzten Bereichen

der Luftverteilung im Raum abhängt, gehört die Abwägung der Situierung der Gitter *vor* die Entscheidung zur Warmluftheizung gestellt; unter Umständen werden Abweiser notwendig (Abb. 7.5). Prinzipiell gilt, daß mehrere kleine Gitter besser sind als wenige große.

Ausblasöffnungen müssen unabhängig vom Heizungstyp so angelegt sein, daß sie genügend weit von gefährdeten Oberflächen oder Ausstattungsstücken entfernt sind, damit sich der warme Luftstrom vor dem Auftreffen mit der Raumluft vermischen kann. Da ein Kriterium hierfür eine möglichst geringe Ausblasgeschwindigkeit ist (Abb. 7.6), bleibt die vielempfohlene Ablenkung des Luftstroms durch schräggestellte Stege des Ausblasgitters sinnlos (Abb. 7.7): Der gesamte Luftstrom stellt sich bereits nach wenigen Zentimetern wieder in seine alte Richtung.

Abb. 7.5:
Der Handlauf erfüllt den gleichen Zweck, das Lüftungsgitter vor zu häufigem Schuhabstreifen zu schützen

Abb. 7.6:
Ein Luftstrom, der einen solchen Überwurf hochbläst, ist auf jeden Fall als zu stark zu beurteilen

Abb. 7.7:
Die Schrägstellung der Lamellen im Ausblasgitter zur Ablenkung des Luftstroms ist praktisch wirkungslos

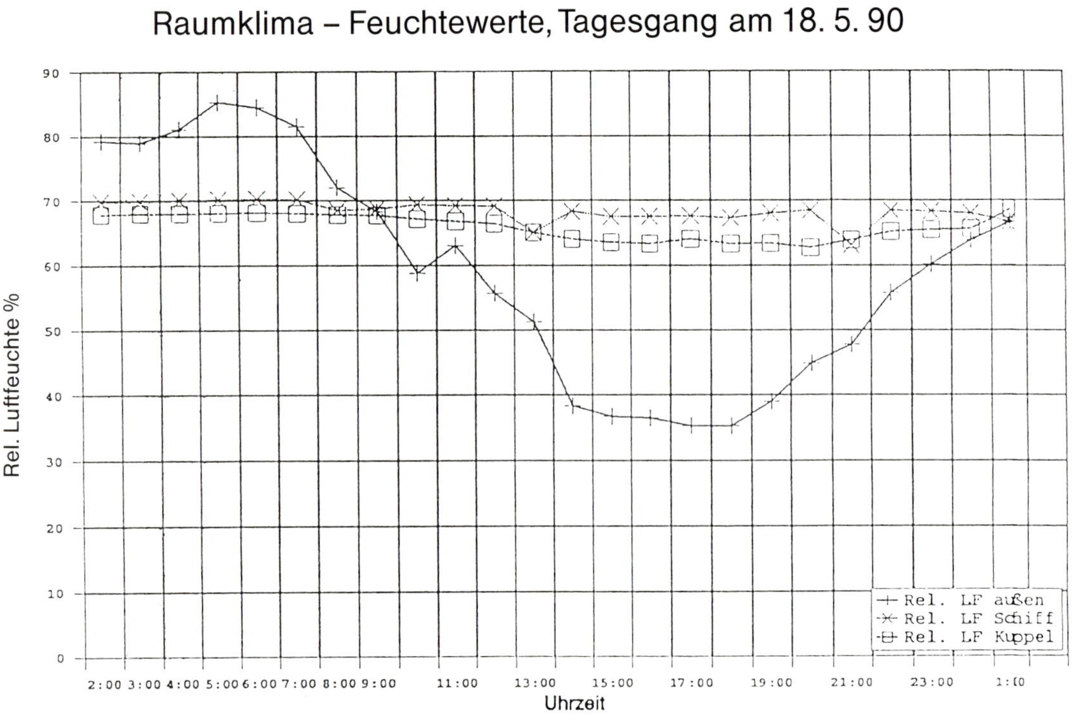

Abb. 7.8: *Der Vergleich der relativen Luftfeuchten innen und außen weist auf einen geringen Luftwechsel hin; er ist hier bedingt vor allem durch die städtische Lage der Kirche mit ihrer engen und hohen Bebauung*

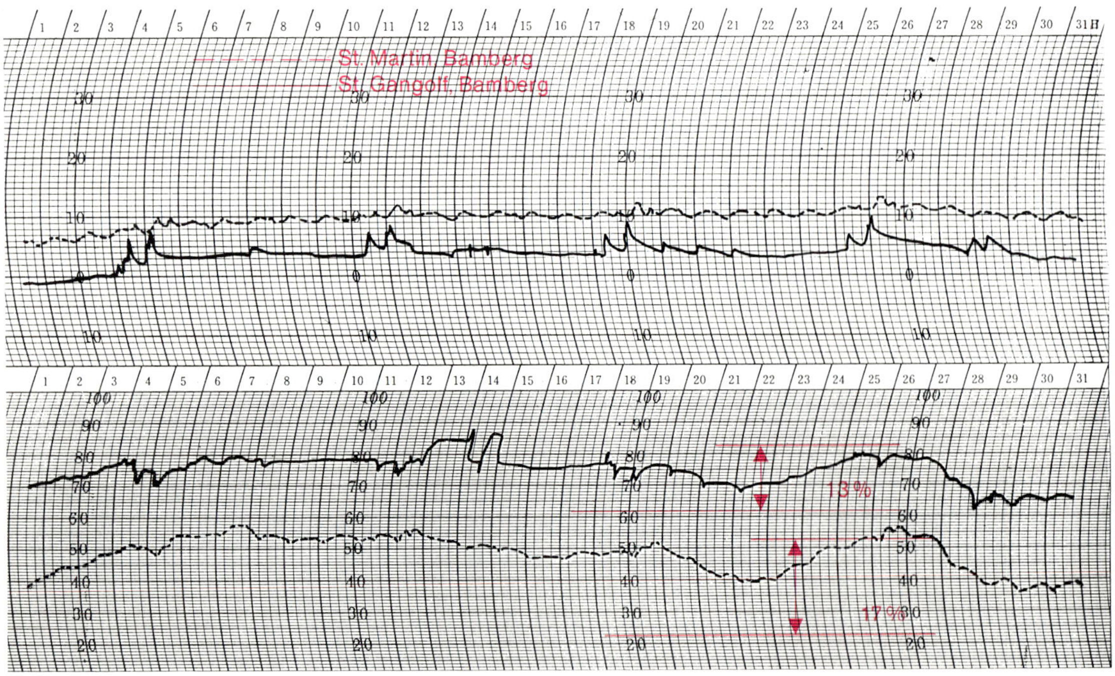

Feuchteschwankung ist bei gleicher Feuchtezufuhr gleich hoch, unabhängig vom Niveau.

Abb. 7.9: *Für beide Kirchen gilt das gleiche Außenklima, was sich auch im Gradienten der Feuchteverläufe zeigt; in der Kirche St. Gangolf kann der geringe Feuchtezuwachs auch auf einen geringen Luftwechsel (Doppelverglasung) zurückzuführen sein*

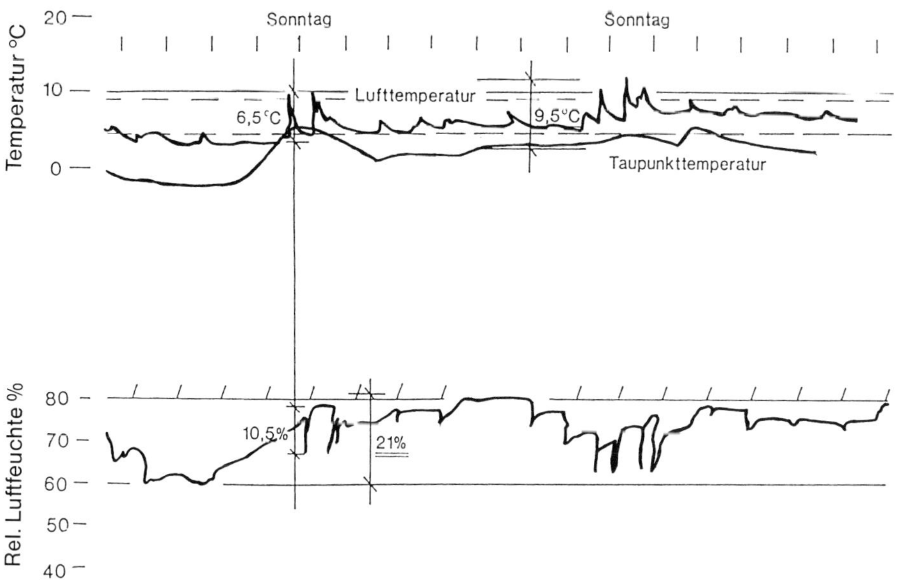

Abb. 7.10:
Trotz sonntäglicher Erwärmung ist ein Ansteigen der Luftfeuchte zu verzeichnen, was nicht allein auf Feuchteabgabe der Nutzer oder Desorptionsvorgänge zurückzuführen ist. Die Erklärung gibt der weitere Verlauf der Luftfeuchte: Differenzen bis zu mehr als 20% ohne Beheizung weisen auf einen hohen Luftwechsel hin

7.2 Örtliche Gegebenheiten

Geht man von den in Abschnitt 7.1 erwähnten Unterschieden der Heizsysteme aus, muß vor allem die Größe des zu beheizenden Raums berücksichtigt werden. Je größer das zu beheizende Volumen ist, desto eher kann nur noch die Warmluftheizung den Raum insgesamt erwärmen.

Unter örtlichen Gegebenheiten ist das gesamte Gebäude zu verstehen einschließlich seines Umgriffs (Abb. 7.8 bis 7.10). Die einfachste Art, sich hierüber ausreichende Daten zu verschaffen, ist die Feststellung der raumklimatischen Verhältnisse (s. Abschnitt 6.8) *und* eine Dokumentation vorhandener Schäden.

Die raumklimatischen Verhältnisse als Ist-Zustand (Abb. 7.11) grenzen sehr stark jene Möglichkeiten ab, innerhalb derer eine Heizung Veränderungen bringen darf oder auch muß. Dieses Muß wird wiederum sehr deutlich von der Schadensdokumentation beschrieben. Erst wenn dieser Spielraum bekannt ist, können Heizsystem und vor allem auch Heizweise für dieses eine Objekt optimal gewählt werden.

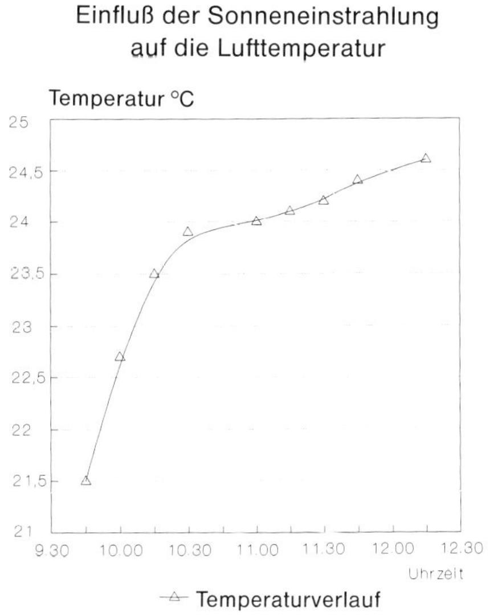

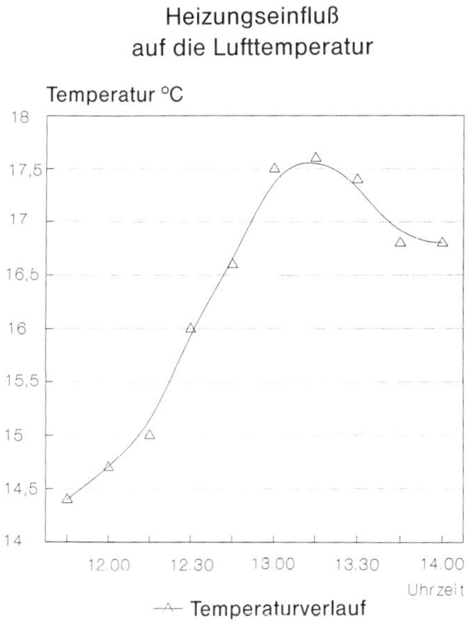

Abb. 7.11:
Der starke Wärmegewinn durch Sonneneinstrahlung (linkes Bild) muß sich auch während der Heizperiode auswirken; so zeigt das rechte Bild auch erwartungsgemäß eine weitere, feuchtesenkende Temperaturerhöhung, obwohl die Heizungsanlage bereits abgestellt ist

Die Konsequenzen hieraus können weitreichend sein und werden hier nur kurz zusammengefaßt, da sie bereits in den einzelnen Kapiteln beschrieben wurden:

- Ob der Einbau des gewünschten Heizungssystems praktisch durchführbar ist oder nicht, kann – gerade in Kirchen – davon abhängen, ob mit Vorgängerbauten zu rechnen ist, und wenn ja, wie weit diese lagemäßig die günstige Anordnung von Kanälen, Auslässen oder Wärmestationen behindern (Abb. 7.12); für die Fußbodenheizung gilt die rechtzeitige Rücksicht dem vorhandenen Fußboden.
- Verrät der Vergleich von Innen- und Außenklima einen hohen Luftwechsel – oder muß er aus Lage, Fensterflächenanteil und anderem geschlossen werden –, werden Überlegungen zu seiner Verringerung notwendig, zumindest aber regelungstechnische Konsequenzen, und dies, je nach Belastung, für den Sommer- und/oder Winterbetrieb.
- Die Gewölbedämmung wird üblicherweise wegen der Heizkosten gefordert, obwohl der durch sie bedingte Wärmegewinn infolge der Lüftungs- und der zusätzlichen Transmissionsverluste nur bei sehr zielgerichtetem Rechnen den Kapitaldienst aufwiegt. Sie wird in jedem Fall dazu führen, daß sich unterschiedlich wärmedämmende Decken- und Gewölbekonstruktionen weniger stark abzeichnen (s. Abb. 5.66). Dafür liegt die gesamte Konstruktion nun in jenem warmen Bereich, der, sollte es dachseitig zu Feuchtedurchschlag kommen, eher durch organischen Befall gefährdet ist als bisher. Zu däm-

Abb. 7.12: Ausschachtarbeiten für Warmluftkanäle

men heißt also auch zu kontrollieren – zumindest in größeren Abständen.

- Der Einbau von Heizraum, Schornstein und eventuell Brennstofflagerraum ist technisch immer möglich, formal oder aus Gründen der Denkmalpflege jedoch häufig abzulehnen. Es wird deshalb zumindest die Wahl des Wärmeerzeugers, unter Umständen auch des Heizsystems, von den örtlichen Einbaumöglichkeiten bestimmt. Ein Ausweichen auf Strom, um Heizraum und Schornstein zu vermeiden, ist wiederum technisch möglich, stößt aber wegen der hohen Anschlußwerte entweder auf formale (Trafo-Station) oder auch finanzielle Grenzen.

Da jede Beheizung, vor allem bei ununterbrochener Heizweise, die Verdunstung aus der Raumschale verstärkt, sind die Auswirkungen vorab zu klären; dies verlangt Kenntnisse über den Durchfeuchtungsgrad und vor allem über Salzart und Salzmenge im gefährdeten Bereich.

Künftige Schäden durch Beheizen, aber auch bisherige durch fehlende Beheizung sind zu finden an der Raumschale, an der Ausstattung sowie an der Orgel. Es ist falsch, für alle drei Bereiche das gleiche Raumklima als optimal anzunehmen. Vor allem bei der Ausstattung gibt es nochmals teilweise große Differenzen beim Anspruch an das Raumklima. Beim zuständigen Restaurator, Denkmalpfleger, Kirchenmaler, aber auch Gutachter sind deshalb rechtzeitig vor allen Überlegungen zur Beheizung die jeweils zutreffenden Grenzwerte zu erfragen und festzulegen.

7.3 Schutz von Raum und Ausstattung

Bei Überlegungen zum Schutz von Raum und Ausstattung muß beides getrennt betrachtet werden. Nochmals muß die Schadensanamnese verlangt werden: Vielfach wird vor allem die Raumschale durch zu hohe Feuchtigkeit beansprucht. Diese Beanspruchung tritt auf durch aufsteigende Feuchte, hygroskopische Feuchte, Regendurchschlag und Kondensation. Den drei erstgenannten Schadensursachen ist durch Heizen nicht zu begegnen; die Kondensation verlangt eine Temperierung der Raumschale (Abb. 7.13). Mit Ausnahme örtlich begrenzter und/oder eindeutig einem baulichen Detail zuzuordnender Kondensationsflächen, was in der Regel viel häufiger bei Neubauten zu finden ist, bedarf es also einer räumlichen Erwärmung, so daß eine Bankheizung als Hilfe gegen derartige Schäden nicht geeignet ist. Für den Vergleich von Warmluft- und Fußbodenheizung gilt das in Abschnitt 5.4 Gesagte.

Die Ausstattung ist – wiederum im Regelfall – eher durch Abtrocknung gefährdet (Abb. 7.15); auch hier wird die Anamnese zeigen, wie weit diese Gefährdung ohnehin bereits raumklimatisch bedingt ist oder ob ihr durch Beheizen sogar begegnet werden kann. Die Raumluft folgt in ihrer Feuchteeinstellung dem Temperaturwechsel umgehend (Abb. 7.14); Holz benötigt hierzu einen wesentlich längeren Zeitraum, so daß im Gegensatz zur bisherigen Auffassung ein rasches, stoßweises Beheizen, kurzfristiges Halten der Temperatur und ebenso rasches Absinken dem Holz keinen Schaden zufügen wird, dagegen für die Raumschale die denkbar ungünstigste Heizweise darstellt. Diese ist typisch für die Bankheizung, kann aber ebenso mit einer Warmluftheizung gefahren werden.

Diese Aussage gilt für Holz, nicht aber zwangsläufig auch für seine Malschichten; nach dem jetzigen Kenntnisstand reagieren vor allem Maluntergründe auch auf kurzfristige Feuchtewechsel, doch gibt es hierüber bisher nur Mutmaßungen.

Besitzt ein Raum also eine wertvolle Holzausstattung, wobei hier keine Wand- oder Deckenvertäfelungen oder ähnliches gemeint sind, und kann starke Verschmutzung oder die häufigere Renovie-

Maximal zulässige Raumluftfeuchte

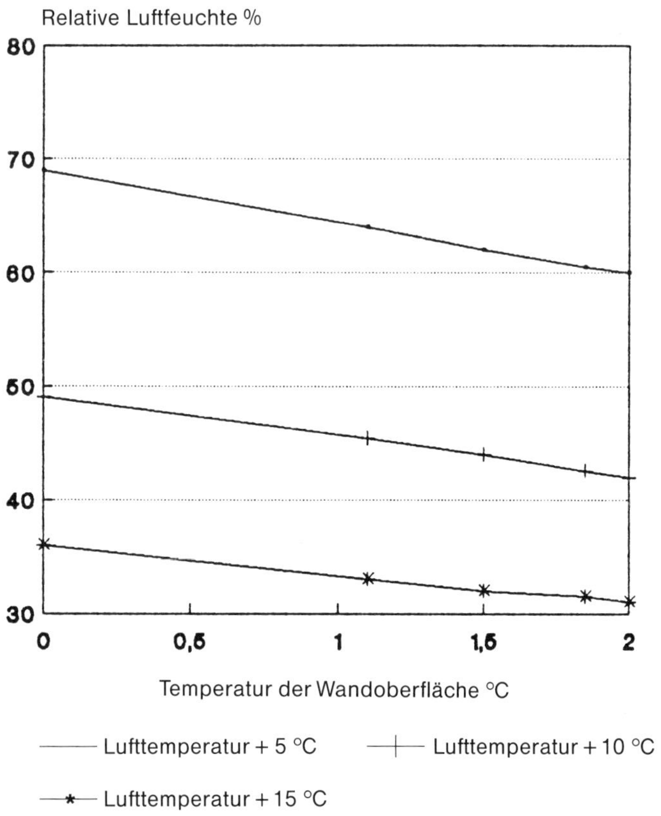

Tauwasseranfall auf der Wandoberfläche

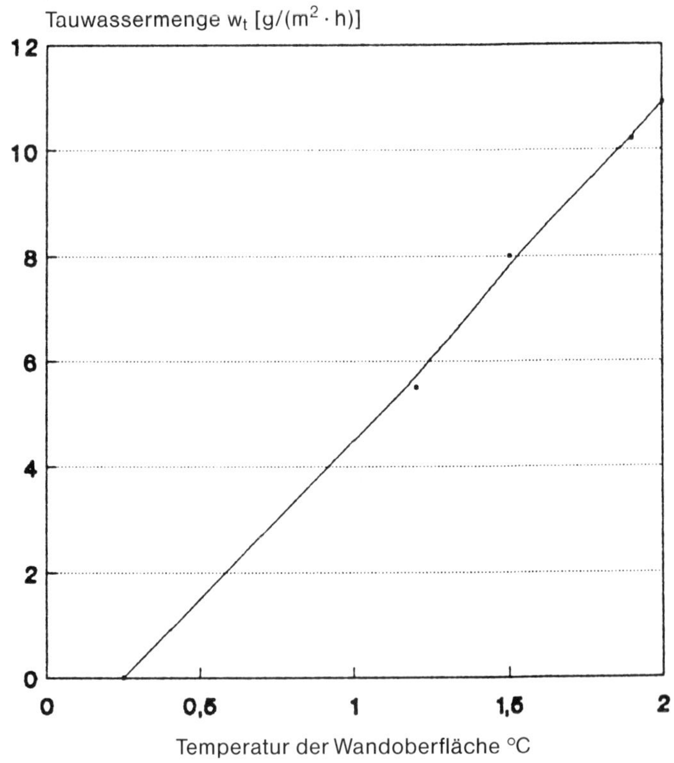

Abb. 7.13 und 7.14:
Beliebig gewähltes Beispiel aus einer der Messungen: Abhängigkeit von Raumluftfeuchte, Raumlufttemperatur und Oberflächentemperatur im Bereich der Kondensatbildung

rung der Raumschale akzeptiert werden, ist der kurzzeitige Stoßbetrieb einer Bankheizung akzeptabel: Diese Empfehlung weist bereits auf die Nutzung hin.

Für die Raumschale, gleich ob steinsichtig, verputzt, bemalt oder freskiert, im eingeschränkten Maß auch verkleidet, ist diese Heizweise am meisten schädigend: Die Raumschale verlangt eine Verringerung der Feuchtebelastung zur Verringerung der Schmutzablagerung oder zur Vermeidung von organischem Befall.

Angesprochen wird bei der Beurteilung ständig die Raumluftfeuchte; diese ist unter anderem abhängig von der Außenluftfeuchte. Wie eine Reihe untersuchter Beispiele zeigt, kann die Raumluftfeuchte infolge sinkender Außenluftfeuchte, aber auch unterstützt von Besonnung, über das Jahr schädigende, tiefe

Werte erreichen. Im Winter geschieht dies durch Luftwechsel, im Sommer durch Temperaturerhöhung infolge Treibhauseffekt; gegen den letzteren gibt es keine vertretbaren Maßnahmen, wenn der Sonneneinfall hingenommen werden muß oder soll. Die winterliche Absenkung der Raumluftfeuchte läßt sich zumindest dadurch verringern, daß der in die gleiche Richtung führende Effekt des Beheizens unterbleibt, was eine regelungstechnische Berücksichtigung verlangt (s. Abschnitt 7.5).

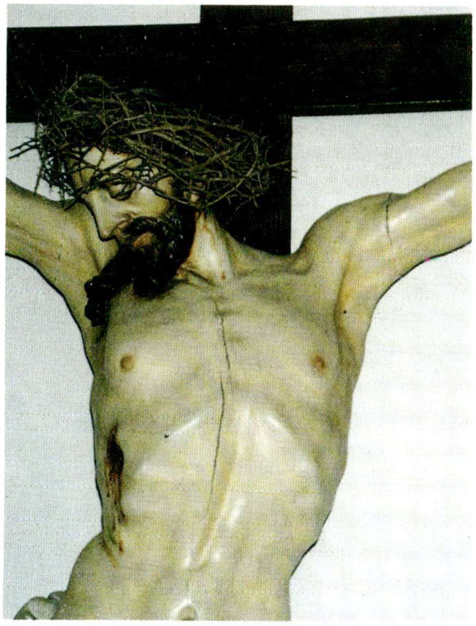

Abb. 7.15:
Sprünge im massiven Holz und an Leimstellen infolge zu starken Luftfeuchtewechsels

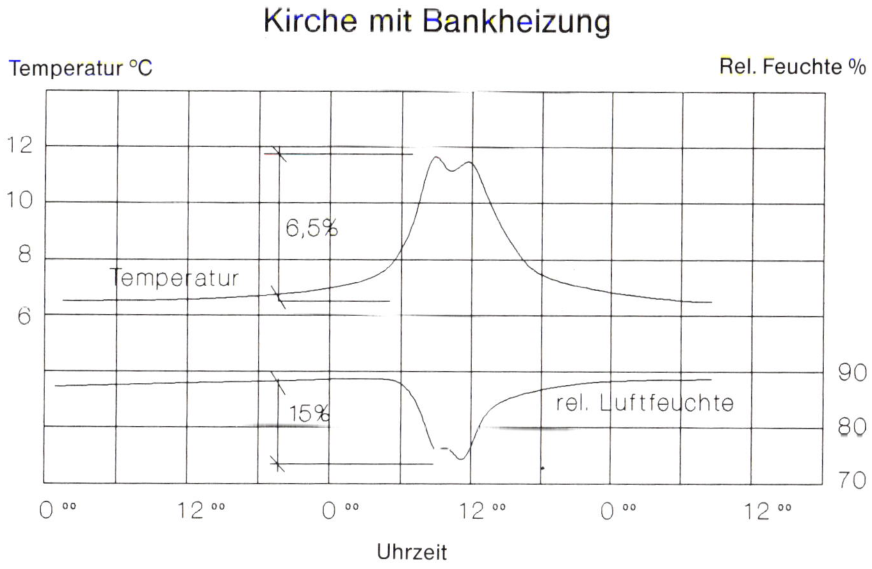

Abb. 7.16:
Messung der Raumklimadaten bei Probelauf ohne Besucher

7.4 Nutzung

Die Forderungen an die Heizung erwachsen weitgehend aus der Nutzung; hierzu einige Beispiele:

Ein frühjährlich kondensationsgefährdeter Schloßsaal benötigt eine leichte Temperierung bereits im Winter; wird hieraus dann die Möglichkeit für Tanzveranstaltungen in der Faschingszeit abgeleitet, wird aus der schadensmindernden Temperierung eine schadensträchtige Beheizung mit extrem wechselnder Feuchtebelastung.

Eine Kirche bleibt bewußt, auch gegen den Willen der Pfarrgemeinde unbeheizt, weil sie auch bisher keine Schäden zeigte: Sie wird auch weiterhin die kommenden Winter schadensfrei überstehen, doch wird ein neu eingeführter Konzertsommer zu einer rascheren Alterung der Raumschale infolge von Kondensationsvorgängen führen.

Die kleine Filialkirche erwärmt einmal sonntags die verhältnismäßig wenigen Gläubigen schadensfrei mit einer Bankheizung, doch wird es zu vielleicht sogar irreparablen Schäden kommen, wenn diese Bankheizung mehr und mehr benötigt wird, weil es plötzlich modisch ist, in dieser Kirche zu heiraten (Abb. 7.16).

Der historische Ratssaal wurde schon längst seiner eigentlichen Nutzung beraubt; man tagt nun in »zweckmäßigeren«, klimatisierten Räumen, in denen auch kein Rauchverbot die Renaissancemalereien schützen muß. Für Empfänge bleibt dieser Saal aber über das Jahr die beste Stube der Stadt. Sie sind selten, so daß der Kämmerer sich gegen jedes Durchheizen ausspricht. Vor dem Empfang muß allerdings ausreichend rechtzeitig für die erwarteten nackten Beine und Dekolletés hochgeheizt werden: Die Luftfeuchtigkeit stürzt winters beim Aufheizen zusammen, um dann kurz nach Beginn des Festakts und dem Servieren der Speisen sehr rasch hochzuschnellen.

Der alte Gemeindestadel muß eine Nutzung erhalten, da sonst keine Gelder für die Instandhaltung zur Verfügung stehen: Diese neue Nutzung steht zwar noch nicht fest, fest aber steht eine Beheizung, um in der Nutzung künftig nicht eingeschränkt zu sein. Schon in den Monaten, in denen der Gemeinderat über die zweckmäßigste Belegung berät, kommt es zu gravierenden Putzschäden an den Wänden und im Gewölbe: Infolge Beheizung erfahren die jahrhundertealten Wände eine bisher nie gekannte Abtrocknung, die zu starken Salzausblühungen mit nie bekannten Folgen führt.

Für die Nutzung gilt also wieder, daß ihr bisheriger Einfluß auf Raum und Ausstattung der Anamnese bedarf; nun läßt sich eher abschätzen, welche Schäden durch Nutzungsänderung zu erwarten - oder auch zu vermeiden sind. Die Heizung ist hierbei wesentlich öfter Helfer statt Feind, denn mit ihr ist es vergleichsweise preiswert möglich, neue raumklimatische Belastungen aus der Nutzung abzupuffern (Abb. 7.17). Wenn eine Heizungsanlage, aus welchen Gründen auch immer, abgelehnt wird, sollte vor allem jede zusätzliche Nutzung während des ersten Halbjahrs in ihren Auswirkungen gründlich hinterfragt werden.

7.5 Heizweise

Aus der Nutzungsdichte ist auch die Forderung nach durchgehender oder stoßweiser Beheizung abzuleiten; die Begriffe »stationär« und »instationär« werden deshalb nochmals angesprochen, weil in der Praxis unter »instationärer Beheizung« derartiger Räume das stationäre Halten einer Grundtemperatur mit instationärer Anpassung an die Nutzungszeiten verstanden wird - worüber noch gesprochen wird.

Setzt man die sehr vereinfachte Unterteilung voraus, nach der ein stoßweiser Heizbetrieb die Holzausstattung schont, aber die Raumschale belastet, die durchgehende Heizweise eher zu Schäden am Holz führt und die Raumschale vor Verschmutzung und Kondensation schützt, so lassen sich für die überwiegende Mehrheit der betrachteten Räume, bei denen Rücksicht zu nehmen ist sowohl auf Raumschale als auch Ausstattung, die folgenden Feststellungen treffen:

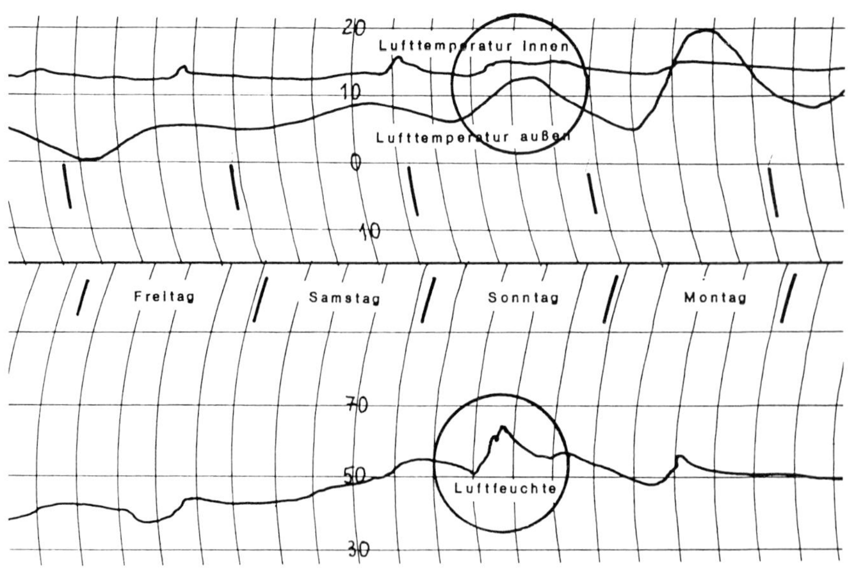

Abb. 7.17:
Der sonntägliche extreme Feuchteanstieg trotz Beheizung ist auf die Nutzung zurückzuführen. Auch wenn die Feuchteabgabe selbst teilweise nutzungsbedingt ist (Fußbodenheizung) und der Temperaturanstieg der Außenluft ein höheres Feuchteangebot mit sich bringen kann, bleibt der Einfluß aus der Nutzung deutlich, dies vor allem unter Berücksichtigung des Vergleichs der anderen Tage

Für kirchliche Räume gilt, daß ein stoßweises Beheizen nur möglichst selten geschehen sollte, also eine vergleichsweise geringe Nutzung voraussetzt: Pfarrkirchen erfüllen diese Voraussetzung üblicherweise nicht.

Gilt es, in einem ausstattungsfreien Raum der betrachteten Größe Wände und Decken vor den Auswirkungen zu hoher Feuchte aus der Luft zu schützen, muß durchgehend beheizt werden, wobei die Raumtemperatur verhältnismäßig problemlos jeder Nutzung angepaßt werden darf.

Erwächst aus einer dichteren Nutzung aber die Forderung nach häufigerem Beheizen und ist die Schutzwürdigkeit nicht eindeutig der Raumschale oder der Ausstattung zuzuweisen, was als Normalfall zu bezeichnen ist, muß eine Grundtemperierung empfohlen werden, wobei dann nutzungsbedingte Wünsche nach höheren Temperaturen durch instationären Heizbetrieb zu erfüllen sind. Um hiermit nicht auch wieder den Effekt des stoßweisen Beheizens zu erzielen, ist es notwendig, die Temperaturdifferenz zwischen beiden Heizweisen gering zu halten. Eine steigende Schadensneigung bei Anhebung dieser Temperaturdifferenz ist zwangsläufig, ließ sich aber bei den Untersuchungen des Autors wegen der drei milden Winter 1987/88, 1988/89 und 1989/90 nicht belegen, ebensowenig eine quantitative Angabe von Grund- und Maximaltemperatur. Es wurde jedoch kein Grund entdeckt, von der bisherigen Empfehlung von 3 bis 4 K abzugehen. Die bisher hohe Bewertung des Temperaturgradienten während des Aufheizvorgangs kann bei der verlangten niedrigen Temperaturdifferenz allerdings aus keiner Messung nachvollzogen werden.

7.6 Regelung

Bereits in Abschnitt 3.5 wurde jene Forderung an eine Regelanlage genannt, die den bestmöglichen Schutz der Ausstattung sichert. Die Untersuchungen bestätigten, zum Teil sogar sehr kraß, daß der Luftwechsel eine entscheidende Schadensrolle spielt und er deshalb auch regelungstechnisch erfaßt werden muß, was bedeutet, daß nicht nur die Raumlufttemperatur, sondern auch die Raumluftfeuchte zu berucksichtigen ist.

Bisher geschah dies zwar schon vereinzelt durch den Einsatz von Raumluftfühlern an gefährdeten Objekten, doch war eine derartige Regelungsanlage nur durch das Bastelgeschick der ausführenden Firma möglich und beinhaltete nicht den sommerlichen Schutz vor zu hoher Feuchtebelastung.

Seit kurzem ist nun ein zentrales Regelgerät auf dem Markt, das diesen Anforderungen genügt (Abb. 7.18): Sowohl ein unterer als auch ein oberer Regelungspunkt sind für die Raumluftfeuchtigkeit einstellbar. Es wird üblicherweise ein Fußpunkt von 45 % gewählt werden, der

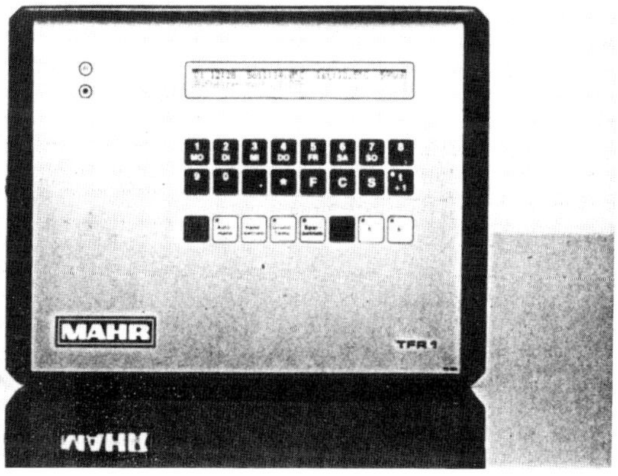

Abb. 7.18: Eine neue Generation von Regelgeräten; es werden nun auch die winterliche minimale und die sommerliche maximale Luftfeuchte einschließlich der Kondensatgefährdung berücksichtigt

ein winterliches Absinken unter diese, die Ausstattung schädigende Raumluftfeuchte durch Abschalten der Heizung verhindert. Steigt die Raumluftfeuchte durch Außenluftbedingungen und/oder Nutzungseinflüsse über den oberen Reaktionspunkt, der mit 70% oder 75% anzusetzen ist, springt die Heizung unabhängig von der Raumlufttemperatur an, um durch Erhöhung der Lufttemperatur die Feuchte zu verringern. Im schadenneutralen Bereich zwischen diesen Werten wird die Heizung, wie auch bisher, über die Heizautomatik gesteuert. Eine sinnvolle regelungstechnische Grenze kann durch eine sogenannte »Gebäudesicherungstemperatur« gezogen werden, die bei maximal 8 °C liegt und verhindert, daß die Raumschale so weit auskühlt, daß es trotz des oberen Reaktionspunkts zu Kondensationsschäden kommen muß.

Ob diese »Gebäudesicherungstemperatur« tatsächlich eine sinnvolle Regelungsgrenze darstellt, wird erst wieder die raumklimatische Anamnese ergeben.

Eine weitere Forderung an die Regeleinrichtung sind ihre Wartungsfreundlichkeit und Kompaktheit; zudem sollte sie so aufgebaut sein, daß Eingriffe zur Veränderung der bewährten Regelcharakteristika möglichst erschwert werden; eine Möglichkeit zur Verplombung sollte vorgesehen sein.

7.7 Sommerklima

Eine Arbeit über Raumklima und Heizen beschäftigt sich zwangsläufig mit den Vorgängen des Winterhalbjahres, also der Heizperiode, die allerdings etwas länger dauert. Diese Sicht bleibt nur so lange richtig, als alle Betrachtungen vom möglichst schadensfreien Beheizen ausgehen. Sie wird falsch, geht man vom Schaden in diesen »großen Räumen alter Bauart« selbst aus, der – raumklimatisch bedingt – durchaus auch im Sommer auftreten kann, wenn auch teilweise in anderen Erscheinungsformen. Die Klammer für beide Blickwinkel sind wieder Heizung und Raumklima, da das erste das zweite beeinflußt und das zweite das erste bedingt.

Der typische Winterschaden entsteht durch »Austrocknung«: Salze kristallisieren und zerstören Putz und Malschichten, Holz reißt, Malschichten verspröden und pulvern oder blättern ab. Allerdings sind auch solche Winterschäden zu nennen, an denen die Heizung mit Sicherheit nicht den geringsten Anteil hat: Frost- und Wasserschäden.

Der typische Sommerschaden entsteht durch »Befeuchtung«: Salze binden Wasser aus der Luft, das sie

Abb. 7.19: Kondensatschäden an Fußboden wegen fehlender Heizung

später schadensfördernd wieder abgeben werden, Holz quillt – meist einseitig – und sprengt dadurch Fassungen, pflanzlicher Befall – Schimmelpilze und Algen – besetzt alle Oberflächen mit organischen Bestandteilen, wozu auch Bindemittel von Malschichten oder Verschmutzungen rein mineralischer Oberflächen zählen können, und Holz und andere organische Materialien können sogar von höheren Pilzen befallen und zerstört werden. Zudem verbessert eine längerfristig erhöhte Feuchte bei entsprechender Temperatur auch die Lebensbedingungen tierischer Holzschädlinge.

Es ist also grundfalsch, wenn auch bei Denkmalpflegern und Restauratoren leider immer noch üblich, Heizung, Raumklima und Schaden nur unter winterlichen Aspekten zu beurteilen.

Abb. 7.20: Kondensatschäden an Fensterleibung wegen fehlender Heizung

Der häufigste Fall des sommerklimabedingten Schadens entsteht durch Kondensation. Es handelt sich hier um einen speziellen Fall der Kondensation, die Sommerkondensation. Selbstverständlich gilt auch für sie das Grundprinzip, daß zu feuchte Luft auf eine zu kalte Oberfläche trifft und deshalb der Taupunkt unterschritten wird. Die Voraussetzung hierfür bieten aber vor allem große historische Räume mit starkem Mauerwerk und anderen Baumassen wie beispielsweise dem Fußboden (Abb. 7.19) sowie mit ebenfalls starkem Luftwechsel (historische Einfachverglasung: Abb. 7.20) oder künstlich verstärktem Luftwechsel zur falschen Zeit (offene Türen bei frühjährlich anwachsendem Besucherverkehr).

Wichtig ist hier zur Schadenszuordnung die Kenntnis jener vielfältigen Schadensmechanismen, die auf Grund von Kondensation ablaufen können. Beispielhaft werden vier unterschiedliche Schadensbereiche in unbeheizten Räumen gezeigt:

Abb. 7.21 zeigt das Innere einer kleinen Kirche; durch ständige Durchfeuchtungs- und Abtrocknungsvorgänge kommt es zu wechselnden Quell- und Schrumpfungsvorgängen innerhalb der Malschicht, unterstützt durch Salzkristallisation.

Der Wechsel der Aggregatzustände von Salzen, bedingt durch Kondensations- und Abtrocknungsvorgänge, zerstört den inneren Sockelbereich eines Festsaals (Abb. 7.22).

Die Kassettendecke der Abb. 7.23 ist infolge eines extremen Kleinklimas über die stark wechselnde Luftfeuchte ständig wechselnden Quellungen und Schrumpfungen unterworfen; hinzu kommen durch die starke Kassettentiefe noch mikroklimatische Unterschiede.

Die in Abb. 7.24 gezeigte Verkabelung führt zu einzelnen Meßstellen von Holzfeuchte und Oberflächentemperaturen.

Der Putzschaden aus Abb. 7.25 legt auch die Ursache frei: Die Bockhaut der bemalten Deckenuntersicht besteht aus langen Latten konischen Querschnitts, in die von oben und unten die Putzlage so eingebracht wurde, daß sich zwi-

Abb. 7.21

Abb. 7.22

Abb. 7.23

Abb. 7.24

Abb. 7.25

schen den Latten durchgehende und damit die Putzlage tragende Stege ausbildeten. Wiederum durch periodisch wechselnde Materialfeuchten ergaben sich Verwindungen der Holzleisten, die zur Zerstörung dieser Putzstege und damit zum Teilabsturz einzelner Putzflächen führten.

Die entsprechend der geographischen Lage, vor allem aber auch durch kleinklimatische Bedingungen manchmal schon ab Februar, in der Regel aber spätestens ab April feuchtebeladene Außenluft trifft zu dieser Zeit immer noch auf kältespeichernde Baumassen und gibt deshalb bei der Abkühlung Feuchte ab (Abb. 7.26). Als Hilfe hiergegen gibt es technisch mehrere Möglichkeiten; praktikabel aus formalen wie auch finanziellen Gründen ist üblicherweise lediglich die Temperierung durch Beheizung.

Wenn der frühjährliche wie auch frühsommerliche Feuchteeintrag zu einer derartigen Belastung in unbeheizten Kirchen führen kann, muß der gleiche Schadensmechanismus auch in hierfür gefährdeten beheizten Kirchen anspringen, wenn die Heizung lediglich zur winterlichen Temperaturerhöhung benutzt wird. Der Lübecker Dom zeigt bei annähernd gleichen Raumtemperaturen im Winter und im Frühsommer lediglich in der unbeheizten Phase eine Kondensationsgefährdung (Abb. 7.27).

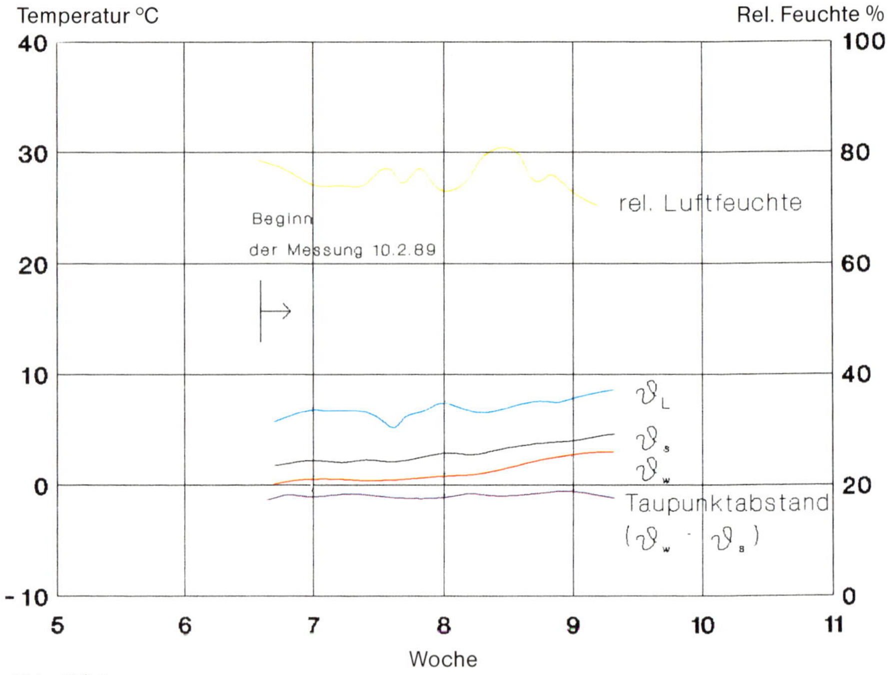

Abb. 7.26:
Verlauf der Wand- und Taupunkttemperatur in einer unbeheizten Kirche

Nun spielt auch der Besucherstrom beim Kirchen- oder Schloßkonzert eine besondere Rolle, wenn die feuchtigkeitsdämpfende Wirkung des Beheizens fehlt. Auch die Absorption wird kaum mehr ausgleichend wirken, wenn die jahreszeitlich bedingte längere Dauer eines erhöhten Luftfeuchteangebots diese Reserve bereits aufgefüllt hat.

Wichtig ist bei der Beurteilung dieses Schadensmechanismus die bei fast allen Untersuchungen bestätigte Tatsache, daß die Annahme einer Gefährdung allein durch den verzögerten Abbau winterlicher Temperaturen in der Raumhülle zwar nicht falsch, aber unzureichend ist. Das sommerliche Außenklima wird immer wieder Luftzustände mit außergewöhnlich hoher absoluter Luftfeuchte bieten. Solch schwüle Wetterlagen, die sich zudem in manchen Gegenden sehr rasch aufbauen können und damit dem Bauwerk keine Möglichkeit lassen, »rechtzeitig« genügend Wärme zu speichern, stellen sich gehäuft ab Mitte Mai ein und werden gegen Mitte August rasch seltener. Es ist dies aber auch die Haupt-

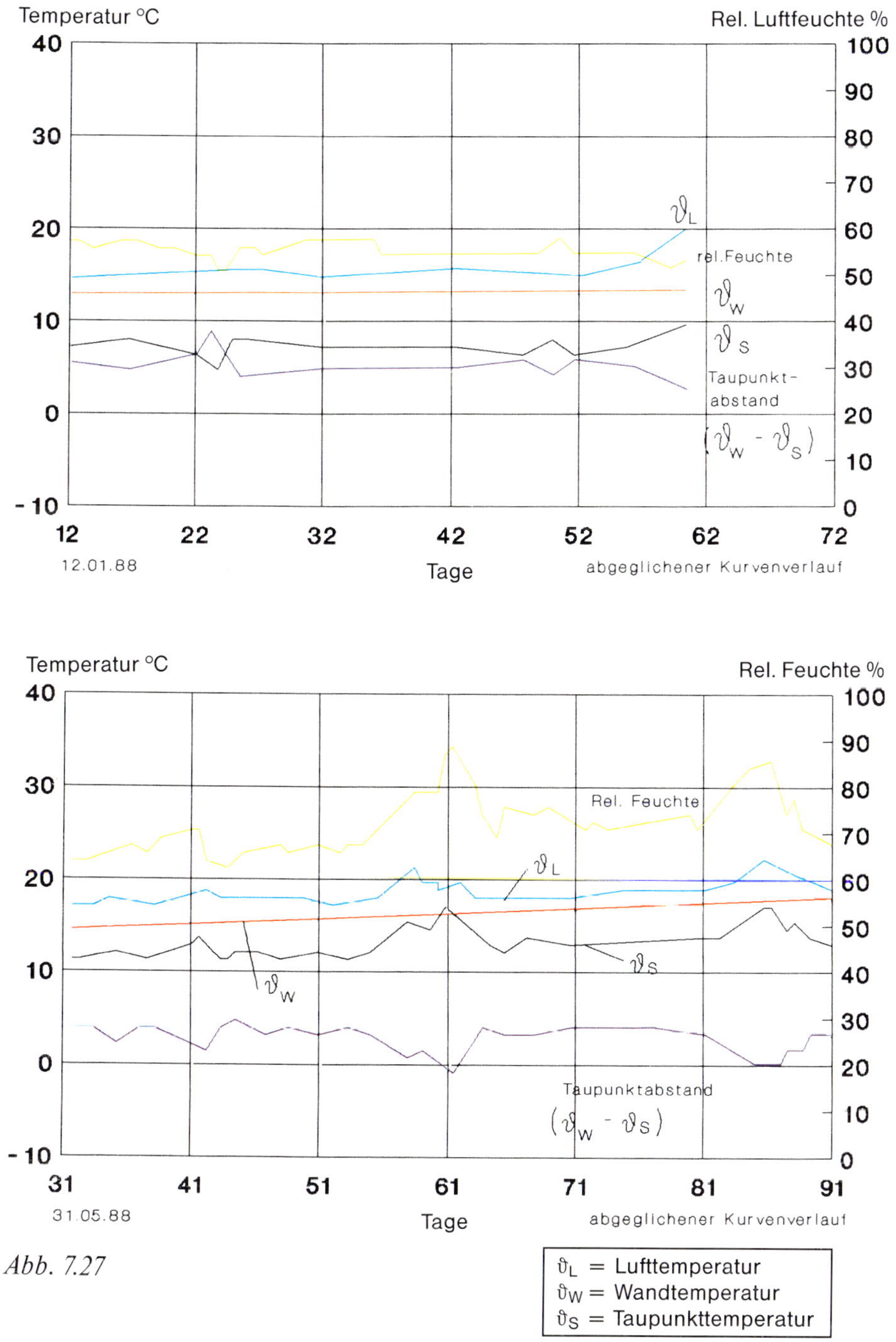

Abb. 7.27

reisezeit und damit die Zeit der dichtesten Besucherströme, was nochmals nicht nur einen erheblichen Feuchteeintrag verursacht, sondern auch durch das ständige Öffnen der Türen den nun so verderblichen Luftwechsel erhöht. Windfänge und Doppelverglasung können diesen Effekt als bauliche Sanierungsmaßnahme zwar verringern, doch werden sie nur in wenigen Einzelfällen ausreichen.

Die zweite technische Lösungsgruppe umfaßt verschiedene Möglichkeiten der Luftbeeinflussung, wobei als eleganteste sicherlich Luftentfeuchtung oder sogar Klimatisierung zu rechnen sind. Derartige Anlagen sind aber nicht nur in Projektierung und Erstellung teuer, sondern vor allem im Unterhalt. Zudem benötigen sie Platz – und zwar nicht nur für die Aggregate selbst, der meist zu finden ist, sondern auch für die Luftverteilungssysteme, also Kanäle und Schächte, deren Durchmesser von Laien regelmäßig weit unterschätzt wird. Wählt man, dies zu vermeiden, ein flüssiges Transportmedium, verlangt die Anlage wieder Einzelaggregate, die vielleicht noch in einem Museum, aber formal kaum befriedigend in einer Kirche, einem Schloßsaal unterzubringen sind.

Wesentlich einfacher und entschieden billiger, wenn auch praktisch in seiner Wirkung begrenzt, ist der sommerliche Einsatz der Heizung, da jede Erhöhung der Lufttemperatur ein Absenken der Raumluftfeuchte mit sich bringen muß, die dann vor allem deutlich wird, wenn der zeitlich begrenzte Verlauf der Desorption, also die Abgabe von Feuchte aus der feuchtespeichernden Raumhülle, langsam ausläuft, was durchaus einige Tage dauern kann.

Auch hier steigt der Effekt einer Heizungsanlage wieder mit der Qualität der Regelung, wie sie grundsätzlich unter Abschnitt 7.6 besprochen und in ihrer Anwendung bei einigen Fallbeispielen beschrieben ist.

Steht diese Möglichkeit wegen fehlender Heizungsanlage oder hierfür ungeeigneter Regelung nicht zur Verfügung, können auch noch Lufttrockner als Einzelgeräte eingesetzt werden. Sie eignen sich allerdings nur für vergleichsweise kleine Räume und verlangen in ihrer üblichen einfachen Installationsart einen Wartungsaufwand: Das der Luft entzogene Wasser muß aufgefangen und das Behältnis geleert werden.

7.8 Raumklimatische Messungen

Das Raumklima wird weitgehend definiert durch Feuchte und Temperatur der Raumluft. Diese sind unter anderem abhängig von Feuchte und Temperatur der Außenluft. Konstruktion und Material der Raumschale als Trennung zwischen innen und außen bestimmen den Temperatur- und Feuchteverlauf in der Raumschale; wichtiges Kriterium hierfür ist die innere Oberflächentemperatur, da sie Aussagen über die Feuchtebeaufschlagung aus der Luft zuläßt.

Damit sind bereits die wesentlichen Grundmeßwerte genannt:

- Lufttemperatur innen und außen,
- Luftfeuchte innen und außen,
- innere Oberflächentemperaturen.

Leider werden diese Werte nur in den seltensten Fällen im gesamten Raumbereich übereinstimmen; es wird deshalb notwendig, ihre Verteilung zumindest soweit festzustellen, als dies zur Beurteilung des Raumklimas wichtig ist. Hierzu zählen vor allem Differenzen, die durch Luftschichtung oder -strömung bedingt sind. Da die absolute Luftfeuchte in einem Raum sich verhältnismäßig rasch in allen Raumteilen angleicht und damit die relative Luftfeuchte bei einem oder wenigen Referenzwerten aus den Raumluftwerten errechnet werden kann, wird die Schichtung hauptsächlich über preiswertere und vor allem genauere Temperaturfühler ermittelt. Hierzu wird ein Kabelbaum von Decke oder Gewölbe abgehängt, was meistens durch irgendwelche Öffnungen möglich ist. Dieser Kabelbaum enthält so viele in der Höhe versetzte Temperaturfühler, wie für die gewünschte Beurteilung notwendig wird; meist genügt ein Abstand von 2 bis 3 m.

Auch für die Oberflächen kann eine solche gestaffelte Temperaturabnahme sinnvoll sein, da sich hier besonders deutlich der unterschiedliche Heizungseinfluß, aber auch divergierende Wärmeflüsse durch die Hüllfläche bemerkbar machen.

Die Raumluftströmung kann dann zu einem wichtigen Kriterium werden, wenn durch besondere Nutzung, einseitige Wärmeabgabe der Heizung, starke Sonneneinstrahlung, die in jedem Fall einseitig sein wird, durch extreme Raumformen oder Raumeinschnürungen, durch hohen Windangriff und noch manches andere mehr starke Luftbewegungen zu erwarten sind.

Raumklimatische Untersuchungen werden meist durchgeführt, weil Raumschale und Ausstattung durch die Luftfeuchte gefährdet sind oder gefährdet erscheinen. Es liegt deshalb nahe, deren Feuchteverhalten direkt durch Feuchtemessung oder indirekt durch Bewegungsmessung zu erfassen. Bis jetzt – ein neues Meßgerät wurde entwickelt, wird aber frühestens 1994 auf den Markt kommen – sind diese Messungen nur an Holz sinnvoll. Auch dort zeigt jedoch das Ergebnis der durch Messung des elektrischen Widerstands gewonnenen Holzfeuchte

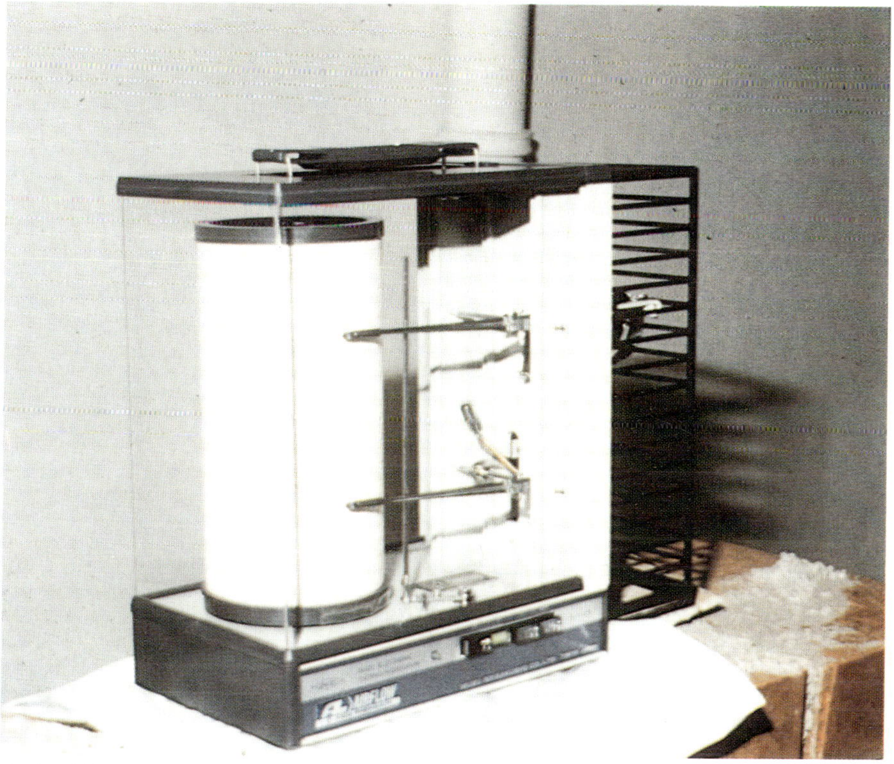

Abb. 7.28

eine vergleichsweise hohe Meßtoleranz, so daß diese Untersuchungen als ergänzend sinnvoll, zu einer allein darauf beruhenden Auswertung aber als unseriös zu bezeichnen sind.

Aus Kostengründen meist nicht erfaßt werden die Sonnenscheindauer, Windanfall und Windgeschwindigkeit, Regenmenge und -dauer, der Gesamtluftwechsel sowie die Nutzerzahl nach Zeit und Personen, doch lassen sich diese Größen mit unterschiedlicher Genauigkeit aus den anderen gemessenen Werten ableiten, zum Teil auch erfragen.

Raumklimatische Untersuchungen kennen einen Teuerungsfaktor, der sonst, mit Ausnahme mancher Bewegungsmessung, nicht anfällt: Die Zeit. Das Außenklima, als wesentlicher raumklimabestimmender Faktor, wechselt im Tages- wie auch im Jahresverlauf - und selbst dieser kann manchmal so abwegige Jahreszeiten bieten, daß hieraus keine Rückschlüsse auf das »Normal«-Jahr geschlossen werden können. Man geht deshalb davon aus, ein ganzes Jahr zu erfassen, in besonders wichtigen Fällen dieses Jahr wenigstens noch durch eine zweite Periode der kritischen Jahreszeit zu ergänzen, welche immer in der Zeit von Dezember/Januar bis Juni/Juli liegen wird.

Aus dieser Forderung nach fortlaufender Untersuchung ergibt sich zwingend der Einsatz selbstschreibender Geräte, deren billigstes, der Thermohygrograph (ca. 1200 DM), wenigstens Raumluftfeuchte und -temperatur zusammen aufzeichnet, nach Wahl bis längstens einen Monat (Abb. 7.28). Problematisch ist hier die Anfälligkeit der die Feuchte registrierenden Haarharfe gegen Verschmutzen und Abtrocknen, was gravierende Meßfehler zur Folge hat. Solche Geräte müssen deshalb bei jedem Wechsel des Papierstreifens neu justiert werden, was mit unterschiedlichen Handgeräten möglich ist. Am genauesten und bei sachgemäßer Handhabe am sichersten ist ein Aspirationspsychrometer, dessen Preis bei 1500 DM beginnt (Abb. 7.29). Im Notfall kann es auch einmal genügen, ein nasses, aber nicht tropfendes Handtuch für eine halbe Stunde um das Gerät zu

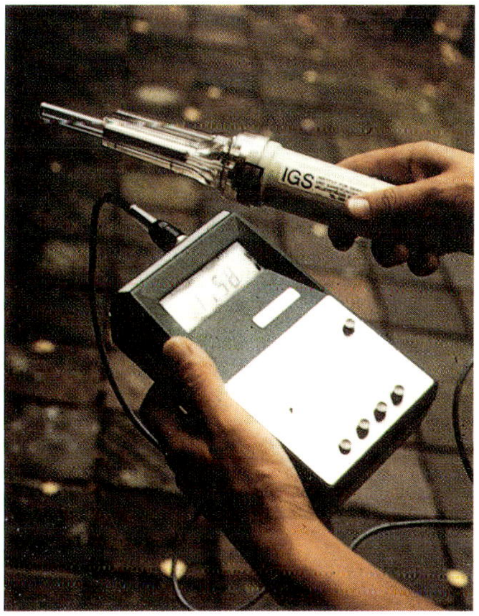

Abb. 7.29

schlingen: Die Feuchteanzeige muß dann bei etwa 95 % liegen.

Alle weiteren Messungen, vor allem die Aufzeichnung der zahlreichen Oberflächentemperaturen, sind hiermit nicht möglich, so daß üblicherweise selbstschreibende Geräte eingesetzt werden (Abb. 7.30), die zentral beliebig viele Meßstellen erfassen. Mit Ausnahme besonders umfangreicher oder besonders genauer Untersuchungen genügen Geräte mit etwa 40 Meßeingängen jeder Anforderung; sie kosten je nach Aufzeichnungsart - Papierausdruck oder Diskette - zwischen 15.000 DM und 25.000 DM, wobei für jeden Temperaturfühler je nach Genauigkeitsgrad zwischen 200 DM und 800 DM und für jeden Luftfeuchtefühler mindestens 600 DM zu veranschlagen sind.

Einen mittleren Bedarf zeigt der Auszug aus einem Angebotstext, der den Installationsumfang beschreibt (Abb. 7.31).

Die Installation - also das Anbringen der Meßfühler und deren notwendige Verkabelung zum Zentralgerät - verbraucht mindestens 2, häufig bis zu 6 Manntagen (Abb. 7.32), der Abbau nochmals mindestens einen. Empfohlen wird dringend eine Vorinstallation mit Probelauf in Labor oder Büro, wofür nochmals 1 bis 2 Manntage verbraucht werden. An Wartungszeit sollte je Monat wenigstens ein Tag kalkuliert werden.

Abb. 7.30

IGS Institut für Gebäudeanalyse und Sanierungsplanung München GmbH

Position 1: **Aufbau einer Meßanlage**
bestehend aus:
- 1 Luftfeuchtefühler außen;
- 1 Lufttemperaturfühler außen;
- 2 Luftfeuchtefühler im Kirchenraum;
- 1 Luftfeuchtefühler im Dachraum;
- 1 Lufttemperaturfühler im Dachraum;
- mindestens 12 Lufttemperaturfühler innen, davon circa 8 Stück freihängend in vertikaler Reihung zur Feststellung der Temperaturschichtung; die restlichen Fühler in exponierten Raumteilen;
- mindestens 10 Oberflächentemperaturfühler;
- mindestens 1 Gerät zur selbsttätigen Erfassung und Aufzeichnung oder Speicherung aller Meßdaten;

pauschal .... 4.500,– DM

Position 2: **Vorhalten und Warten**
der unter Pos. 1 beschriebenen Anlage für 9 Monate einschließlich wiederholter Entnahme der Meßdaten;

9 Mon. x 1.800,– DM/Mon. .... 16.200,– DM

Abb. 7.31

Abb. 7.32

Weitere Messungen, wie die Erfassung der Strömung, sind zwar ebenfalls als Dauermessung möglich, aber unverhältnismäßig aufwendig. Da hier Trends meist ausreichend sind, werden diese Messungen anläßlich der Installation oder der Wartungsbesuche durchgeführt. Qualitativ kann die Strömung durch unterschiedlichste Raucherzeuger sichtbar gemacht werden (50 DM für Strömungsprüfstäbchen bis 2000 DM für ein Nebelgerät, s. Abb. 7.33); quantitativ sind Anemometer einzusetzen, die je nach Meßgenauigkeit zwischen 1200 DM und 2500 DM kosten (Abb. 7.34).

Arbeitszeiten für eine Auswertung der Meßdaten sind schwerer zu nennen, da dies nicht nur stark von der Erfahrung des Bearbeiters abhängt, sondern auch von der Art des eingesetzten Geräts. Wird eine Computerauswertung direkt gespeicherter Daten möglich, schenkt dies einen Zeitgewinn. Als Durchschnitt können für diese Arbeit 5 bis 10 Manntage angesetzt werden, zu denen dann noch die gutachterliche Bearbeitung kommt. Hier läßt sich allerdings kein noch so grober Kalkulationswert ohne Kenntnis des speziellen Objekts nennen. Im glücklichen Fall formt sich die gutachterliche Aussage und Sanierungsempfehlung schon während der Auswertung, und es braucht nicht einmal einen Tag der Zusammenfassung. Häufig genug müssen immer wieder neue Daten ausgesondert werden, um die Schadensursache langsam einzukreisen, sind Salzanalysen nachzuschieben oder wird sogar ein zusätzlicher Ortstermin mit händischen Messungen notwendig. Der Autor und seine Mitarbeiter saßen trotz ihrer Erfahrung auch schon 14 Tage vor der Datenflut und mußten trotzdem ihrem Gutachten ein »Vermutlich« voranstellen.

Abb. 7.33

Abb. 7.34

7.9 Klein- und Mikroklima

Jeder gute Gärtner kennt jenen Platz in seinem Garten, an dem einige Pflanzen gedeihen, die nach Lehrmeinung und Nachbargarten dort niemals blühen und Früchte tragen dürften. Es ist diese und nur diese eine kleine Ecke, in der in einem kleinen Bereich ein besonderes Klima herrscht, das sich in seinen Jahresmittelwerten, vor allem in saisonalen Mittelwerten verblüffend vom dort herrschenden allgemeinen Klima unterscheidet. Gleiches findet sich auch in vielen Gebäuden.

Es kann dies der Zwickel unter der Treppe sein, aber auch eine kleine Konche, ein Winkel hinter dem Altar und so weiter. Aus Erfahrung lassen sich diese Bereiche in der Regel vorhersagen, doch wird auch der erfahrenste Sachverständige hier immer wieder Überraschungen erleben. Den besten Hinweis hierauf bieten die Unterschiede im Schadensverlauf.

In welch engen räumlichen Bereichen sich ein solches Kleinklima aufbauen kann, belegt Abbildung 7.35. Den Temperaturverlauf in einer barocken Kassettendecke zeigt Abbildung 7.36. Die Differenzen zum Raumklima sind immerhin so hoch, daß der Restaurator in Holz und Fassung mit anderen Quell- und Schrumpfvorgängen rechnen muß, als er dies dem eigentlichen Raumklima entnehmen könnte.

Feststellungen dieser Art sind von Fall zu Fall also notwendig und dann auch zwingend, wobei ein weiterer Aspekt in der Abwägung einer derartigen Untersuchung auch darin liegt, daß diese Ermittlung eine relativ preiswerte Ergänzung der üblichen raumklimatischen Messung darstellt, da lediglich einige weitere Fühler und deren Installation anfallen.

Anders ist dies in jeglicher Hinsicht beim Mikroklima. Hierunter wird ein nochmals kleinerer Bereich verstanden, nämlich jenes Klima, das sich in den wenigen oberflächennahen Millimetern der Raumluft einstellt. Die Veränderungen, die hier zu erwarten sind, sind seit langem bekannt; sie entsprechen im Prinzip denen des Wärmeübergangs, wie sie als α_i und α_a in jede Berechnung einfließen, auch wenn diese Rechenwerte im Regefall von den tatsächlichen abweichen.

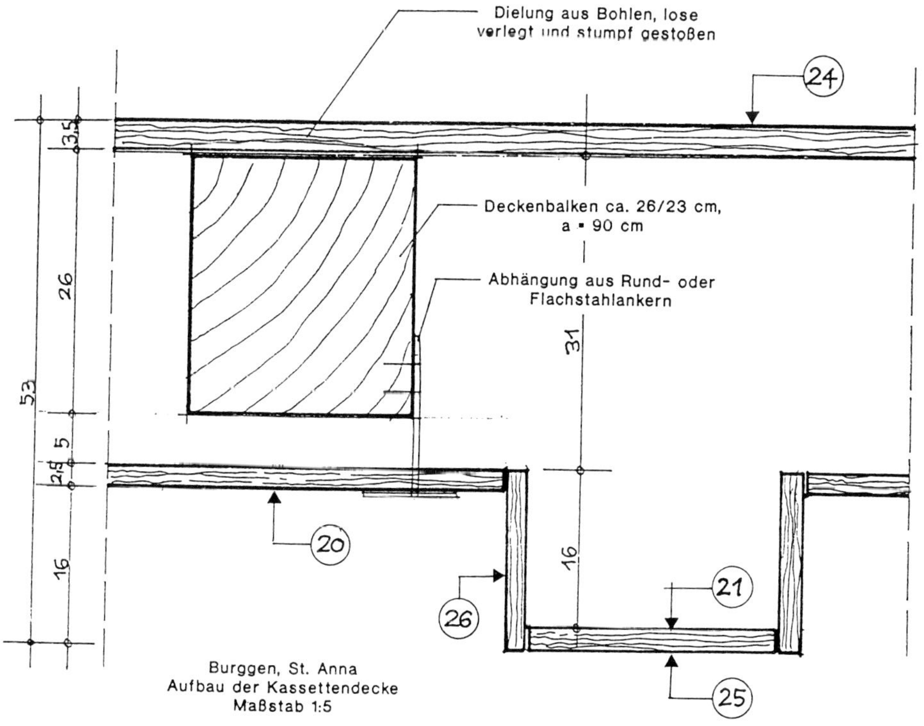

Abb. 7.35

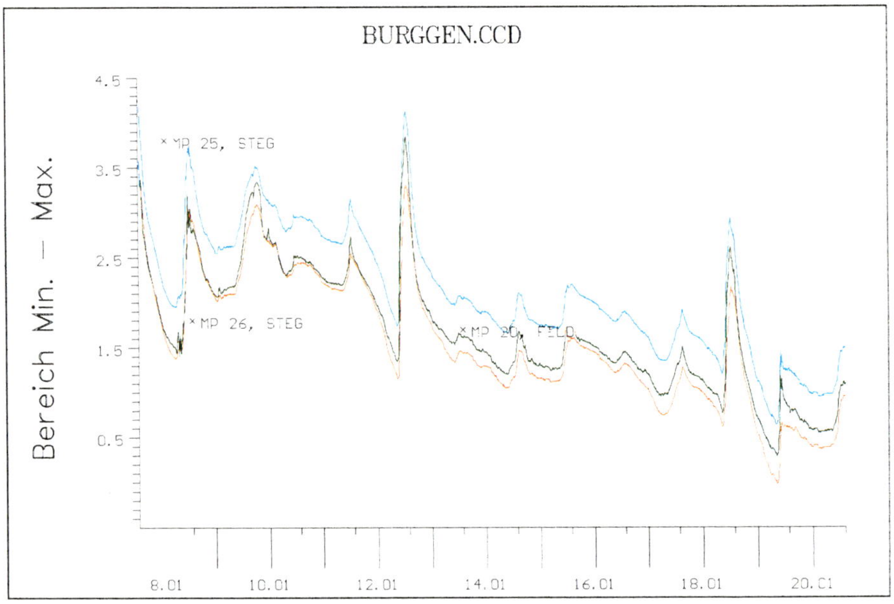

Abb. 7.36

Auch die Luftfeuchtewerte kennen einen derartigen »Feuchteübergang«, dessen Größe wiederum durch mehrere Faktoren mit beeinflußt wird. In jedem Fall aber bleibt diese Größenordnung in einem Bereich, da die Ermittlung eines derartigen Mikroklimas bestenfalls von wissenschaftlichem Interesse ist, aber in keinem Fall irgendeine Bedeutung für die Praxis besitzt und damit für alle raumklimatischen Entscheidungen ohne Relevanz bleibt.

Dies gilt für Entscheidungen zu allen Arten haustechnischer Anlagen, für Lüftungs-, Klimatisierungs- und Heizweise und damit auch für die Regelung, aus der sich nochmals ein Beurteilungskriterium für die Feinheit von Meßergebnissen ableiten läßt: selbst die technisch bestmögliche, das heißt also in Kleinstschritten wirkende Regelung, hat in der Praxis wesentlich höhere Toleranzen, als dies für ein Eingehen auf ein derartiges Mikroklima notwendig wäre.

Es liegt zudem im Wesen jeder Verringerung eines Untersuchungsbereiches, daß damit auch kleinstteilige Einflußbereiche erfaßt werden. Für das Mikroklima ist dies unter anderem der Salzgehalt der betrachteten Fläche, eine Größe, die erfahrungsgemäß sich rasch und teilweise sprunghaft ändert, so daß die Ermittlung selbst in vielen Mikrozonen, beispielsweise der Raumhülle einer Kirche, keinerlei Rückschlüsse auf den Gesamtbereich erlaubt.

Da im übrigen das Klima jedes Raumes so vielen Einflüssen unterliegt, die nicht veränderbar sind, bleibt die Kenntnis eines derartigen Mikroklimas für die Möglichkeiten einer praktikablen Veränderung tatsächlich irrelevant.

8 Forschungsdefizite

Die Arbeiten des Autors, die zu diesem Buch geführt haben, brachten einige Defizite der bisherigen Forschung zutage. Zum einen geht es dabei um Fragen, deren Beantwortung durch die Folge ungewöhnlich milder Winter nicht möglich war und auch durch zusätzliche Messungen im Winter 1990/91 nicht mehr geklärt werden konnten. Zum anderen handelt es sich um Fragen, denen zunächst nicht nachgegangen wurde, weil sich ihre Bedeutung überhaupt erst nachträglich im Zuge der Bearbeitung herausstellte.

Zur ersten Gruppe ist vor allem die Frage zu zählen, wie genau sich bei kalter Witterung stationäres und instationäres Beheizen unterscheiden. Die Messungen brachten zwar ein in mehreren Einzelaspekten qualitativ so ausreichendes Ergebnis, daß begründete Empfehlungen ausgesprochen werden können, doch fehlt der überzeugende, das heißt »krasse« Beleg.

Gleiches gilt für die zwar besser belegte Diskrepanz der Oberfächentemperaturen vor allem zwischen Warmluftheizung und Bankheizung, dann jedoch vor allem auch bei Fußbodenheizungen, deren positive wie negative Auswirkungen auf Ausstattung und vor allem Raumschale stark durch die Heizweise beeinflußt werden. Es wäre hier zu wünschen, daß die einschlägige Industrie sich objektiv dieser Frage annimmt, zu deren Klärung weniger ein finanzieller Aufwand als ein entsprechender Witterungsverlauf wichtig ist.

Die zweite Gruppe umfaßt mehrere Fragen, für die es jeweils Antworten genug gibt, doch sind sie unbelegt und lassen lediglich in der Zuordnung zu ihren subjektiven Benutzern eine Verbindlichkeit erkennen. Im einzelnen zählen hierzu:

- Wie weit unterscheiden sich die tatsächlichen Werte der Feuchte und Temperatur von den berechneten Werten in einer Gewölbedämmung und den oberflächennahen Luftschichten? Die Berechnung hierfür ist einfach, bewährt und seit langem genormt.

Begründung:
Es werden für diesen Bereich immer wieder Schäden gemeldet, die der errechneten Ermittlung widersprechen.

- Ermittlung der tatsächlichen Luftwechselzahlen und Kontrolle, wie weit eine Feuchtebilanz erlaubt, diesen Wert rechnerisch zu erreichen.

Begründung:
Der Luftwechsel ist eine der wesentlichsten Größen für die Schadensprognose; es gibt bisher hierüber lediglich Annahmen, doch dienen schon diese als Grundlage weiterer Schlüsse!

- Feststellung und rechnerische Überprüfung der Feuchteabgabe an den Raum aus dem Sockelbereich und vor allem aus dem Fußboden.

Begründung:
Zumindest die Fußbodenheizung verlangt in den meisten ihrer Konstruktionen eine Abdichtung des Bodenaufbaus. Von der Denkmalpflege wird diese Sperrlage grundsätzlich abgelehnt, weil sie den bisherigen Feuchtehaushalt des Raums verändern soll. Diese Ablehnung gründet auf der Annahme, daß der Raum über dem Fußboden reichlich Feuchtigkeit erhält, wogegen – von Ausnahmen abgesehen – alle Erfahrungen und einige Gesetzmäßigkeiten sprechen: Die Feuchteabgabe ist unbestritten, doch wird sie sich vermutlich entgegen der Annahme in sehr niedrigen Grenzen halten.

- Feststellung der Sorptionsvorgänge im Holz und deren zeitliche Verschiebung zu den Veränderungen der Raumluftfeuchte in Abhängigkeit von Holzvolumen beziehungsweise der Verarbeitung.

Begründung:
Quell- und Schrumpfungsvorgänge im Holz sind teilweise bekannt - und zwar bezogen auf die Holzfaser. Dies ist für diese Betrachtung nicht ausreichend, da eine Bankdocke eine Stärke von 50 mm bis 80 mm besitzt, ein Tafelbild eine Holzstärke ab 15 mm und eine Schnitzerei auf 0 mm ausläuft. Unbekannt sind in jedem Fall die Nachlaufzeiten, die mit Sicherheit auch wieder von der Holzstärke mitbestimmt werden. Die Aufheizzeiten greifen aber direkt in diesen Vorgang ein und gelten heute als wichtigstes Kriterium für die Beurteilung der Gefährdung durch Beheizen.

- Feststellung des Feuchteverhaltens von Malgründen, Spachtelungen und ähnlichem.

Begründung:
Die genannten Materialien verhalten sich entsprechend der Schadenserfahrung anders als Holz. Auch wenn dieses noch nicht den feuchtebedingten Bewegungen unterworfen ist, kann es hier schon zu schadensträchtigen Volumenveränderungen kommen. Es gibt hierüber keine Fakten, lediglich Behauptungen.

Dr. Ing. Claus Arendt
Geboren 1941 in München.
Architekturstudium und Promotion in Haustechnik; tätig als freier Architekt und Assistent am Lehrstuhl für Haustechnik der TU München; zweites Staatsexamen und anschließend Leitung des Technischen Referats am Bayerischen Landesamt für Denkmalpflege.
Übernahme und Geschäftsführung des »IGS - Institut für Gebäudeanalyse und Sanierungsplanung GmbH« München.
Lehraufträge im Fachgebiet der technischen Probleme an Altbauten seit 1976; zahlreiche Vorträge und Veröffentlichungen.

9 Literaturverzeichnis

9.1 Literaturbericht über bauphysikalische Untersuchungen in unbeheizten und beheizten Gebäuden alter Bauart

Vorbemerkungen: Die Literatur über Kirchenheizung oder die Beheizung anderer, vergleichbar großer Räume in Schlössern, Rathäusern, Klöstern und anderen Repräsentationsbauten trennt sich mit leider nur sehr wenigen Ausnahmen in zwei Lager, von denen jeweils das eine das andere möglichst nicht zur Kenntnis nimmt: Die haustechnisch-bauphysikalische und die restauratorisch-denkmalpflegerische Seite, wobei verblüffend ist, worin sich die beiden Standpunkte unterscheiden.

Aus technischer Sicht sind Kirche und Schloßsaal nichts anderes als ein Raum zwar auffallender Größe, der aber dennoch den normativen Festlegungen üblicher Wohn- und Büroräume zu genügen hat. Selbst wenn man bereit ist, die Forderung nach niedrigen Raumtemperaturen zu akzeptieren, wird die Besonderheit dieser Räume auf ihren Wärmebedarf reduziert, als ob Lagerhalle und Schloßsaal keine anderen Unterschiede zeigten als ihre k-Werte.

Weit über diesem allen steht die Denkmalpflege. Hier werden mit ebenso viel Unwissen wie Arroganz naturgesetzliche Abhängigkeiten geleugnet und einmal formulierte Vorurteile fleißig weitergeschrieben. So zeigen die Untersuchungen schon jetzt zweifelsfrei, daß der immer wieder prognostizierte Wärmestau im Kuppelbereich nirgendwo zu finden sein wird. Zwar gibt es Temperaturerhöhungen unter der Decke, und diese sind höher bei fehlender Belüftung; doch darf der sogar in Vorträgen als Tatsache behauptete Temperaturanstieg um 1 bis 2 K je Höhenmeter getrost ins Fabelreich verwiesen werden.

Desgleichen zeigt sich, daß – vielleicht abgesehen von nicht entdeckten Ausnahmen – weder die Trokkenlegung der Wände, noch erst recht die des Fußbodens zu so krassen Luftfeuchtestürzen führt, wie immer wieder gemutmaßt. Nur in sehr wenigen Fällen folgt die Absenkung der Raumluftfeuchte der theoretischen Abhängigkeit von 1 K: 5% r. F.; in fast allen Fällen verringert sich dieses Verhältnis entscheidend und erreicht sogar Werte von 1:1, was zwingt, die Frage nach stoßweiser oder durchgehender Beheizung neu zu stellen oder zumindest nicht so pauschal zu beantworten wie bisher.

Diese naturgesetzliche Abhängigkeit zwischen Raumlufttemperatur und -feuchte wird stets als scharfes Schwert geschwungen, wenn es gilt die schädliche Heizung abzuwehren – prompt aber und mit Nachdruck geleugnet, wenn gerade diese Abhängigkeit erlaubt, starke Kondensationsschäden relativ einfach zu verhindern. Die Messungen an über 60 Objekten belegen zweifelsfrei, daß dieser Schaden häufiger als angenommen ist.

Als eine der gefährlichsten, leider auch häufigsten, aber dennoch falschen Behauptungen ist die einseitige Schuldzuweisung an die Heizung zu finden. Hier werden teilweise geradezu gewissenlos sämtliche anderen, das Raumklima beeinflussenden Faktoren unterschlagen – und ebenso häufig als ebenso falsche Empfehlung als beste heiztechnische Lösung die das Raumklima scheinbar nicht beeinflussende Bankheizung empfohlen.

Literatur beider Seiten, die zu eng abgeschrieben ist, oder deren Einseitigkeit als zu hoch eingeschätzt wurde, ist im folgenden Verzeichnis nicht aufgenommen. Verzichtet wurde ebenfalls auf rein restauratorische Beiträge, die über Schäden berichten, wie sie auch durch eine Veränderung des Raumklimas entstehen können, in denen aber kein Bezug zur Beheizung oder Nichtbeheizung solcher Räume gegeben wurde.

Auffallend ist, daß eine ganze Reihe zwangsläufiger und entscheidender Abhängigkeiten nirgendwo beschrieben ist, wie beispielsweise die Tatsache, daß gerade der immer wieder verlangte Erhalt der Fensterundichtigkeiten, also das Verbot einer Abdichtung oder Zusatzverglasung, die durch eine Beheizung hervorgerufene Absenkung der Raumluftfeuchte unterstützt, oder die Probleme, die sich aus der Belegungsdichte ergeben.

Trotz eines beharrlichen Schweigens in wichtigen Fragen, einer Fülle an unbelegten Behauptungen und manchem krassen Fehler bietet die hier bearbeitete Literatur Antworten auf viele Einzelfragen. Einem rascheren Finden dieser Antworten dient die vorliegende beschreibende Auflistung des Schrifttums.

9.1.1 Formulierung von Grundsätzen zur Nutzung von großen Räumen alter Bauart

9.1.1.1 Thermische Behaglichkeit

Als Begründung für eine Beheizung wird von allen Verfassern, die die Frage nach der Notwendigkeit einer Beheizung stellen, die Behaglichkeit angegeben [7, 9, 19, 20, 45, 48] Schmidt-Thomsen [45] stellt heraus, daß die Kirchen nicht nur als Hort für Kunstgegenstände gebaut wurden. »Deshalb muß akzeptiert werden, daß die Gemeinden sich nicht mehr die Genügsamkeit ihrer Vorfahren abverlangen lassen«. Schmidt [48] erläutert, daß angesichts geheizter Räume und beheizter Verkehrsmittel geradezu eine Notwendigkeit zur Beheizung der Kirchen besteht – zum Schutz der Gesundheit der Kirchenbesucher. Auch nach Schuberth [7] hat der Ruf nach einer Beheizung der Kirchenräume eine gewisse Berechtigung; er bezeichnet die Menschen heute allgemein als verwöhnter und damit gegen Kälte empfindlicher. Das Niveau der Beheizung wird unterschiedlicher umschrieben: Arendt [19] weist darauf hin, daß das Gebäude nur temperiert werden soll, damit die Besucher nicht frieren. Schlieder [9] erwähnt ein einstimmiges Urteil mehrerer befragter Ärzte, wonach die Erkältungsgefahr bei Temperaturen über 17 °C beim Verlassen der Kirche größer ist, als bei Temperaturen bis 15 °C. Die Beurteilung der thermischen Behaglichkeit führt nach der Komfortgleichung von Fanger [80], zitiert in [81], zu Beurteilungen von etwas kühl für 1,5 clo (typischer Büroanzug mit Wollmantel) bis etwas warm für 3,0 clo (Polarkleidung); die Angaben gelten für Temperaturen von 10 bis 12 °C.

Mayer zeigt in [78], daß neben der Luftgeschwindigkeit auch der Turbulenzgrad der Strömung zur Beurteilung der möglichen Zugempfindungen beachtet werden muß. Bereits bei Strömungsgeschwindigkeiten unter 0,1 m/s können Zugempfindungen auftreten.

Im dritten Abschnitt von Teil B spricht Hilpert [82] über die Wechselwirkung zwischen Mensch und Raumklima.

Für das körperliche Wohlbefinden ist wesentlich, daß die anfallende Wärme ohne große Inanspruchnahme der Temperaturregelorgane an die Umwelt abgegeben werden kann.

Das thermische Gleichgewicht ist eine Funktion der körperlichen Belastung, des Wärmedämmwertes der Bekleidung, des Zustands der umgebenden Luft (Temperatur, Geschwindigkeit, relative Luftfeuchte) und der mittleren Strahlungstemperaturen. Außer den genannten spielt die hygienische Komponente des Raumklimas – gemessen am CO_2 Gehalt (Pettenkofergrenze) – eine wichtige Rolle.

Gossens [84] schreibt, daß vom Menschen nicht die relativ Feuchte, sondern ausschließlich nur die Temperatur des Kirchenraums registriert wird. Dabei muß berücksichtigt werden, daß diese empfundene Temperatur sowohl von der Temperatur der Raumluft als auch von der Temperatur der umgebenden Wandoberflächen bestimmt wird.

Die Grundtemperatur soll mindestens 8 °C betragen. Während des Gottesdienstes kann die Temperatur auf 12 bis 15 °C angehoben werden.

9.1.1.2 Restauratorische Aspekte

Schmidt-Thomsen schreibt in [45]: »Allein das Dasein einer Fülle von historischen, klimaempfindlichen Sakralkunstwerken und Ausstattungsstücken beweist phänomenologisch, daß das Klima in den Räumen, in denen sie jahrhundertelang verwahrt und benutzt worden sind, zuträglich für sie gewesen sein muß.«

Wegner [20] erwähnt, daß die Beheizung auch im Sinne einer vorbeugenden Restauration erfolgen sollte. Die Arbeiten [7, 9, 19, 20, 39, 45] gehen davon aus, daß die Räume lediglich so hoch temperiert werden, daß der Aufenthalt gerade noch möglich ist. Arendt faßt in [39] diesen Leitgedanken zusammen:

»Die Voraussetzung für den Erhalt der Innenausstattung, aber ebenso für die Vermeidung künftiger Schäden ist das annähernde Beibehalten des für diesen Raum charakteristischen Klimas, dessen bisher langsame und vor allem jahreszeitliche Schwankungen das Feuchtigkeitsgleichgewicht Holzteile und bemalten Putzschichten meist nur wenig belastete«.

Gossens [84] weist darauf hin, daß die relative Luftfeuchte das wichtigste Kriterium ist, das auf Orgeln und andere Kunstgegenstände und auf das Bauwerk wirkt.
In diesem Zusammenhang ist besonders der Aufheizvorgang in Kirchen von Bedeutung. Die Auswirkung des Aufheizens auf die schweren Materialien ist geringfügig. Stark werden jeweils Gewölbe, Fresken, Orgeln, Skulpturen, Altäre und Bilder durch auftretende Spannungen und die daraus resultierenden Dimensionsänderungen beeinflußt.

Diese Spannungen an den Einrichtungsgegenständen können ebenfalls durch Sonneneinstrahlung bewirkt werden.

Holz mit seiner geringen Wärmeeindringzahl kann bei zu schneller Erwärmung der Raumluft leicht seine Oberflächentemperatur um 10 °C/h erhöhen.

Hilpert [82] spricht im Teil B seines Buchs über Einflüsse der Klimatisierung auf Sammlungsgut.

Im ersten Abschnitt wird der Einfluß des Raumklimas behandelt.

Nach der Abhandlung der Größen relative Luftfeuchte und Feuchtegehalt wird ausführlich das h,x-Diagramm für feuchte Luft erläutert. Es werden Beispiele für das Mischen zweier Luftmengen, für die Erwärmung, für die Kühlung und für die Befeuchtung von Luft im h,x-Diagramm dargestellt und diskutiert.

Im zweiten Abschnitt wird über thermodynamische Begriffe und Gesetze gesprochen. Wärmeübertragung, Wärmeübergang, Stofftransporte und andere Vorgänge wie Luftbewegung und Luftverunreinigung im Zusammenhang mit Sammelgut werden behandelt. Zum Beispiel haben instationäre thermo dynamische Zustandsänderungen – hervorgerufen durch Wärmezu- und -abfuhr – einen entscheidenden Einfluß auf den Transport von Sammelgut durch klimatisch unterschiedliche Zonen. Haben dabei Transportbehälter und Verpackungsmaterial nicht die entsprechenden thermischen Eigenschaften, kann es zu erheblichen Schwankungen der Temperatur und damit der relativen Luftfeuchtigkeit kommen.

9.1.2 Schäden und Korrosionsmechanismen am Gebäude und an dessen Ausstattung

9.1.2.1 Schäden an Wänden, Gewölben und an darauf befindlichen Malereien

Während Wegner 1972 [20] noch bemängelte, daß Alterungskriterien bei Temperaturen, Luftfeuchtigkeiten und Luftgeschwindigkeiten für die Materialien nicht bekannt sind, wurde durch eine Arbeit von Zehnder, Arnold, Spirig [74] diese Lücke für die Wandmalereien geschlossen. Die Arbeit untersucht den Zerfall von Wandmalereien durch lösliche Salze in der Krypta des Züricher Großmünsters. Im Verlauf eines Jahres wurden in Abhängigkeit des

Innenklimas folgende Beobachtungen gemacht: Die beiden wichtigsten der festgestellten zerstörungsaktiven Salze, nämlich Natriumnitrat und Natriumchlorid, blühen mit den Jahreszeiten periodisch aus.

Die Raumtemperatur beträgt ganzjährig etwa 20 °C, die relative Luftfeuchte pendelt zwischen Maximalwerten von 75 % im Sommer und 30 % im Winter.

Die Ausblühperiode von Natriumnitrat beginnt im Herbst, wenn die relative Luftfeuchtigkeit im Innern unter ca. 55 % abfällt. In dieser Zeit bilden sich an der Wandoberfläche mehrere Millimeter dicke Fläume von Nitronatrit. Knapp unter der Wandoberfläche wachsende Kristalle stoßen dabei die Malschicht beziehungsweise Mörtel und Sandkörner ab. Obwohl der Beginn der Ausblühphase ein Ereignis ist, das sich an einer bestimmten Stelle im Laufe von Tagen abspielt, kann es sich an den einzelnen Wandpartien um mehrere Wochen verschieben. Die starke Ausblühphase dauert ein bis zwei Monate. Ab Januar bis März, wenn die relative Luftfeuchtigkeit ihr Minimum erreicht, werden frische Ausblühungen spärlicher. Bis in den Juli »schmelzen« die vorhandenen Kristalle. Im Juli bis August verschwinden die Ausblühungen von der Oberfläche; die Auflösung deckt sich mit dem Anstieg der Luftfeuchte über 60 %.

Auch andere Autoren berichten von Schäden an Wandmalereien: Schlieder [9] erwähnt das Abblättern des bemalten Verputzes bei Wandfresken. Er führt weiter aus: Wandmalereien wurden vor einigen hundert Jahren auf den Verputz gemalt und haben bei gleichbleibender Mauerfeuchtigkeit die Jahrhunderte überdauert ohne Schaden zu erleiden. Durch die Wirkung der Trockenlegung wird der Putz spröde und fängt an zu bröckeln. Wandmalereien benötigen Feuchte von innen heraus.

Dasser berichtet in [56], daß Fresken an Gewölben mit Deckenöffnungen sich in viel besserem Zustand befanden, als Deckenfresken, in denen keine Lüftungslöcher vorhanden waren.

Schwärzungen der Wände werden vielfach als für eine falsche Beheizung typisch aufgeführt [15, 20, 36, 38, 45, 55].

9.1.2.2 *Schäden an Fenstern, Türen und Holzverkleidungen*

Der Zerstörung von Glasmalereien sind die beiden Arbeiten [52] und [53] gewidmet.

Frenzel beschreibt in [52] den Korrosionsprozeß an Glasfenstern: Der Zersetzungsprozeß des Glases beginnt bereits mit seiner Verwendung als Fensterabschluß. Das Einwirken von Wasser auf der inhomogenen Glasoberfläche in Form von Tau oder Regen führt nämlich zu einer Hydratisierung der obersten Molekülschicht. Im Laufe der Zeit wirkt dieser Vorgang in die Tiefe. Bei andauernder Einwirkung von Wasser werden Glasteile, vor allem Alkalien, aus der hydratisierten Schicht gelöst und fortgeschwemmt oder konzentriert. Die dabei entstehende Alkalilauge beschleunigt den Zersetzungsprozeß. Schließlich lösen sich auch diese Alkalien unter Zurücklassung einer Kieselgelschicht. Es entstehen dann dünne Schichten von wasserhaltiger Kieselsäure, die das Irisieren beziehungsweise Blindwerden der Scheiben bewirken. Die Hauptursachen für den Alterungsprozeß mittelalterlicher Farbgläser liegen also in der Art ihrer chemischen Zusammensetzung und physikalischen Oberflächenstruktur begründet.

Als vorbeugende restaurative Behandlung empfiehlt er, für die Glasgemälde ein eigenes Kleinklima zu erstellen, da sie infolge ihrer Materialbeschaffenheit einen niedrigeren Prozentsatz an relativer Luftfeuchte benötigen, als die meisten anderen Kunstwerke in der Kirche.

Eine weitere Sanierungsmöglichkeit durch Beschichtung, die an den Fenstern des Kölner Doms erprobt wird, schildert Lossau [86], doch wird darauf hingewiesen, daß noch abzuwarten sei, ob damit tatsächlich die Glasverwitterung aufgehalten wird.

Mayer nennt in [53] als Idealbedingung für Glasmalereien 40 bis 60% relative Luftfeuchte ohne nennenswerte Schwankungen sowie eine gleichmäßige normale Temperatur. Mayer hält die Anbringung einer Außenschutzverglasung, von innen durchlüftet, für die geeignetste Schutzeinrichtung.

Schäden an Türen und Holzverkleidungen zeigen sich nach den Literaturangaben durch Reißen [9, 36] und durch Schwärzungen und Abzeichnen von Konstruktionshölzern [19, 36].

Arendt [38] schildert die Vermorschung von Fußpodesten infolge der Erwärmung des Hohlraumes zwischen Boden und Holzbohlen: Durch die Erwärmung dieses Hohlraumes kommt es zu einer Erhöhung des Wasserdampfgehaltes der dort eingeschlossenen Luft, wobei es nach dem Abschalten der Heizung zur Kondensation kommt.

9.1.2.3 *Schäden an Orgeln*

In [9] berichtet Schlieder: Mit Einführung der Gebläseventilatoren (ca. 1920), die aufgrund ihres Geräusches störten und deshalb zum Beispiel auf dem Dachboden installiert wurden, ergab sich ein Anstieg der Orgelschäden. In diese Zeit fallen auch die ersten größeren zentralen Heizungsanlagen, die zwar die Kirchen nur bis 8 oder 10 °C erwärmten, jedoch in Verbindung mit der »Fremdluftzufuhr« durch den Orgelventilator zu den Schäden führten. Als maximale Temperaturdifferenzen zwischen angesaugter Luft und Orgel ergab sich nach Untersuchung von 52 Kirchen folgendes:

Bei Schieferdächern im Sommer 34 bis 36 K, im Winter 22 bis 47 K, bei Ziegeldächern im Sommer 30 bis 34 K, im Winter 40 bis 43 K.

Neben Schlieder [9] berichten Stadtmüller [41], Badertscher [12] und Supper [10] von Schäden an Orgeln im Verlauf der letzten 20 Jahre.

Supper [10] geht umfangreich auf die Orgelschäden, die nach Ansicht der erwähnten Autoren durch zu trockene Luft und zu schnelles Aufheizen entstehen, ein.

Die Schäden bestehen aus dem Reißen, Verziehen und Schwinden einzelner Orgelteile. Als besonders empfindlich werden die Windladen aufgeführt, in denen leicht Schwindrisse entstehen können. Stadtmüller [41] geht besonders auf die Windladen ein. Gerissene Windladen, so beschreibt er, werden durch Bekleben der Seiten mit Schafleder abgedichtet. Als ideale relative Luftfeuchtigkeit für Orgeln werden angegeben:

Stadtmüller	[41]: 60–70%
Supper	[10]: 60%
Schlieder	[9]: 50–80%
Badertscher	[12]: 65%

Badertscher [12] stellt eine Einrichtung vor zur direkten Befeuchtung der Orgelluft.

In den Richtlinien zum Schutz denkmalwerter Orgeln [57] werden Begriffserläuterungen zu historischen Orgeln gegeben; Angaben bezüglich des Idealklimas für Orgeln werden nicht gemacht.

In der Arbeit von Supper [10] wird nicht mehr vor zu hohen Temperaturen gewarnt, sondern auch darauf hingewiesen, daß einer allzu großen Unterkühlung die Entstehung der Zinnpest bei den Zinnpfeilen unterschoben wurde.

9.1.2.4 *Schäden an Skulpturen, Altären und Gemälden*

Wie bei Türen, Holzverkleidungen und Orgeln treten auch hier die gleichen Schäden an Holzteilen auf.

Durch die optische Exposition der Ausstattungsteile treten die Risse bei auf Holz gemalten Bildern, das Schrumpfen und Entleimen des Holzes von Altären und Kanzeln – wie es Schlieder [9] beschreibt – besonders hervor.

Auf das unterschiedliche Dehnungsverhalten von metallischen Fassungen und deren Füllungen weist Arendt [39] hin. Während die Bewegungen der Fassungen durch die Temperaturveränderungen verursacht werden, wird die Ausdehnung der Füllungen aus organischen Stoffen durch die Änderung der relativen Luftfeuchte bestimmt.

Nicht nur der Einfluß von Temperatur und Feuchte wird beschrieben. In [14] erläutert Klummer die Wirkung durch Licht, vor allem im kurzwelligen Bereich. Durch Licht werden bei organischen Substanzen photochemische Veränderungen ausgelöst, die zu einem Altern des Objektes, verbunden mit Nachdunkelung der Oberfläche, führen.

Durch das photochemische Altern kommt es neben Vergilbungen oft zu Vernetzungen der Substanzen und damit zu deren Schrumpfen, wodurch zum Beispiel bei Ölbildern Schwindrisse auftreten.

Hilpert [82] spricht im 4. Abschnitt, Teil B über die Wechselwirkungen von Sammlungsgut und Raumklima.

Durch die Einwirkung des Klimas sind besonders organische Objekte wie Holztafeln oder Leinwandgemälde, Möbel, Elfenbein, Pergament, Papier, Schutzlacke und so weiter gefährdet. Aufgrund seiner porösen, kapillaren Struktur ist dieses Gut hygroskopisch. Bei Änderung der relativen Luftfeuchte kann ein Schaden auftreten.

Hilpert diskutiert die Größen Sorption (Adsorption, Absorption und Kapillarkondensation) und Desorption in ihrer Wirkung auf Sammlungsgut.

Bei dickeren Objekten kommt es während eines Sorptions- bzw. Desorptionsvorganges zeitweise zu beachtlichen Ungleichheiten im Feuchtegehalt der entgegengesetzten Oberflächen. Dadurch werden Spannungen hervorgerufen, die um so gefährlicher sind, je spröder und kompakter das Material ist. Diese Aussage gilt auch für miteinander verbundene Stoffe unterschiedlicher Hygroskopizität – Firnis, Farbauftrag, Untergrund, Leinwand; Malschicht und Leinwand, Keil- und Zierrahmen reagieren auf Änderungen der relativen Luftfeuchte mit Volumenänderung besonders, wenn die Änderungen der relativen Luftfeuchte zu rasch sind.

Schaible [83] untersucht den Einfluß der Feuchtigkeit auf Leinwandbilder. Neben Wasser in flüssiger Form erfolgt die Schadensbildung am Leinwandbild vorwiegend in dampfförmiger Form.

Durch ein Konzentrationsgefälle vor und hinter dem Leinwandbild (Klimatasche zwischen Gemälde und Wand), wandern die Wasserdampfmoleküle durch das Bild. Dabei können Schäden wie Schüsselbildung, Firniskrepierung, Beulen oder Faltenbildung auftreten. Schaible behandelt die Ursachen für die Ausbildung eines Temperatur- oder Konzentrationsgefälles am Leinwandbild in unbeheizten, beheizten und klimatisierten Räumen.

Er kommt zu dem Schluß, daß Leinwandbilder physikalisch gesehen sehr »ungenaue« Gebilde sind, und daß noch viel Forschungsarbeit getan werden muß.

In seiner weiteren Abhandlung diskutiert Schaible das Wasseraufnahmeverhalten von Bindemitteln mit und ohne Pigmentierung. Obwohl bekannt ist, daß Leinwandgemälde bei Feuchtigkeitsschwankungen mit heftigen Quell- und Schwindbewegungen reagieren, ist nicht exakt geklärt, wie die Vorgänge ablaufen.

Dabei vertreten verschiedene Autoren verschiedene Auffassungen.

Schaible untersucht das Verhalten von Leinwandstreifen bei feuchtigkeitsbedingten Längenänderungen und diskutiert die Ergebnisse. Im zweiten Teil seines Berichts zeigt der Autor Möglichkeiten auf, Wasserdampf gezielt in der Konservierungstechnik einzusetzen. Zum Schluß seines Berichts gibt Schaible Empfehlungen zum praktischen Klimaschutz:

Das Bild soll so aufgehängt werden, daß zwischen Wand und Rahmen ein Zwischenraum verbleibt (Anbringen von Kork an den vier Ecken des Rahmens). Durch diese Maßnahme kann die Luft zirkulieren und der Ausbildung eines Konzentrationsgefälles wird entgegengewirkt.

Im Falle besonders kondensationsgefährdeter Innenräume wäre es ratsam, neben vorgenannter Maßnahme noch eine lokale »Kälte«-Dämmung an der Wandoberfläche anzubringen (gepreßte Schaumstoffplatte oder Korktapete im Format des Gemäldes).

Diese Platte wird unter die vier Korkenden geschoben. Gehalten wird die Platte durch das Gewicht des Gemäldes.

9.1.2.5 Entstehung und Ablagerung von Ruß und Staub

Zur Rußentwicklung in Kirchen durch Kerzen berichtet Gossens [18]: In Versuchen mit Stearinkerzen wurde ermittelt, daß 10 000 Kerzen jährlich 265 g Ruß bei ruhender Luft abgeben, bei bewegter Luft (0,13 m/s) beträgt die jährliche Rußabgabe 400 g. In vielen Kirchen werden pro Jahr 10 000 bis 20 000 Kerzen, in Einzelfällen sogar 30 000 Kerzen, abgebrannt. Schmidt-Thomsen führt in [45] die katholische Pfarrkirche von Boke Kr. Büren an, bei der die Wandflächen nach über 200 Jahren noch intakt und sauber waren, ebenso wie eine Wandmalerei nach über 350 Jahren.

Diese Tatsache sei um so erstaunlicher, da zu jener Zeit, in der die Flächen so langfristig intakt und sauber geblieben sind, die Beleuchtung nur durch offenes Licht erfolgte.

Eine zweite Quelle für Ruß waren die bis in die 50er Jahre installierten Feueröfen, die durch Direktbefeuerung die Zugluft erwärmten, Feueröfen als Verschmutzungsursache beschreiben Beck und Koller in [15] und Schmidt-Thomsen in [45].

Jedoch nicht nur durch Direktbefeuerung gelangt Ruß in die Kirchenräume, auch bei öl- oder gasgefeuerten Lufterhitzeranlagen mit Wärmetauschern besteht diese Gefahr, wie Meyer in [60] schildert: »Die Erfahrung lehrt, daß überall dort, wo Heizflächenwandungen in Wärmetauschern bei Lufterhitzern durch Ausbrand oder Risse Schaden erfahren haben, gerissene, aber noch unverbrannte Bestandteile aus den Flammengasen diverser Brenner durch Risse und Ausbrandlöcher aus den Brennkammern entweichen und mit der Umluft in die Kircheninnenräume geblasen werden. Es wurden Lufterhitzeranlagen in Kirchen angetroffen, die über 20 Jahre alt waren und noch nie eine rauch- bzw. luftseitige Reinigung erfahren haben. Vielfach wurde Ruß in Mengen von ‚Zentnern' inklusive Schwefelsteinablagerungen entfernt. Auch in dieser Richtung ist es durchaus möglich, daß Heizflächenwandungen beschädigt werden.«

Im Zusammenhang zwischen Aufheizphase und Schwitzwasserbildung bei periodisch beheizten Kirchen schreibt Gossens [84], daß feuchte Wände leichter Staub halten als trockene.

Die Schnelligkeit der Schwärzung hängt von der Nutzung der Kirche, der Pflege derselben und vom Fußboden ab.

Die Saugfähigkeit der Wand- und Deckenputze und der Anstriche spielen eine weitere Rolle.

9.1.2.6 Zuordnung von Schäden und Heizungssystemen

Eine direkte Zuordnung von Schäden zu bestimmten Heizsystemen finden nur wenige Autoren.

Arendt schreibt in [19] Konvektoren, Radiatoren und Einzelheizgeräten die Verursachung von Schmutzfahnen zu. Fußbodenheizungen zeigen ein typisches Schadensbild der Verschmutzung von unten nach oben zunehmend. Bei dünnen Holz- und Gipsdecken zeichnen sich die Konstruktionshölzer ab. Durch Warmluftheizungen trete die Verschmutzung gleichmäßig auf. Zu den Ausblasöffnungen schreibt Arendt: »Jede Ausblasung, die zu nahe an einem Kunstwerk liegt, ist deshalb in Wirklichkeit auch eine Anlage zur raschen Zerstörung von Kunstgut.«

Schmidt-Thomsen berichtet in [45] demgegenüber: Die Pfarrkirche von Sonneborn ist 1953/54 mit einer elektrischen Fußbodenheizung ausgerüstet worden. Die zur gleichen Zeit aufgedeckten Wand- und Gewölbemalereien aus der Reformationszeit sind auch heute (1972) noch klar und sauber, wie unmittelbar nach der Restaurierung.

»Die Funktionseigenschaften der einzelnen Heizsysteme haben selbst bei vergleichbarer Betriebsweise unterschiedliche Auswirkungen auf die Alterungsvorgänge« – erwähnt Wegner [20] zur Beziehung Heizsystem/Raum und Ausstattung. Angaben zum Staubgehalt macht Gossens in [8]: Der Staubgehalt in einem Wohnraum, gleichermaßen wie in einer Kirche beträgt 1 bis 2 mg/m^3.

In [10] empfiehlt deshalb Supper bei Fußbodenheizungen den Fußboden täglich feucht aufzuwischen.

Außer Staub und Ruß wird als Ursache für Schmutzablagerung in einem Gutachten von Groeger Bodenwachs ermittelt [55].

Als Ursache für die Verschmutzung mußte schließlich *das Bodenwachs* in Betracht gezogen werden. Es kann zwar nicht selbst eine schwarze Schmutzablagerung hervorrufen, wohl aber als haftvermittelnder Untergrund für den von Kerzen immer vorhandenen Ruß wirken. Wenn dem Ruß kein klebender Untergrund angeboten wird, dann wird er mit dem natürlichen Luftaustausch größtenteils ins Freie gebracht. Dieser Luftaustausch und damit auch Rußentfernung fand gezielt nach jedem Gottesdienst statt, wenn jeweils die Zwangsentlüftung eingeschaltet wurde. Wegen der vorherigen Ablagerung auf allen Flächen, die einen unsichtbar dünnen Film von flüchtigen, haftenden Bodenwachsbestandteilen besaßen, konnte aber dieser natürliche Luftaustausch nicht mehr viel erreichen.

Die Ursache für das Anhaften der Staubpartikel an der Wand schildert Arendt in [38]: Ein feuchteres Bau- und Ausstattungsteil verschmutzt rascher, da Staubpartikel leichter festgehalten werden als an trockenen Stellen.

9.1.2.7 Renovierungszyklen

Rother schreibt in [35]: Bedurfte früher ein Barockraum alle 50 bis 80 Jahre eines Neuanstriches, so müssen heute je nach Heizung solche Räume nach maximal 40 Jahren grundlegend renoviert werden. Dabei werden Kirchen mit wenig Luftraum stärker in Mitleidenschaft gezogen als große.

In [36] schildert Müller Schäden 3 bis 12 Jahre nach dem Heizungseinbau. Vor allem Verschmutzung der Räume wird erwähnt; in zwei Fällen werden Blasenbildung mit hohen Substanzverlusten am Inventar verzeichnet, sowie Schwindrisse an Holzteilen.

Beck und Koller [15] nennen die Renovierungszyklen früherer Zeit mit 100 bis 150 Jahre.

Schmidt-Thomsen [45] nennt zwei Fälle, in denen möglicherweise 200 bzw. 350 Jahre lang an Wandflächen keine Renovierungsarbeiten durchgeführt wurden.

9.1.3 Heizungssysteme

Lediglich Beck und Koller geben in [15] eine Übersicht über Heizungssyteme früherer Jahrhunderte. Es existierten zwei Heizungsarten: zum einen die separate Beheizung von Einzelräumen durch eine oder mehrere Heizquellen, zum anderen Verteilung der Wärme in eine Anzahl von Innenräumen. Einzelheizungen bestanden aus offenen Feuerstellen, Kachelöfen oder Gußeisenöfen; die Zentralheizungen waren Hypokaustenheizungen aus der römischen Antike und andere Warmluftverteilsysteme. Kirchen und Räume, die nur für kurze Zeit dem Publikum zugänglich waren, scheinen bis zu dieser Zeit ungeheizt geblieben zu sein.

Beck und Koller berichten weiter, daß mit dem Ansteigen archäologischer Grabungen griechischer und römischer Denkmale vom Ende des 18. Jahrhunderts an eine Entwicklung und Verbesserung nach den Vorbildern der Antike begann.

In der gleichen Arbeit wird erwähnt, daß erstmals 1902 [73] für das Straßburger Münster eine Dampf- und Warmluftheizung in Betracht gezogen wurde.

Anhand der Literatur lassen sich die Entwicklungsphasen der Heizsysteme für zeitweise beheizte Räume alter Bauart nur schwerlich nachvollziehen: Nach 1900 bis in die 50er Jahre war die Luftheizung mit Feuerlufterhitzer das gebräuchlichste System. Bis in die 50er Jahre bestanden Schwerkraftheizungen, die nur langsam Ventilatorheizungen wichen.

1957 weist Sprenger in [21] darauf hin, daß die Warmluft an möglichst vielen Stellen, vor allem im Bereich der Außenwände ausgeblasen werden soll, wobei die Ausblastemperatur höchstens 55 °C betragen soll.

Kanne [25] berichtet 1964 von einer Warmluftheizung mit Nachtstrom-Wärmespeicherblock, mit der es möglich ist, in einer Stunde Anheizzeit bei - 15 °C Außentemperatur die Innentemperatur auf + 15 °C zu bringen.

Elektrospeicheröfen der Bauart III (Nachtspeicher mit elektrisch gesteuerter Entladung durch Lüfter) finden ab Mitte der 60er Jahre Eingang in die Literatur als Kirchenheizungen - 1966 durch Stoy [47], Ende [50], Franz [51].

Elektroheizungen werden vor allem in Norddeutschland eingebaut.

Die Vorzüge der kontinuierlichen Sollwertverstellung werden von Schmidt [48] 1968 zum ersten Mal geschildert. Elektrische Fußbodenspeicherheizungen werden von 1972 in [20] von Wegner und 1979 in [61] untersucht.

Eine Übersicht der heute gebräuchlichsten Systeme gibt Arendt in [19].

»Während Konvektoren, Radiatoren und Heizstrahler nur noch selten vorkommen, da sie an den Wänden in starkem Umfang Schmutzfahnen verursachen, bilden die Kirchenbankheizung, die Luftheizung und die Fußbodenheizung die häufigsten Heizsysteme. Kirchenbankheizungen werden mit Warmwasser oder als elektrische Heizstrahler betrieben; seltener sind Heizfolien oder Nachtstrom-Knie-Bankheizungen mit massivem Aufbau des Kniebankteils aus Speichersteinen.«

Luftheizungen werden als Warmluftheizungen oder als Bodenheizungen ausgeführt; auch Kombinationen hiervon sind möglich.

Arendt berichtet weiter von einer Variante der Luftheizung. Es handelt sich dabei um »Wärmestationen«, die mit Warmwasser versorgt werden. Die einzelnen Stationen beinhalten Wärmetauscher. Die Regelung wirkt auf jede Station einzeln, Ausblastemperatur und Volumenstrom sind regelbar. Bei diesem System werden die Eingriffe in die bauliche Substanz verringert, so daß Details von Vorgängerbauten und prähistorische Bodenschätze erhalten bleiben.

Beim letzten der gebräuchlichen Systeme, der Fußbodenheizung, kann der Originalfußboden zumeist nicht erhalten bleiben. Mit Ausnahme von Nachtstrom-Speicherheizungen werden Fußbodenflächenheizungen meist mit Warmwasser betrieben.

9.1.4 Thermisches Verhalten des Raumes

9.1.4.1 Wärmebedarfsberechnung

- Geschichtlicher Überblick der Entwicklung der Wärmebedarfsberechnung

Pfeil gibt in [6] einen geschichtlichen Überblick über die Entwicklung der Wärmebedarfsformeln. In ihren Grundlagen haben die Formeln gemeinsam, daß der mit ihnen berechnete Gesamtwärmebedarf wärmetechnisch drei Anteile erfaßt, nämlich den Wärmebedarf für die speichernden Bauteile, den Wärmebedarf für die nicht speichernden Bauteile und den Wärmebedarf zur Erwärmung der Luft.

Pfeil gibt die chronologische Folge der Wärmebedarfsformeln an:

1890 Fischer [62]
1893 Rietschel [63]
1911 Spalek [64]
1922 Spalek [65]
1924 Metzkow [67]
1924 Kori [66]
1934 Wierz [68]
1934 Gröber [70]
1935 Wierz [69]
1938 Gröber/Sieler [4]
1957 Krischer/Kast [2]

Pfeil führt einen Vergleich der Wärmebedarfsformeln durch Beispielrechnung durch und empfiehlt, daraus die Methoden nach Gröber/Sieler [4] oder Krischer/Kast [2] zu verwenden, da diese auf verschiedenen mathematischen Wegen zu etwa gleichen Ergebnissen gelangen.

- Stand der Entwicklung in der Wärmebedarfsberechnung

Die Wärmebedarfsberechnung nach Krischer/Kast [2] stellt den letzten Stand der Überlegungen dar.

Pfeil in [6] und Schmidt [48] verweisen auf diese Berechnung. Anhand der DIN 4701, Regeln für die Berechnung des Wärmebedarfs von Gebäuden, Ausgabe 1983, wird der Wärmebedarf selten beheizter Räume entsprechend Krischer/Kast [2] ermittelt.

Schlieder (zitiert in [6]) gibt Zuschläge zu den Wärmedurchgangszahlen von Fenstern und Türen in Kirchen alter Bauart an.

Nach Gossens [84] bilden die empfundene Temperatur oder die Innentemperatur zusammen mit der Normaußentemperatur die Grundlage für die Wärmebedarfsberechnung einer Kirche.

Bei der Dimensionierung der Heizleistung einer Kirchenheizanlage muß die tiefste Außentemperatur zugrunde gelegt werden.

- Einflußgrößen auf den Wärmebedarf

Gossens [85] schreibt, daß der Wärmebedarf - eine Gebäudeeigenschaft - die Leistung einer Heizungsanlage bestimmt. Folglich müssen Überlegungen angestellt werden, den Wärmebedarf alter Kirchen zu reduzieren. Dabei fällt ein Hauptaugenmerk auf die Verringerung der Wärmedurchgangszahl bei Decken durch Anbringen von Isolierungen. Als Folge dessen würden nicht nur Brennstoffe - sondern auch Anstrichkosten - gespart werden (keine Taupunktunterschreitungen, kein Schwitzwasser, keine Staubadhäsion). Der Luftwechsel spielt in der Bilanz des Energieverbrauches eine wesentliche Rolle. Dabei sollte der Zustand der Fenster und Türen überprüft und gegebenenfalls eine Abdichtung und Sanierung derselben vorgenommen werden.

Gossens weist darauf hin, daß bei einfach verglasten Fenstern, die für Kirchen geforderte relative Luftfeuchte von 50 bis 60% nur bis zu Außentemperaturen von ca. 5 °C gehalten werden kann (Ausscheiden von Feuchte an den Fenstern). Bei Türen sollten der Bodenabstand und die Funktion der Türschließer überprüft werden. Die Windfänge sollten abgewinkelt sein und eine entsprechende Länge besitzen. Die in vielen Kirchen vorhandenen Öffnungen in den Gewölben sollten während der Winterzeit verschlossen; im Sommer können sie gut zur Durchlüftung der Kirche eingesetzt werden. Eine Verbesserung der Wärmedämmung des Außenmauerwerkes ist bei alten Kirchen kaum möglich.

9.1.4.2 Temperaturverhältnisse im Raum

- Ungeheizte Räume

Beck, Koller [15] geben für Österreich Mindestinnentemperaturen der Wände im Winter zwischen 3 bis 5 °C, Maximumtemperaturen im Sommer zwischen 13 bis 15 °C an.

Arendt berichtet in [39] von Umbaumaßnahmen am Ingolstädter Münster, die zusammen verursachten, daß im Winter ohne Heizung, an sonnigen Tagen die Raumtemperatur bis über 20 °C steigt. Die Umbaumaßnahmen waren der Einbau farbloser Fenster, das Fällen von Bäumen im Außenbereich, das Platteln und Tieferlegen des Vorplatzes.

Hörnig, Hahn [35] haben in der Klosterkirche Ochsenhausen winterliche Raumtemperaturen um −3 °C festgestellt; die mittlere jährliche Raumtemperatur geben sie mit + 7,9 °C an, dies sind 0,2 K mehr als die mittlere jährliche Außentemperatur.

In einem Gutachten über das Innenklima in der Klosterkirche Blaubeuren [28] stellen Künzel und Engelhardt folgendes fest: Die Tagesgänge von Lufttemperatur und relativer Feuchte an verschiedenen Stellen der Kirche stimmen überein, nur die absoluten Werte weichen gering voneinander ab.

Im Sommer beträgt der tägliche Schwankungsbereich der Innentemperatur 5 K, im Herbst 2 K und im Winter 1 K. Die Wochenmittelwerte liegen im Jahresverlauf zwischen 0 und 17 °C. Es wurde ein Nachhinken der Innenlufttemperatur gegenüber der Außenlufttemperatur (Hysterese) festgestellt.

- Beheizte Räume

In [33] wird eine Umfrage in Deutschland wiedergegeben, nach der Kirchen wie folgt aufgeheizt werden:

Aufheiz-temperatur	Prozentsatz von insgesamt 1463 Kirchen
bis 8 °C	2,5 %
8–10 °C	8,1 %
10–12 °C	29,8 %
12–15 °C	40,9 %
mehr als 15 °C	16,1 %

Gossens [84] schreibt, daß die Heizperiode in einer Kirche dann beginnt, wenn die Tagesdurchschnittstemperatur unter 8 °C sinkt.

Unter vorgenannter Annahme würden sich bei einer täglich beheizten Kirche ca. 174 Heiztage/Jahr ergeben. Das bedeutet aber nicht, daß an 174 Tagen voll geheizt werden muß. Eine Regelanlage – die eine wesentliche Rolle bei der Wirtschaftlichkeit einer Heizung spielt – würde die Heizungsanlage in der Übergangszeit nur 5 bis 30 Minuten, an sehr kalten Wintertagen 5 bis 6 Stunden einschalten.

Die gesamte Leistung einer Heizungsanlage wird nur für den Aufheizvorgang benötigt.

Der Grundsatz für die Beheizung einer Kirche muß sein, daß wärmebedarfslastabhängig nur soviel Wärme an die Kirche abgegeben wird, wie unbedingt gebraucht wird. Zunächst wird die Luft im Kirchenraum (ca. 10–15 Minuten) erwärmt. Erst ab einer bestimmten Lufttemperatur fließt Wärme in die Umfassungswände. Die Schnelligkeit der Erwärmung ist abhängig vom Baustoff und dessen Wärmeeindringzahl. Kurze Aufheizzeiten und kurzfristige Beheizung sind zu vermeiden, da es leicht zu Schwitzwasserbildung kommt. Es ergibt sich zwingend, eine alte Kirche nur langsam anzuheizen. In einer Kirche mit einer Grundtemperierung und täglicher oder mehrmaliger Aufheizung pro Woche bestehen grundsätzlich bessere Bedingungen. Im Gegensatz zur kurzfristigen Aufheizung durchdringt die Wärme die Außenwände. Schwitzwasserbildung, Wandschwärzungen, Schäden an Bau- und Einrichtungsgegenständen sowie Zugerscheinungen werden vermieden.

In der Literatur existieren vielfach Empfehlungen für die ideale Raumlufttemperatur sowie die ideale Aufheizgeschwindigkeit. Die nachfolgende Tabelle enthält die Empfehlungen.

In [48] gibt Schmidt ergänzend Hinweise auf den »zeitlichen Wandel« der Aufheiztemperatur, die Ende der 60er Jahre ihren »Höchstwert« erreicht hat: Während um die Jahrhundertwende Temperaturen von 6 bis 8 °C genügten, wurden in den 20er und 30er Jahren schon 10 bis 12 °C verlangt. Heute (1968) sind 12 bis 15 °C üblich, mitunter werden auch schon 16 bis 18 °C gefordert. Zur vertikalen Temperaturverteilung liegen einige wenige Meßergebnisse vor; darüber hinaus existieren vor allem Aussagen zum »Warmluftpolster« unter Kuppeln und Decken, ohne daß dieses jeweils exakt festgestellt wurde.

Verfasser	Erscheinungsjahr	Nr.	empfohlene Temperatur für die Grundheizung	empfohlene maximale Aufheiztemperatur	maximale Aufheizungsgeschwindigkeit
Gröber, Sieler	1935	[4]	Wärmebedarf gilt für eine Temperatur von 12 °C		Wärmebedarf geht von bis zu 6 K/h aus
Hennings	1966	[49]	8 °C	15 °C	
Schlieder	1967	[9]	7–10 °C	15–16 °C	2,0 K/h
Supper	1967	[10]	5–7 °C	17–19 °C	
Richtlinien für die Beheizung von Kirchen	1973	[46]		12–15 °C	1,5 K/h
Gossens	1973	[42]	8–10 °C	12–15 °C	1,5–2,0 K/h
Schmidt-Thomsen	1973	[45]	8 °C	12–15 °C	1,5 K/h
Pfeil	1975	[6]	Jahresdurchschnittstemperatur	15 °C	
Arendt	1976	[38]		12 °C	
Beck, Koller	1981	[15]	8–9 °C bei Dauerheizung maximal 3 K unter der Aufheiztemperatur	12 °C	keine Schwankungen über ± 2 K 0,5–1,5 K/h
Dulosy	1981	[17]	8–10 °C bei Dauerheizung		
Arendt	1983	[19]	maximal 3 K unter der Aufheiztemperatur	8–12 °C	
Hörnig, Hahn	1986	[35]	8 °C	12 °C	
Wortmann	1986	[35]	6–8 °C	10–12 °C	0,5 K/h
Mayer	1987	[60]		7–10 °C	

Wegner [20] gibt die Erhöhung der Temperatur nur qualitativ an: Bei Warmluftheizungen sind die höchsten Lufttemperaturen unter Kuppeln und Decken. In [17] schreibt Dulosy:

Bei einer intermittierend heizenden Anlage dürfte eine Luftmenge, welche einem stündlich etwa 2,5fachen Luftwechsel entspricht, etwa die untere Grenze darstellen. Selbst bei dieser relativ hohen Luftmenge ist eine ausgeprägte Schichtung unvermeidbar, da die Lufttemperatur etwa 8 bis 10 °C höher liegt als die innere Wandtemperatur. Nach den Literaturangaben dürfte eine Temperaturerhöhung von etwa 0,3 °C pro Meter Höhe die Regel sein; dies bedeutet bei einer Kirche mit einer Höhe von 18 m eine Temperaturdifferenz zwischen Fußboden und Decke von 5,4 °C.

Die Temperaturerhöhung je Meter Höhenunterschied bei Luftheizungen beziffert Schmidt [48] für Schwerkraftluftheizungen zu 0,7 K, bei einer Ventilator-Luftheizung zu 0,35 K.

Auch Schuberth [7] geht von der Temperaturerhöhung unter der Decke aus: »Es ist einleuchtend, daß eine Raumlufttemperatur, die über dem Fußboden für die Kirchenbesucher noch deutlich warm spürbar sein soll, in den höheren Raumregionen noch wärmer sein wird, da doch bekanntlich warme Luft noch oben steigt.

In [61] sind Meßergebnisse der vertikalen Temperaturprofile verschiedener Heizsysteme dargestellt. Bei Fußbodenheizung in Dauerbetrieb ergibt sich keine Temperaturveränderung mit der Höhe. Die Fußbodenheizung mit Heizbetrieb nur an Wochenenden weist starke Temperaturdifferenzen mit der Höhe auf: Von der erwärmten Fußbodenoberfläche fällt die Temperatur in 0,5 m Höhe auf ihren Tiefstwert (17 °C) und steigt dann mit der Höhe bis zu 24 °C in ca. 3 m Höhe an; ab dieser Höhe fällt die Temperatur ab, bis sie auf einer Höhe von 10 m 18 °C erreicht.

Bei der Luftheizung mit Wochenendbetrieb ist das Profil gleichartig: Das Minimum des vertikalen Temperaturverlaufs liegt in Fußbodennähe bei 12 °C, das Maximum in

1 m Höhe bei 24 °C, in 6,5 m Höhe bestehen noch 15 °C. Die elektrische Direktheizung führt zu 15 bis 16 °C konstant über die gesamte Raumhöhe.

- Wirtschaftlichkeit einer Heizungsanlage

Neben der genauen Ermittlung des Wärmebedarfs und damit der Leistung der Heizungsanlage ist die Verwendung einer Regelanlage, so Gossens [85], für die Wirtschaftlichkeit einer Kirchenheizung von entscheidender Bedeutung. Wichtig ist die richtige Wahl der Raumlufttemperaturen. Z. B. benötigt eine Kirche von 3 000 m^3 Raumvolumen, bei einer Raumlufttemperatur von +15 °C und einer Außentemperatur von -12 °C, einem Wärmebedarf von 110 000 kcal/h. Senkt man die gewünschte Raumtemperatur auf + 12 °C, so würde sich unter den gleichen Bedingungen der Wärmebedarf auf 82 500 kcal/h einstellen. Diese Raumlufttemperatur soll in Verbindung mit der Grundtemperatur der Kirche von etwa 8 °C gesehen werden. Dem geringfügigen Mehrverbrauch von Energie gegenüber einer Kirche ohne Grundtemperierung stehen Vorteile wie Verhinderung von Schwitzwasser an den Wänden usw. gegenüber. Eine durch Grundtemperierung erzielte höhere Temperatur der Umfassungsflächen bewirkt, auch abgestimmt auf das Wärmeempfinden des Menschen, eine niedrigere Lufttemperatur, und damit geringere Heizkosten bei Gottesdiensten.

Die Außentemperaturen sollten dabei ebenfalls beachtet werden. Es wirkt sich auf das Wärmeempfinden der Menschen nicht nachteilig aus, wenn die Raumlufttemperatur gesenkt wird, falls die Außentemperaturen unter −15 °C absinken. Die Wirtschaftlichkeit einer Heizungsanlage bedeutet auch die Einhaltung der Norm von 22. 9. 78 (Heizungsbetriebsverordnung), daß jede Heizungsanlage einmal jährlich technisch überprüft, gereinigt und im Zuge der Wartungsarbeiten instandgehalten werden muß.

9.1.5 Lüftung und Strömungstechnisches Verhalten des Raumes

9.1.5.1 Lüftung, Luftwechsel

In [8] gibt Gossens einige Regeln zur Lüftung von Kirchen an. Hierzu gehört eine Faustformel für die Ermittlung der zu öffnenden Fensterfläche; sie lautet: Zu öffnende Fensterfläche (m^2) =

$$\frac{\text{Volumen der Kirche } (m^3)}{1800}$$

Weiter macht Gossens in [8] Angaben zur angesaugten Außenluftmenge bei Luftheizungen; sie ist mit 50 % der gesamten Luftleistung ausreichend.

Die Frischlufteinrichtung wird jedoch nur bis + 5 °C Außenlufttemperatur benutzt.

Zum Luftwechsel macht Gossens in [11] Angaben: In Kirchen liegen die Luftwechsel zwischen 0,3 und maximal 1,0; bei Werten ab 0,7 treten Zugerscheinungen auf. »Es ist besonders wichtig, alle erkennbaren Undichtheiten in einer Kirche zu beseitigen und vor allen Dingen der Gestaltung der Windfänge größte Aufmerksamkeit zu widmen«.

Pfeil gibt in [6] ebenfalls Luftwechsel für Kirchen alter Bauart an: »der Luftwechsel kann bei 1- bis 2fach liegen«. Wie bereits im Abschnitt 2.1 erwähnt, schreibt Dasser [56] den Lüftungslöchern in Deckenfresken eine positive Wirkung auf die Fresken zu.

9.1.5.2 Raumluftströmungen

Quantitative Angaben zu Raumluftströmungen existieren in der vorliegenden Literatur nicht.

Pfeil gibt in [6] Strömungsbilder für die einzelnen Heizungsarten an einer Querschnittsskizze für alle Heizungsarten qualitativ an, die jedoch mehr einer fiktiven Annahme entsprechen.

Arendt schildert in [38] ebenso qualitativ: »Während des Gottesdienstes entsteht auch in unbeheizten Kirchen ein thermischer Auftrieb über den Besuchern. Dieser bewirkt, daß die an den Außenwandseiten und Fenstern herabfallende Kaltluft ins Gestühl nachfließt«.

Gossens [84] diskutiert anhand der möglichen Aufheizvorgänge
- Aufheizung einer ausgekühlten Kirche im Winter
- tägliches Aufheizen ohne Grundtemperierung
- tägliches Aufheizen mit Grundtemperierung,

daß es nicht möglich ist, eine total ausgekühlte Kirche so aufzuheizen, daß eine gleichmäßige Temperierung ohne Zugerscheinung und Bauschäden erreicht wird. Bei periodischer Beheizung kühlt sich die Luft an den ausgekühlten Wänden, Säulen und Decken ab. Dabei kommt es zu Luftbewegungen, die zu Zugerscheinungen führen. Diese Luftbewegungen, Windeinflüsse sowie Auftriebswirkungen sind meist auf Temperaturunterschiede zwischen Luft- und Wandtemperatur zurückzuführen.

9.1.6 Feuchtetechnisches Verhalten des Raumes und seiner Begrenzungsflächen

Die Raumluftfeuchte stellt sich nach dem Feuchtegehalt der Außenluft und der Feuchteemission im Raum in Abhängigkeit des Feuchteverhaltens der Umfassungsflächen und des Luftwechsels ein. Durch den geringen Feuchtegehalt der Außenluft im Winter ergeben sich mit den empfohlenen Raumlufttemperaturen, wie sie in Abschnitt 4.2.2 aufgelistet sind, relative Raumluftfeuchten von 50 % und darunter. Forderungen an die Eingrenzung kommen ausschließlich seitens der Denkmalpflege und der Orgelbauer.

Während die meisten Forderungen für Kunstgegenstände, Holzausstattungen und Orgeln relative Luftfeuchten von 60 bis 70 % verlangen, werden für Glasmalereien 40 bis 60 % relative Luftfeuchte als ideal angesehen; da die Fenster zumeist die Stelle der niedrigsten Temperatur im Raum darstellen, müßte der Wert im Raum unter 40 bis 60 % liegen.

Um 60 bis 70 % relative Luftfeuchte zu erreichen, werden teilweise auch Klimatisierungen gefordert und realisiert. Arendt verweist in [19] auf die Problematik der Luftbefeuchtung; er befürchtet einen erhöhten Wasseranfall an den Fenstern, Taupunktunterschreitungen an den Gewölben oder gar die Bildung von Eis an Deckenöffnungen.

Die Bestrebungen sehen nicht die Luftbefeuchtung auf einer physiologisch angenehmen Temperatur vor, sondern die Beheizung des Raumes derart, daß das überkommene Raumklima möglichst nicht verändert wird. Dies bedeutet Beheizung nur bis zu einer bestimmten relativen Luftfeuchte. Die Luftbefeuchtung wäre nach Beck, Koller [15] und Dulosy [17] nur bei durchgehender Beheizung anwendbar.

Dulosy [17] sieht eine Beheizung nur so weit vor, als der Wert von 50 % relativer Feuchte nicht unterschritten wird.

Kiesow [58] sieht diesen Grenzwert bei 60 %.

Unter Berücksichtigung auf die Orgel werden für Kirchen die in Abschnitt 2.3 genannten Feuchten um 60 % gefordert.

Die Wirkung des Absinkens der Raumluftfeuchte unter 55 % schildern Zehnder, Arnold, Spirig [74] am Beispiel der Wandmalereien des Züricher Großmünsters (siehe Abschnitt 2.1).

Auf das Zusammenwirken von baulichen Veränderungen mit dem Einbau einer Heizung weist Arendt [19] hin.

Die Sanierungen tragen zumeist ebenfalls zur Senkung der Raumluftfeuchte bei.

Schlieder berichtet in [9], daß durch Trockenlegungen in unbeheizten Kirchen Absenkungen der relativen Luftfeuchte um 20 und 35 % beobachtet wurden. Auch Schmidt-Thomsen beschreibt die Problematik: »Eine totale Trockenlegung durch Horizontalisolierung ist meist nicht angebracht; sie vermehrt das Übel der mangelnden Luftfeuchte und provoziert letztlich die Notwendigkeit einer künstlichen Befeuchtung.«

Pfeil gibt Hinweise zur Berücksichtigung des Feuchtehaushaltes in der Planung [6]: Es erscheint sinnvoll, den Feuchtehaushalt in Kirchen alter Bauart beim Einbau von Heizungsanlagen nicht nur durch Befeuchtungsvorrichtungen im Gleichgewicht zu halten, sondern es sollte immer erst versucht werden, dies durch bauliche Maßnahmen, z. B. Dichten der Fugen oder Doppelverglasungen, zu ermöglichen.

Gossens [11] berichtet, daß auch in unbeheizten Kirchen beträchtliche Schäden festgestellt wurden, die zum Teil auf zu große Trockenheit zurückzuführen waren.

Den Anstieg der Raumluftfeuchte infolge Feuchtezufuhr durch Kirchenbesucher berichten Wegner [20] und Pfeil [6]. Beide erwähnen, daß während des Gottesdienstes relative Luftfeuchte und Lufttemperatur gleichzeitig ansteigen.

Gossens [84] schreibt über den Zusammenhang zwischen Temperatur und Luftfeuchte und über deren Wirkung auf Bauwerk, Ausstattung und Menschen und erläutert an Beispielen diese Beziehung.

Beim Absinken der Temperatur steigt die relative Feuchte. Sind die Umfassungswände z. B. in einer Kirche genügend warm (und kein diffusionshemmender Anstrich ist aufgetragen), so kann die sich ausscheidende Feuchte von den Wänden aufgenommen werden. Sind aber die Wände kalt – bei einer Kirche ohne Grundtemperierung oder zu schnellen Aufheizzeiten – so muß der größte Teil der Feuchtigkeit an den Wänden als Schwitzwasser ausgeschieden werden. Gossens weist darauf hin, daß der kälteste Teil einer Kirche jedoch die Fenster sind (mit Einfachverglasung), die im Prinzip als Entfeuchtungsanlage fungieren.

9.1.7 Arbeitsmethodik bisheriger Untersuchungen

9.1.7.1 Meßtechnik

Die Erfassung der Raumlufttemperatur und der relativen Luftfeuchte geschah zumeist – sofern die Durchführung der Messung überhaupt näher erläutert wurde – mittels Thermohygrographen [9, 15, 49, 74]. Nur in [15] und [74] ist bemerkt, daß die Thermohygrographen durch Psychrometer von Zeit zu Zeit überprüft wurden.

Für etwas umfangreichere Messungen, bei denen auch Oberflächentemperaturen erfaßt wurden, wurden Punktdrucker oder Meßwerterfassungssysteme mit elektrischen Meßwertgebern eingesetzt [20, 28, 29, 30, 31, 32, 35].

Jenisch, Schüle beschreiben in [24] eine Meßanordnung zur Bestimmung der äquivalenten Wärmeeindringzahl. Die Meßanordnung besteht aus einer Heizfolie, die mittels einer Spannvorrichtung an der Wand befestigt wird. Zwischen Heizfolie und Wand befindet sich ein Thermoelement, mit dem der Temperaturanstieg der Wandoberfläche gemessen wird.

9.1.7.2 Auswertung von Meßdaten

In der Regel wurden die Meßwerte im zeitlichen Verlauf dargestellt. Die Darstellungen beschränken sich auf die relative Raumluftfeuchte und die Raumlufttemperatur. Die Berechnung der Taupunkttemperatur und deren Vergleich mit Oberflächentemperaturen wurden nur in [28, 29, 30, 31, 32] vorgenommen. In einigen Arbeiten wurden Temperaturprofile über die Raumhöhe angegeben [34, 50, 61]; in den meisten Fällen beschränkte man sich auf einzelne Meßstellen im Raum.

9.1.7.3 Stand der theoretischen Betrachtungen und Arbeitsmethoden artverwandter Gebiete

Von den Herleitungen der Formeln zur Ermittlung des Wärmebedarfes abgesehen, liegen keine theoretischen Arbeiten zum Wärme- und Feuchtehaushalt von Räumen alter Bauart vor. Das Hindernis zur Durchführung derartiger Untersuchungen stellen die fehlenden Materialkennwerte alter Baustoffe dar. Materialkennwerte, die – bedenkt man die Versalzung des Mauerwerks – nur schwer zu gewinnen sind.

Jedoch wurden nicht nur die theoretischen Möglichkeiten längst nicht ausgeschöpft, auch die Möglichkeiten experimenteller Vorgehensweisen wurden nicht in Anspruch genommen.

Aus dem Bereich der Klimatechnik liegt ein umfangreiches Instrumentarium vor, um Raumluftströmungen zu analysieren und Wärmeübertragungsvorgänge als Gesetzmäßigkeiten abzuleiten und zu formulieren. Von der Aufstellung dimensionsloser, dem Problem angepaßter Kenngrößen, wie dies in der Wärme- und Stoffübertragung üblich ist [5, 23, 72], hat nur Dulosy in [17] bei der Ermittlung der Temperaturverhältnisse beim Anheizen Gebrauch gemacht. Wie problemangepaßte Kenngrößen abgeleitet werden können, zeigen Rheinländer, Schliemann in [72]. Die Verhältniszahl der thermischen Auftriebskraft zu den Trägheitskräften aus einer forcierten Luftströmung stellt die Archimedeszahl dar, die Regenscheit in [22] erläutert. Nouri zitiert in [76] Hemmi in [77], der Untersuchungen zum Einfluß der Luftverteilung auf das Raumübertragungsverhalten durchgeführt hat. Nouri selbst stellt in [76] Kenngrößen vor, die die Fluktuation von Strömungen charakterisieren.

Eine Untersuchung über thermische Schichtungen in klimatisierten Räumen bechreibt Katz in [34].

9.2 Bibliographie

[1] Pienig, W.: Die Wärmeübertragung an kalte Flächen bei freier Strömung unter Berücksichtigung der Bildung von Schwitzwasser. Beihefte zum Gesundheitsingenieur, Reihe 1, Heft 31, 1933.

[2] Krischer, O.; Kast, W.: Zur Frage des Wärmebedarfs beim Anheizen selten beheizter Gebäude. Gesundheitsingenieur, 78. Jahrgang, 1957, Heft 21/22, Seite 321–352.

[3] Tenelius, F.: Heizung von nur zeitweise benutzten Räumen mittels Warmluft. Gesundheitsingenieur, 78. Jahrgang, 1957, Heft 19/20, Seite 295–300.

[4] Gröber, H.; Sieler, W.: Wärmebedarfsbestimmung von Kirchen. Beihefte zum Gesundheitsingenieur, Reihe 1, Heft 35, 1935.

[5] Moog, W.: Ähnlichkeitstheoretische Überlegungen bei Raumströmungen. Klima + Kälteingenieur 11/1978, Seite 267-270.

[6] Pfeil, A.: Kirchenheizung und Denkmalschutz; Wärmebedarf, Feuchtehaushalt, Heizungssysteme, Wiesbaden und Berlin, 1975.

[7] Schuberth, O.: Merkblätter des Bayerischen Landesamtes für Denkmalpflege, Nr. 13, Kirchenheizung, 1963.

[8] Gossens, H.: Heizung, Lüftung, Klimatisierung von Kirchen, Anmerkungen zu einem aktuellen Problem. Firmenschrift Theod. Mahr Söhne GmbH.

[9] Schlieder, H.: Schäden an historischen Kirchenorgeln und anderen Kunstwerken. Deutsche Kunst- und Denkmalpflege, 25. Jahrgang, 1967, Heft 1, Seite 20–37.

[10] Supper, W.: Kirchenheizung und Orgel. Deutsche Kunst- und Denkmalpflege, 25. Jahrgang, 1967, Heft 1, Seite 39–45.

[11] Gossens, H.: Einflüsse des Groß- und Kleinklimas auf Kirchenorgeln und Kircheneinrichtungen. Firmenschrift Theod. Mahr Söhne GmbH.

[12] Badertscher, H.: Kirchenheizung und Luftbefeuchtung, ihr Einfluß auf die Orgel in den Kirchen. Firmenschrift der PLASCON AG, Basel.

[13] Schotes, P.: Kirchenheizung, Bericht und Ergebnis der Jahrestagung der Diözesanbaumeister und Baureferenten vom 24. 5.–27. 5. 1972 in Mainz. Erschienen im Sonderdruck Das Münster, 25. Jahrgang, Heft 4, und 26. Jahrgang, Heft 1/2, 1973, Seite 1.

[14] Klummer, G.: Klimafaktoren in geschlossenen Räumen. Restauratorenblätter Band 5, Österreichische Sektion des International Institute for conservation of historic and artistic works, 1981.

[15] Beck, W.; Koller, M.: Probleme der Heizung in historischen Bauwerken Österreichs. Restauratorenblätter Band 5, 1981.

[16] Egger, L.: Der Einsatz von Kunststoff-Flächenheizleitern für die Beheizung von Kirchen. Restauratorenblätter Band 5, 1981.

[17] Dulosy, E.: Kirchenheizung – Untersuchung der allgemeinen Problematik. Restauratorenblätter Band 5, 1981.

[18] Gossens, H.: Die Rußentwicklung durch Opferkerzen in Kirchen. Firmenschrift Theod. Mahr Söhne GmbH.

[19] Arendt, C.: Kirchenheizung. Denkmalpflege Informationen, Bayerisches Landesamt für Denkmalpflege, Ausgabe A Nr. 36, Mai 1983.

[20] Wegner, M.: Untersuchungen zur Beheizung von Kirchen. Abschlußbericht, Forschungsstelle für Energiewirtschaft, München, August 1972.

[21] Sprenger, E.: Heizung von modernen Kirchen. Gesundheitsingenieur, 78. Jahrgang, 1957, Heft 15/16, Seite 239–241.

[22] Regenscheit, B.: Die Archimedes-Zahl. Kennzahl zur Beurteilung von Raumströmungen. Gesundheitsingenieur, 91. Jahrgang, 1970, Heft 6, Seite 172–177.

[23] Moog, W.: Raumströmungsversuche in verkleinertem Maßstab. Klima-Kälte-Heizung, 1981, Heft 1, Seite 362-370.

[24] Jenisch, R.; Schüle, W.: Die Ermittlung der Temperaturverhältnisse in Räumen mit zeitlich unterbrochenem Heizbetrieb. Gesundheitsingenieur, 82. Jahrgang, 1961, Heft 7, Seite 201–206.

[25] Kanne, L. A.: Warmluftheizung der Kirche Hatzum (Ostfriesland) mit Nachtstrom-Wärmespeicherblock. Gesundheitsingenieur, 85. Jahrgang, 1964, Heft 10, Seite 307–312.

[26] Kast, W.: Überlegungen zu den Zuschlägen für Betriebsunterbrechungen und kalte Außenflächen der DIN 4701. Gesundheitsingenieur, 91. Jahrgang, 1970, Heft 9, Seite 252–257.

[27] Krätz, H.: Heizung und Lüftung der neuen Kaiser-Wilhelm-Gedächtniskirche in Berlin. Gesundheitsingenieur, 82. Jahrgang, 1961, Heft 3, Seite 86–88.

[28] Künzel, H.; Engelhardt, G.: Untersuchungen über das Innenklima in der Klosterkirche Blaubeuren. Untersuchungsbericht des Fraunhofer-Instituts für Bauphysik 1971.

[29] Mayer, E.; Holz, D.: Untersuchungen über das Innenklima in der Wallfahrtskirche Kappl bei Münchenreuth. Untersuchungsbericht des Fraunhofer-Instituts für Bauphysik 1980.

[30] Künzel, H.: Untersuchungen über die Temperatur- und Feuchtigkeitsverhältnisse in der Kirche Urschalling. Untersuchungsbericht des Fraunhofer-Instituts für Bauphysik 1980.

[31] Künzel, H.; Holz, D.: Untersuchungen über die Temperatur- und Feuchteverhältnisse in der Kirche Urschalling. Teil II. Untersuchungsbericht des Fraunhofer-Instituts für Bauphysik 1983.

[32] Künzel, H.; Holz, D.: Untersuchungen über das Innenklima in der Klosterkirche in Wiblingen. Untersuchungsbericht des Fraunhofer-Instituts für Bauphysik 1975.

[33] N. N.: Erfahrungen mit Kirchenheizungen. Eine Umfrage. Firmenschrift Theod. Mahr Söhne GmbH.

[34] Katz, P.: Versuchsprotokoll Thermische Schichtungen,

Untersuchungsbericht des Instituts für Klimatechnik und Umweltschutz, Fachhochschule Giessen, 1977.

[35] Hauffe, D., u. a.: Die Beheizung der Kirche St. Georg im Kloster Ochsenhausen. Mitteilungsblatt Hochbau Baden-Württemberg, 13. Jahrgang, Seite 3-86.

[36] Müller, C.: Auswirkungen von Kirchenheizungen auf Innenräume und Inventar. Jahrbuch der bayerischen Denkmalpflege, Band 34, Seite 399-409.

[37] Rusjan, B.: Tages- und Jahrestemperaturverlauf im Erdreich und in Gebäuden schwerer Bauart. Gesundheitsingenieur, 107. Jahrgang, 1986, Heft 6, Seite 335-359.

[38] Arendt, C.: Kirchenheizung und Denkmalschutz. Heizung-Lüftung-Haustechnik, 1976, Heft 12, Seite 435-441.

[39] Arendt, C.: Heizung in historischen Sälen. Deutsche Bauzeitung, 1986, Heft 9, Seite 86-104.

[41] Stadtmüller, P. A.: Orgel und Heizung. Kirchenheizung, Bericht und Ergebnis der Jahrestagung der Diözesanbaumeister und Baureferenten vom 24. 5.-27. 5. 1972 in Mainz. Sonderdruck Das Münster, 25. Jahrgang, Heft 4, und 26. Jahrgang, Heft 1/2, 1973, Seite 2-3.

[42] Gossens, H.: Der Einfluß des Raumklimas auf Menschen und Kunstwerke in Kirchen. Kirchenheizung, Bericht und Ergebnis der Jahrestagung der Diözesanbaumeister und Baureferenten vom 24. 5.-27. 5. 1972 in Mainz. Sonderdruck Das Münster, 25. Jahrgang, Heft 4, und 26. Jahrgang, Heft 1/2, 1973, Seite 3-7.

[43] Jenisch, R.: Bauphysik und Heizung. Kirchenheizung, Bericht und Ergebnis der Jahrestagung der Diözesanbaumeister und Baureferenten vom 24. 5.-27. 5. 1972 in Mainz. Sonderdruck Das Münster, 25. Jahrgang, Heft 4, und 26. Jahrgang Heft 1/2, 1973, Seite 7-13.

[44] Rüngeler, P.: Anstrich, Putz und Heizung. Kirchenheizung, Bericht und Ergebnis der Jahrestagung der Diözesanbaumeister und Baureferenten vom 24. 5.-27. 5. 1972 in Mainz. Sonderdruck Das Münster, 25. Jahrgang, Heft 4, und 26. Jahrgang, Heft 1/2, 1973, Seite 13-15.

[45] Schmidt-Thomsen, K.: Denkmalpflege und Kirchenheizung Kirchenheizung, Bericht und Ergebnis der Jahrestagung der Diözesanbaumeister und Baureferenten vom 24. 5.-27. 5. 1972 in Mainz. Sonderdruck Das Münster, 25. Jahrgang, Heft 4, und 26. Jahrgang, Heft 1/2, 1973, Seite 16-23.

[46] N. N.: Richtlinien für die Beheizung von Kirchen. Kirchenheizung, Bericht und Ergebnis der Jahrestagung der Diözesanbaumeister und Baureferenten vom 24. 5.-27. 5. 1972 in Mainz. Sonderdruck Das Münster, 25. Jahrgang, Heft 4, und 26. Jahrgang, Heft 1/2, 1973, Seite 20-25.

[47] Stoy, B.: Diskussionsbeitrag zum Thema »Elektrische Beheizung von Schulen und Kirchen«. Heizung-Lüftung-Haustechnik, 17. Jahrgang, 1966, Heft Nr. 9, Seite 327-336.

[48] Schmidt, K. H.: Die neuzeitliche Warmluftheizung für Kirchen. Heizung-Lüftung-Haustechnik, 19. Jahrgang, 1968, Heft Nr. 8, Seite 278-283.

[49] Hennings, F.: Probleme der Kirchenheizung, Heizung-Lüftung-Haustechnik. 17. Jahrgang, 1966, Heft Nr. 9, Seite 321-326.

[50] Ende, G.: Die elektrische Speicherheizung in Schulen und Kirchen. Heizung-Lüftung-Haustechnik, 17. Jahrgang, 1966, Heft Nr. 9, Seite 337-344.

[51] Franz, D.: Elektro-Speicherheizungen in kirchlichen Anlagen. Heizung-Lüftung-Haustechnik, 17. Jahrgang, 1966, Heft Nr. 9, Seite 353-355.

[52] Frenzel, G.: Probleme der Restaurierung, Konservierung und prophylaktischen Sicherung mittelalterlicher Glasmalereien. Kunstspiegel, 3. Jahrgang, 1981, Heft Nr. 3, Seite 173–209.

[53] Mayer, G.: Konservierung und Restaurierung mittelalterlicher Glasmalereien. Ein Plädoyer für Sicherung und gegen zu weit gehende Restaurierung. Kunstspiegel, 3. Jahrgang, 1981, Heft Nr. 3, Seite 245–250.

[54] Arendt, C.: Kirchenheizung. Arbeitsblätter des Bayerischen Landesamtes für Denkmalpflege, Ausgabe September 1976.

[55] Groeger, H.: Schmutzablagerungen in der Katholischen Pfarrkirche Schwanfeld, Gutachten vom 8. 3. 1979.

[56] Dasser, K. L.: Stuckgewölbe in Barockkirchen. Aktennotiz der Restaurierungswerkstätten des Bayerischen Landesamtes für Denkmalpflege vom 5. 3. 1979.

[57] N. N.: Richtlinien zum Schutz denkmalswerter Orgeln. Neufassung des Weilheimer Regulativs. Februar 1970. Sonderdruck aus ARS ORGANI, Heft 36, Juli 1970.

[58] Kiesow, G.: Die Bedeutung der Naturwissenschaften und der Werkstoffwissenschaften als Grundlage für die Bauwerkssanierung und Baudenkmalpflege. Bautenschutz, Bausanierung, 10. Jahrgang, 1987, Heft Nr. 3, Seite 99–103.

[59] N. N.: Der Landesdenkmalrat warnt: Heizung zerstört die Kirchenräume. Schwäbische Zeitung.

[60] Meyer, E.: Substanzverluste an sakralen Kunstgegenständen und Orgeln in Kirchen, Klöstern usw. durch öl- oder gasgefeuerte Lufterhitzungen mit Luftumwälzungsbetrieb. Persönliche Mitteilung. Februar 1987.

[61] N. N.: Raumluftzustände in der kath. Kirche St. Nikolaus, Stadtbergen. Persönliche Mitteilung. Juni 1979.

[62] Fischer, H.: Handbuch der Architektur, III. Teil, 4. Band: Heizung und Lüftung der Räume, Darmstadt: Diehl 1890.

[63] Rietschel, H.: Leitfaden zum Berechnen und Entwerfen von Lüftungs- und Heizungsanlagen, Berlin: Springer 1893.

[64] Spaleck, P.: Die Bedeutung der Gasheizung für Kirchen. Journal für Gasbeleuchtung und Wasserversorgung 54 (1911), Nr. 6, 8 und 9, sowie

[65] Die Bedeutung der Gasheizung für Kirchen und andere große Räume. Wärmetechnische Blätter, Dessau: Junkers & Co. 1922.

[66] Kori, H.: Die Berechnung der Kirchenheizungen nach der Rietschelschen Formel. Gesundheitsingenieur 47 (1924), Nr. 21.

[67] Metzkow, K. N.: Die Berechnung des Wärmebedarfs für Kirchen, Gesundheitsingenieur 47 (1924), Nr. 42.

[68] Wierz, M.: Wärmebedarf von Kirchen und anderen Großräumen mit längeren Betriebsunterbrechungen. Gesundheitsingenieur 57 (1934), Nr. 4, sowie

[69] Anheizbedarf nach längeren Betriebsunterbrechungen für Großräume. Gesundheitsingenieur 58 (1935), Nr. 44/45.

[70] Gröber, H.: Rietschels Leitfaden der Heiz- und Lüftungstechnik, Berlin: Springer 1934.

[71] Sieler, W.: Wärmebedarfsbestimmung von Kirchen (Eine neue Kirchenformel). Beihefte zum Gesundheitsingenieur, Reihe I (1938), Heft 38.

[72] Rheinländer, J.; Schliemann, M.: Die rechnergestützte Durchführung von Dimensionsanalysen. Gesundheitsingenieur, 107. Jahrgang, 1986, Heft Nr. 3, Seite 156–172.

[73] Arntz, L.: Die Beheizung des Straßburger Münsters. Die Denkmalpflege, 1901, Seite 25–30.

[74] Zehnder, K.; Arnold, A.; Spirig, H.: Zerfall von Wandmalereien durch lösliche Salze. Maltechnik, 1986, Heft April, Seite 9–32.

[75] Fitzner, K.: Luftführung in klimatisierten Sälen. Klima-Kälte-Heizung, 1986, Heft 3, Seite 93–98.

[76] Nouri, Z.: Anwendung statistischer Verfahren bei experimentellen Untersuchungen von Raumluftströmungen. Heizung-Lüftung-Haustechnik, 1978, Heft 4, Seite 137–141, Heft 5, Seite 187–197, und Heft 6, Seite 235–241.

[77] Hemmi, P.: Temperaturübertragungsverhalten durchströmter Räume. Dissertation ETH Zürich, 1967.

[78] Mayer, E.: Entwicklung eines Meßgerätes zur getrennten und integrativen Erfassung der physikalischen Raumklimakomponenten. Dissertation Technische Universität München, 1983.

[79] DIN 4701 Regeln für die Berechnung des Wärmebedarfes von Gebäuden. Ausgabe März 1983.

[80] Fanger, P. O.: Thermal Comfort, McGraw-Hill Book Company, New York 1970.

[81] Möhl, U.; Hauser, G.; Müller, H.: Baulicher Wärmeschutz, Feuchteschutz und Energieverbrauch, Expert Verlag, Grafenau 1984.

[82] Hilpert, G.: Sammlungsgut in Sicherheit, Teil 2, Gebr. Mann Verlag, Berlin.

[83] Schaible, V.: Neue Überlegungen zur Feuchtigkeit am Leinwandbild.

[84] Gossens, H.: Alte Kirchen richtig heizen. Firmenschrift Theod. Mahr Söhne GmbH.

[85] Gossens, H.: Energie sparen in Kirchen. Firmenschrift Theod. Mahr Söhne GmbH.

[86] Lossau, N.: Neuer Schutz für alte Fenster. VDI Nachrichtenmagazin 7/88, Seite 33.

[87] Schotes, P.: Kirchenheizung. Kirchenheizung, Bericht und Ergebnis der Jahrestagung der Diözesanbaumeister und Baureferenten vom 24. 5.-27. 5. 1972 in Mainz. Sonderdruck Das Münster, 25. Jahrgang, Heft 4, und 26. Jahrgang, Heft 1/2, 1973, Seite 1.

[88] Arendt, C.; Hausladen, G.: Thermische Bausanierung. Vom Sinn und Unsinn einer amtlichen Empfehlung zur Beheizung und Trockenlegung von Gebäuden. Haustechnische Rundschau 2, Februar 1992

[89] Dulosy, E.: Kirchenheizung. Untersuchung der allgemeinen Problematik. Restauratorenblätter, Band 5, 1981

[90] Trenciansky, M.: Werterhaltung und Denkmalpflege, Heizungssanierung im Dom zu Brno. Haustechnik, IKZ, 1. Mai-Heft 9/1992, Seite 85–87.

[91] Krolkiewicz, H. J.: Kirchengewölbe nachträglich gedämmt. HLH, Heizung-Lüftung-Haustechnik, 1989, Heft 12, Seite 626.

[92] N. N.: Klimaboden soll Kunstwerke schützen. Umbau zweier Hamburger Großhallen zum Kunstmuseum stellt hohe Anforderungen an die Raumlufttechnik. HLH, Heizung-Lüftung-Haustechnik, 1989, Heft 12, Seite 632.

[93] Bosshard, E.: Klimavitrinen für Gemälde. Restauro, 3/Juli 1990, Seite 176–180.

[94] Assmann, K.: Nicht heizen, sondern temperieren. TAB, Technik am Bau, 1989, Heft 6, Seite 477–484.

[95] Kilche, C.: Richtlinien für die Beheizung von Kirchen, Pfarrheimen und Pfarrhäusern. Diplomarbeit an der FH München, o. J. (1992).

10 Stichwortverzeichnis